悲伤与理智

刘文飞译文自选集

刘文飞 译著

中国出版集团
中译出版社

丛书编辑说明

"我和我的翻译"系列丛书由罗选民教授担任主编,第一辑遴选了12位当代中国有影响力的翻译家,以自选集的方式,收录其代表译著篇目或选段,涵盖小说、散文、诗歌等多种体裁,涉及英、德、法、日、西、俄等多个语种,集中展示了当代翻译家群体的译著成果。

丛书篇目及选段大多是翻译家已出版的经典作品,长期受到读者的喜爱和追捧。每本书的译者不仅是知名翻译家,还是高校教授翻译、文学课程的名师,对译文的把握、注释、点评精辟到位。因此,这套丛书不仅具有一定的文学价值,同样具有较高的收藏价值和研究价值,是翻译研究的宝贵历史语料,也可作为外语学习者研习翻译的资料使用,更值得文学爱好者品读、体会。

书稿根据译者亲自校订的最后版本排印,经过了精心的编辑,主要包括以下几方面的处理:

一、译者及篇目信息

1. 丛书的每个分册各集中展示一位翻译家的译著面貌,文前增添翻译家自序,由译者本人对自己的翻译理念、自选作品的背景和脉络等进行总体介绍。

2. 每篇文章都注明了出处，读者可依据兴趣溯源阅读。

3. 根据各位翻译家对篇目的编排，章前或作品前增添导读，由译者自拟，解析原著内容和写作特色，帮助读者更深入、全面地理解文本。

4. 书后附译著版本目录，方便读者查找对照、进行延伸阅读。

二、译文注释与修改

1. 在译文必要的位置增加脚注，对一些陌生的表述，如人名、地名、书名等做了必要的注释，有助于读者理解术语的文化背景及历史渊源。

2. 遵照各位翻译家的意愿，书中有的拼写仍然保留了古英语的写法和格式，原汁原味。

3. 诗歌部分，考虑其翻译的特殊性，可探讨空间较大，并且具有英文阅读能力的读者较多，特将原文为英文的诗歌，以中英双语形式呈现。

由于编辑水平有限，书稿中肯定还存在一些不足之处，望各位读者批评指正。

丛书总序

百年征程育华章　薪火相传谱新曲

翻译是文化之托命者。翻译盛，其文化盛，如连绵数千年的中华文明；翻译衰，则其文化衰，如早已隔世、销声匿迹的墨西哥玛雅文化、印度佛教文化。文化传承，犹如薪火相传；静止、封闭的文化，犹如一潭死水，以枯竭告终。

翻译是思想的融通、心智的默契、语言的传神。化腐朽为神奇是翻译的文学性体现，化作利器来改造社会与文化乃是翻译的社会性体现。前者主要关注人性陶冶和慰藉人生，个性飞扬，神采怡然；后者主要关注社会变革和教化人伦，语言达旨，表述严谨。在清末的两类译者中，代表性人物是林纾和严复。林纾与他人合作翻译了180余部西洋小说，其中不少为世界名著，尤其译著《茶花女》赢得严复如下称赞："孤山处士音琅琅，皂袍演说常登堂。可怜一卷茶花女，断尽支那荡子肠。"[1] 严复则翻译了大量西方的社会学、政治学、经济学、法学、哲学等方面的著作，是中国近代重要的思想启蒙家，其译著《天演论》影响尤为深远。该书前言中提出的"信、达、雅"翻译标准对后世影响

---

[1] 严复，《甲辰出都呈同里诸公》。

很大。严复本人也因此被誉为中国近代史上向西方国家寻找真理的"先进的中国人"之一。

此后百余年,我国出现了一大批优秀文学翻译家,如鲁迅、朱生豪、傅雷、梁实秋、罗念生、季羡林、孙大雨、卞之琳、查良铮、杨绛等。他们的翻译作品影响了一个时代,影响了一批中国现当代文学家,有力地推动了中国现当代文学的创新与发展。

余光中先生有一段关于译者的描述:"译者未必有学者的权威,或是作家的声誉,但其影响未必较小,甚或更大。译者日与伟大的心灵为伍,见贤思齐,当其意会笔到,每能超凡入圣,成为神之巫师,天才之代言人。此乃寂寞译者独享之特权。"[1] 我以为,这是对译者最客观、最慷慨的赞许,尽管今天像余先生笔下的那类译者已不多见。

有人描述过今天翻译界的现状:能做翻译的人不做翻译,不做翻译的人在做翻译研究。这个说法不全对,但确实也是一个存在的现象。我们只要翻阅一些已出版的译书就不难发现词不达意、曲解原文的现象。这是翻译界的一个怪圈,是一种不健康的翻译生态现象。

作为学者、译者、出版者,我们无法做到很多,但塑造翻译经典、提倡阅读翻译经典是我们应该可以做到的事情,这是我们编辑这套丛书的初衷。编辑这套丛书也受到了漓江出版社的启发。该社曾开发"当代著名翻译家精品丛书",出了一辑就停止了,实为遗憾。

本丛书遴选了 12 位当代有影响力的翻译家,以自选集的形式,收录译文、译著片段,集中反映了当代翻译家所取得的成绩。收录译文

---

[1] 余光中,《余光中谈翻译》,中国对外翻译出版公司,2002。

基本上是外译中，目前，外国语种包括英语、俄语、法语、德语、西班牙语、日语。每本书均有丛书总序、译者自序，每部分前有译者按语或导读。译丛尤其推崇首译佳作。本次入选的译本丛书可以视为当代知名翻译家群体成果的集中展示，是一种难得的文化记忆，可供文学和翻译爱好者欣赏与学习。

如今，适逢中国面临百年未有之大变局之际，中译出版社的领导高度重视，支持出版"我和我的翻译"丛书，可以视为翻译出版的薪火相传，以精选译文为依托，讲述中国翻译的故事，推动优秀文化的世界传播！

罗选民

2021 年 7 月 1 日于广西大学镜湖斋

译者自序

我的文学翻译尝试几乎是与我的外语学习同时起步的。1977年恢复高考后,一个俄语字母也不识的我却鬼使神差地被分到俄语专业。我像当时绝大多数"知识青年"一样爱好文学,而俄语又是一门"文学语言",我们的俄语课文大多是俄国的文学名作,爱好和专业相遇,于是,初通俄语后我便情不自禁地翻译起来。记得自大二开始的各类俄语课上我大都在开小差,只顾埋头"翻译"课本,到课程结束时,课本上的每句俄语也就都有了对应的汉语。大三开了翻译课,我终于找到着力点,每次翻译作业几乎都能得到翻译课老师张本桂先生的赞赏,被他当成"范译"朗诵给全班同学,这更助长了我的翻译野心。大学毕业时,我以翻译并赏析艾特马托夫的短篇小说《白雨》为题完成学士学位论文,论文末尾标明的完稿时间是"1981年11月21日",而我的论文指导教师张本桂标出的审阅时间则为"1981年12月11日",这个时间应该算作我翻译之路的真正起点。《白雨》是艾特马托夫的早期作品,似乎显得有些稚拙,而我的译文更显幼稚。如今看着旧译稿上张本桂老师仔细批改的红色笔迹,不禁感慨万分,先生在我大学毕业后的次年便查出身患绝症,他在北京住院期间我曾去探视,先生在道别时给我的嘱托仍是："把翻译搞下去！"张老师与我大学时的文学选读课老师力冈先生（本名王桂荣）一样，都是我学步文学翻译时的搀扶者。

大学毕业后我考取中国社会科学院研究生院俄苏文学专业研究生，在阅读大量俄苏文学翻译作品的同时，也瞒着怕我分心、不让我搞翻译的导师偷偷译了一些东西，如屠格涅夫和巴里蒙特的抒情诗等。1985年，苏联诗人叶夫图申科访华时写成一首歌颂中国翻译家的诗《中国翻译家》，我受诗人之托将此诗译出，发表在1986年第1期《世界文学》杂志上，这是我公开发表的第一个译作。从此，我与《世界文学》杂志结缘，十多次在该刊发表译作和文章，该刊也成为我发表译作最多的一份杂志。

1991年，在中国青年出版社编辑李向晨的支持下，我编译的《世界青年抒情诗选》一书有幸面世，这是我的第一个编译本；1992年，我与王景生、季耶合译的托洛茨基文学评论集《文学与革命》在外国文学出版社出版，这是我的第一部合作译著；1995年，漓江出版社总编宋安群约我翻译高尔基的《马尔娃》，由张谦女士担任责编的这本书，是我独自翻译的第一个译作单行本；1999年，我主编的十卷本《普希金全集》在河北教育出版社出版，这是我主编的第一套大型翻译文集。

从1985年算起，在30多年时间里，我共出版译著50余种（含主编文集和丛书，含合译，不计再版和重印），另在各种报刊发表译作数十次，总字数逾千万。回顾已有译作，发现自己的文学翻译活动似乎存在这么几个"兼顾"。

首先，是兼顾诗歌翻译和小说翻译。我从俄语诗歌的翻译和研究起步，在主编《普希金全集》的同时，我又以《布罗茨基与俄语诗歌传统》为题撰写了博士学位论文。诗歌的语言构成相对复杂,诗歌的翻译相对困难,对译文的"创造性"要求更多,因此,诗歌翻译对于翻译新手而言无疑是一种很好的训练手段。但是,诗歌翻译向来是充满悖论的,甚至连诗歌究竟是否可译都成了一个大问题。主编《普希金全集》时,我翻译了普希金的800多首抒情诗,基本熟悉了俄语诗歌格律向汉语转换的路径和手段。后来,我又译了一些更具现代感的白银时代诗人诗作,如古米廖夫、曼德尔施塔姆、茨维塔耶娃、帕斯捷尔纳克的诗。在这之后,我却突然意识到诗的确不可译,因为一首诗中能够译出的仅有其含义,而之所以成诗的东西如节奏、音调和韵脚等却均需要"再造"。弗罗斯特说的那句令人丧气的话的确不无道理,即诗中可译的东西恰是原诗中非诗的东西,换句话说,原诗中为诗的东西则有可能在翻译中丢失多半,甚至丧失殆尽。在这之后,我将主要精力投入小说和散文翻译,先后译出恰达耶夫的《哲学书简》、布罗茨基的《文明的孩子》和《悲伤与理智》、里尔克和茨维塔耶娃、帕斯捷尔纳克的通信选《三诗人书简》、佩列文的《"百事"一代》、阿尔志跋绥夫的《萨宁》、维克多·叶罗菲耶夫的《俄罗斯美女》、洛谢夫的《布罗茨基传》、娜杰日达·曼德施塔姆的《曼德施塔姆夫人回忆录》、托尔斯泰的《复活》等。

  俄国诗人库什涅尔最近在给我的一封邮件中也曾质疑诗歌的可译性:"然而诗可以等值地译成另一种语言吗?这个问题会出现在任何一种语言的诗歌翻译中,呜呼,答案也只有一个:不可能。与音乐、绘画等用世界通用的同一种语言创作的艺术形式不同,诗歌只用自己的母语说话,而不可能在另一门语言中被复制。任何一个词,在翻译中都必须用另一个发音不同的词来替换。让我们设想一下，塞尚或梵高的画作能被另一位画家用其他的色彩来替代吗？单词变了，语音变了，节奏变了，韵脚也变了（如果有韵脚的话），那么这首诗还是原来那首诗吗？"但正是这位库什涅尔，却让我又重新译起诗来。这位被布罗茨基称为"20世纪最优秀抒情诗人"的彼得堡诗歌传人，经我推荐来华参加青海湖国际诗歌节，并荣获"金藏羚羊奖"，由我翻译的《库什涅尔诗选》由青海人民出版社出版，我还因此获得十月文学翻译奖。

最近几年，我的诗歌翻译相对小说、散文翻译而言又逐渐多了起来，因为我觉得诗歌翻译更具挑战性，也更具创造性，在翻译过程中往往有更多意外的惊喜和收获。我与商务印书馆合作推出一套双语对照的"俄语诗人丛书"，目前已出四本，即《普希金的诗》《茨维塔耶娃的诗》《帕斯捷尔纳克的诗》《叶夫图申科的诗》；我为人民文学出版社"网格本"（外国文学名著丛书）译出了《茨维塔耶娃诗选》，目前正在翻译《帕斯捷尔纳克抒情诗全集》。放下诗歌究竟是否可译的话题不谈，单就诗歌翻译对于一位翻译家的养成而言，我倒觉得是意义重大的。布罗茨基在论证诗歌较之于散文的优越性时所着重强调的一点，就是诗歌比散文更简洁，有过诗歌翻译经验的人再来译散文，其译文自然就会更言简意赅一些，更字斟句酌一些。

其次，是经典名著翻译与当代新作翻译的兼顾。我译过普希金和陀思妥耶夫斯基等19世纪俄国文学大家的名作，甚至还译了比普希金更早的俄国哲学家恰达耶夫的《哲学书简》；与此同时，维克多·叶罗菲耶夫的《俄罗斯美女》、佩列文的《"百事"一代》等俄罗斯当代文学作品也成了我的翻译对象。这样的"兼顾"当初或许并非一种有意识的选择，而是诸多偶然因素的促成，但如今回头一看，却也能觉察出其中的好处。

作为一位专业研究者，我自然要关注整个俄国文学通史，而覆盖面较广的翻译实践能为我更贴切地探入乃至深入俄国文学的历史提供更多可能。自普希金至今的俄国文学，其使用的语言始终变化不大，换言之，俄国古典文学和当代文学之间的差异远远小于五四新文化运动前后的汉语文学，在仔细推敲、翻译了俄国文学和俄国文学语言的奠基者普希金等人的文字后，在面对当代俄语作家的作品时往往能心中有数，心中有底。更何况，19世纪的俄国经典文学已成为世界文学中的一座高峰，同样也是后代俄国作家的仰望对象，因此，俄国经典文学和当代文学间的"互文性"现象似乎更为突出，在同时或相继翻译了新旧经典之后，便能对某位作家的文学史地位和意义有一个更清晰的理解，并进而在翻译过程中更自觉地把握和再现其文学风格。

再次，是文学作品翻译和学术著作翻译的兼顾。在我国当今译界，一门心思专门做翻译的人已经很少，而专门做文学翻译或专门做文学理论翻译的人似乎更少。当今的译者大多是大学教师、研究机构研究人员或出版社编辑等，总之大多为"业余"译者，因为翻译作为一门手艺或职业，其所得如今已很难养活译者及其家人。既然是"业余"，其翻译对象往往也就相对"随意"起来，或为完成约稿，或是呼应自己的研究课题，或是出于某一时段的兴趣。我的译作大多为文学作品，但我也译有一些人文理论著作，如恰达耶夫的《哲学书简》、莫斯科大学历史系编纂的《俄国文化史》、明恩溥的《中国人的气质》、阿格诺索夫的《俄罗斯侨民文学史》、米尔斯基的《俄国文学史》等，而我自己较为偏爱的译作,则往往是介于这两者之间的作品,很难说它们是文学作品还是理论著作,如里尔克、茨维塔耶娃和帕斯捷尔纳克的通信集《抒情诗的呼吸》(即《三诗人书简》)、《曼德施塔姆夫人回忆录》和布罗茨基的《悲伤与理智》等。然而,纯文学翻译和理论翻译之间并不存在一堵高墙,而有着极强的互补性。理论翻译能训练译者的翻译理性,使其译文更具逻辑性和严密性;而文学翻译则能培养译者的翻译感性,使其译文更具形象性和抒情性。不是说在每一种译文中都要同时体现理性和感性,但同时拥有两方面经验的译者,无疑能更好地随机应变,因为原作是各式各样的,译者的风格选择是被动的,译者要成为风格再现的多面手,两个方面的素养自然都不可或缺。

最后,是俄文翻译与英文翻译的兼顾。我的大部分译作译自俄文,但也有一些译自英文的作品,如明恩溥的《中国人的气质》、米尔斯基的《俄国文学史》和布罗茨基的《悲伤与理智》等。诺贝尔奖委员会在给布罗茨基颁奖时,曾称同时用俄、英两种语言写作的布罗茨基是坐在人类存在的峰顶上俯瞰两边的风景。的确,每一种语言都是一种风景,都是一种生活,甚至都是一种世界观。在自己的翻译中将两种语言做比照,并进而感受到不同语言的独特韵味和风格,这对译者而言自然是有益的。我在译米尔斯基的《俄国文学史》时做过一个试验,即分别从此书的俄文版和英文版译出不同段落,然后将其对接起来,拼成同一篇译文,结果我惊奇而又沮丧地发现,这篇"拼接"起来的译文在风格上是不统一的,甚至能清晰地感觉到译自两种语言的译文之间的"接缝"。这使我意识到,原文的风格对译者是有重大影响的,而在原文风格的构成因素中,除作家的文字个性外,他所使用语言的自身特征往往也发挥着举足轻重的作用。英语的灵活和自如与俄语的沉着和严谨,即便在汉译中也能清晰地被传导出来。此外,英语和俄语都属于世界上最重要的文学语言,各个民族的文学名著一般都有这两种语言的版本,这就使得我有可能在翻译某部英文著作或俄文著作时参考另一个语种的译本。比如我在翻译俄文版的《抒情诗的呼吸》时,就参考了该书的英译本,译者借助英译更正了自己的不少误译,同时也发现,英译者似乎也不时会有与中译者同样的困惑和苦恼。在一些难译的地方,他们似乎也做了一些模糊化的处理,而他们在文中所作的"添加"以及文后的注释,有许多都与中译者不谋而合。或许,他们在翻译过程中也曾遭遇与我一样的难题,也曾体验与我一样的欣喜。于是,作为一种跨越时空的交谈方式的文学翻译,又变成了三方的交谈。

但丁《神曲》的第一句话就是:我已走到人生的中途。此句诗中的"中途"一词在俄语中被处理为"山坡"(склон),即人到中年,翻山越岭到了另一面山坡。翻译之艰辛,犹如登山,攀登一座险峻陡峭的山,我如今也已来到这座山的另一面,这或许意味着我的翻译已开始走下坡路,但越过峰顶,我便能悠然见得这边的另一片风景。

囿于篇幅,本自选集仅收入我翻译的 11 位作家、诗人或学者的作品或作品片段,所收译文以译作发表时间为序排列,并对其做了修订。

刘文飞

于 2021 年 8 月 1 日

目录

丛书编辑说明 ……………………………………… i
丛书总序 ……………………………… 罗选民 iii
译者自序 ……………………………… 刘文飞 vii

第一部　白　　雨 ………………………………… 1
第二部　空中的路 ………………………………… 17
第三部　断片（节选）……………………………… 35
第四部　呼吸（外16篇）…………………………… 53
第五部　马尔娃 …………………………………… 73
第六部　哲学书简（第一封信）…………………… 143
第七部　地下室手记（节选）……………………… 169
第八部　俄国文学史（节选）……………………… 213
第九部　战利品 …………………………………… 241

第十部 复活(节选) ·················· 267

第十一部 我要收复你(外10首) ············· 287

刘文飞译著年表················· 307

第一部 白雨

白　雨

/// 译者按语

钦吉斯·艾特马托夫（Чингиз Айтматов, 1928—2008），吉尔吉斯斯坦作家，1952年开始发表小说，1958年以中篇小说《查密莉雅》驰名世界文坛。法国作家阿拉贡把《查密莉雅》译成法文，并称它为"《罗密欧和朱丽叶》之后最漂亮的爱情故事"。艾特马托夫的主要作品还有《群山和草原的故事》(1962)、《别了，古尔萨雷》(1966)、《白轮船》(1970)、《花狗崖》(1977)、《一日长于百年》(1980)、《断头台》(1986)、《卡桑德拉的印记》(1996)和《群山崩塌时》(2006)等。

《白雨》(Белый дождь)是艾特马托夫的早期作品，写于1954年，译自《艾特马托夫短篇小说集》(苏联作家出版社1958年版)。这个短篇体现出了艾特马托夫创作的一些特色，比如具有民族特色的叙事场景和人物，细腻笔触和抒情调性的相互交织，新旧生活碰撞中的乐观的爱情故事等。这篇译作是译者大学本科毕业论文的一部分，是译者跋涉文学翻译之路时留下的第一个脚印。

在石崖顶上冻得冰冷的风用力冲出昏暗的深谷,奔向山脚。山脚下酣睡着一个小村寨。

四周一片寂静,各家窗户里的灯火都隐灭了,月亮给那一株株披着一层初春雾凇的、眼看就要伸枝展叶的幼苗镀上一层淡淡的银光。只有风儿吹着芦草屋顶,沙沙地响着,狗儿睡意朦胧地汪汪叫着。在那远处,勉强还能听到山溪潺潺的流水声和发动机的轰鸣声……

黑幕中,有两个人影迅速朝村边移来。这会儿,他们放慢脚步,然后停了下来。"好了,现在我一个人走行了……谢谢你。"听到一个女人的声音。

"让我再送送你吧,狗会突然咬伤你的。"一个男人的声音答道。

"我不怕狗……"

"还是……"

"不用,卡西姆查,你上班要迟到了。"

"来得及,还有的是时间。"卡西姆查划着一根火柴。颤抖的火苗一刹那间映亮了黑暗中一个扎着花格头巾的姑娘和一个身着"闪电"牌皮革运动服、脚蹬厚油布长筒靴的小伙子。"瞧,撒尔妲特,还有整整两个半小时呢……"小伙子瞅了一下手表,说道。

"不用了,卡西姆查,你走吧……有谁瞧见,又该说闲话了……我只是很担心,妈妈为什么叫我回去呢?……突然病了?……"

"就是,既然这样,就不能把她一个人留在家里。别犯愁,我们会想出什么法子的……"

他俩又站了一阵,就分了手:撒尔妲特往家走去,而卡西姆查踏上了上山的道。刚走几步,他又转过身来:"如果有什么事,就通知我……我等着……"

"好的。"撒尔妲特用压低的声音回答道……

她走了几步,又站住,回过头去。已经看不到卡西姆查了。周围一片漆黑。撒尔妲特急忙向家赶去。离家愈近,她的脚步挪得愈快,最后竟忍不住跑了起来。脑子里,各种想法绞成一团,一个比一个更昏暗。姑娘猜想,她马上一到家,打开门,就会看到病重卧床、眼窝深陷的母亲。"阿妈,我亲爱的、可爱的阿妈呀!"撒尔妲特努力想喊出声来,但嗓子却哑了。这便是那扇熟悉的院门。突然她看到,一个身影正向她迎来。

"是你吗,撒尔妲特?"母亲问道。

"阿妈,出了什么事?"

"这么黑的夜,你一个人回来的?"

"一个人。"撒尔妲特说了谎。

"哎呀,你真是的,上帝保佑你!"赛依涅普阿妈双手一拍,"怎么能这样……"

"不是,我是搭顺路的大车回来的。"撒尔妲特及时想出了这么一句。

赛依涅普阿妈搂住女儿,哭了起来。

"可累坏了……我眼都望穿了。天都黑了,还是老不见你回来。我想,该不是路上出了什么事吧……我打算这就去迎你呢……"

"你这是怎么啦,阿妈,我们不是上个星期才见的面吗?……"

撒尔妲特是一个拖拉机耕作组的拖车联络员,整整一个夏天,她几乎都住在田间宿营站。她每次回家,对于赛依涅普阿妈来说都是一个真正的节日。她那样疼女儿,连一步也不愿离开她。她们一道生起炉子,张罗着做饭,一个揉面,一个煮肉,撒尔妲特去挤奶,母亲就站在一旁准备喂牛的汤水。两人谈起心来更没个完。在赛依涅普阿妈做活的农庄,在机耕队里,多的是新鲜事。只有在撒尔妲特去河边挑水时,赛依涅普阿妈才站在院门边目送着女儿。母亲还不相信女儿已长大成人了。望着女儿那健壮、匀称的肩膀,赛依涅普阿妈多舒心啊。女儿那戴着银手镯的丰满黝黑的手臂,扶着肩上的扁担,显得多轻松啊!她那双腿迈得多好看啊!她那顶得连衣裙花边微微耸起的胸脯,一起一伏,呼吸得多匀称啊!

"女儿呀,我眼中的宝贝,让一切倒霉的事情都落在我头上吧,只要它别沾你的边!"母亲情不自禁地脱口说道。

今天,母女俩特别高兴,相互间特别温情。撒尔妲特想,母亲不会平白无故叫她回来的,一定会对她说些什么重要的事情。事实上,赛依涅普阿妈早就准备好了话题。

最近,女儿身上发生了一些不大顺遂的事情。这指的是什么呢?

那还是早春的时候,冰雪刚刚消融。一天,撒尔妲特气喘吁吁地跑回家来。

"阿妈,"她还没进门就激动地喊道,"共青团小组来啦!"

"什么小组?"

"啊,你当真不知道,是从农机站来的共青团小组呀!团员们要在荒地上干活。我亲眼看见了,阿妈,他们坐在拖拉机和汽车上,开过了磨坊。他们带来了犁铧和播种机……"

"她这样慌个啥呢,"赛依涅普阿妈当时很纳闷,"得了,他们来了就来了呗。"

可女儿还在兴致勃勃地继续说着:

"阿妈,我知道他们要在哪儿耕地。离我们这儿不远。托科依大叔说,他们今年要把整个'老牧场'都开出来。"

几天之后,撒尔妲特要求母亲准许她到农机站去做一名拖车联络员。赛依涅普阿妈本不想放女儿离家,可撒尔妲特很任性,犟着要去,母亲只得违心地让了步。

"我今年要当个拖车联络员,以后还要把我们训练成拖拉机手。我在共青团会上已经表了态,不能说话不算数。"

但是,假使没有撒尔妲特的伯父托科依的干预,这些理由几乎并不能使母亲让步。

"别碍年轻人的事,他们看得更准,让她去吧!"他对母亲说道。

于是,撒尔妲特去了,可母亲却很快就痛苦地后悔了。她看出,撒尔妲特如今已不仅仅属于她了,有另一股强大的力量越来越紧地攫住了她的女儿。

有时母亲感觉到,撒尔妲特比她更聪明了。对于一位姑娘家来说,这不是懂得太多了吗?撒尔妲特关心的那些事,母亲她却全然不知。那么惦记母亲的撒尔妲特,回到家里来只过个夜,天一亮就急忙起早赶回队里,这是为什么呢?

还有更让人莫名其妙的事。撒尔妲特有时严肃认真,一本正经,有时又出奇地开心,唱呀笑呀,温情地依偎在母亲身旁,可是突然之间,她又会双目迷惘,像一头成了孤儿的小骆驼一样,一声不响地、忧郁地坐着。

"撒尔妲特,那工作可称你的心?"赛依涅普阿妈常悄悄地问,"你们组里的人怎么样啊?"

"非常称心!"撒尔妲特总是这样回答,并带着夸赞的口气谈起自己的同事。他们都是打老远的地方来的,对各种机器了如指掌,有些人原本就是在工厂里造这些机器的。"我也要成为他们那样的人!"撒尔妲特常常这样说,眼里闪着光彩。这时,在母亲看来,女儿就变成了一个让她猜不透的陌生人。撒尔妲特并未觉察到母亲眼中流露出的不安,继续讲着她为之感动的一切,她讲到团小组会议,讲到墙报,说墙报上常常公开批评懒汉拖拉机手,还讲到其他许多事情,的确,这些事情并不是赛依涅普阿妈都能弄清楚的。

喝完茶,撒尔妲特收拾了饭桌,洗了碗,又将碗放进碗橱。该睡觉了,可赛依涅普阿妈还坐在毡毯上,仔细地瞅着撒尔妲特。

"到我跟前来,闺女,坐下,"她指了指身边的毡毯,"我想和你谈谈心……"

"说吧,阿妈,我听着呢……"

赛依涅普阿妈想了很久,也不知从哪儿说起。

"你是我的独生女儿,撒尔妲特,"她目不转睛地望着女儿的脸,说道,"对我来说,你是儿子又是女儿。除了你,我再没有一个亲人了。你想,我一个人在家能心宽吗?"母亲的眼里涌出了泪水,"只是在做活时,我才能忘掉一些,可一回到家里,心里就闷得慌……你在哪儿,出了什么事,身体好不好……你的工作不是妇女们干的,撒尔妲特。姑娘家哪能坐在犁耙旁……别干了，回家来吧，农庄里也少不了你干的活……"

赛依涅普拭了拭眼睛，重重地叹了一口气。她觉得，为了使女儿明白她的意思，说这么多已经够了，可撒尔妲特却以为母亲还未说出主要的东西。

"难道我们宿营站里就我一个女孩子吗？光是从我们农庄去的就有好几个姑娘。我们农机站里又有多少！她们干起活来也不比男人差。我为啥要丢开这一切呢？"

"你别和她们比！"赛依涅普阿妈生气了，"她们又不是独生女。"

撒尔妲特搂着母亲，一动也不动。不顺母亲意的话她是说不出口的。

"好吧，阿妈，就听你的吧。但你要让我在那儿再待一阵。春播很快就要结束了，那时我就回家来。剩下的日子不多了，阿妈，再忍上几天……"

母亲的心定了。是睡觉的时候了。

眼皮刚刚合上，却突然听到一阵响动。赛依涅普阿妈睁开眼，看到撒尔妲特起了床，轻轻地向窗口走去。蓝莹莹的月光轻泻在姑娘的头上和肩上。撒尔妲特不安地望了母亲一眼，随后就小心地坐到窗台上，两手抱着膝头，静静地坐着。似乎，她在想着什么，双手不自然地揪着垂在胸前的辫梢。

"她为啥睡不着觉呢？"母亲的心又忐忑不安起来。

撒尔妲特将脸贴在窗玻璃上，出神地望着远处的山冈，山冈的斜坡上不时闪过拖拉机车灯的光柱。她陶醉地倾听着远处的马达声，那声音时而这样地靠近，让人感到拖拉机就在身旁，时而又飘飘远去，使得姑娘不得不侧耳细听。

"她在听拖拉机的声音呢!"赛依涅普阿妈猜到，她记起，自己也常常留心地听这机器声。女儿也在那边的地里工作，她不在家时，母亲便在这机器声中寻求安慰。是啊，女儿不会无缘无故地坐在窗边，赛依涅普阿妈明白，撒尔妲特的心不在这儿，而在那边，在耕地。

撒尔妲特望着远处的车灯，她仿佛看到，一片片犁铧正斜斜地翻起一块块沃土，将荒地犁成一行一行的，就像是一缕缕散开的鬃毛。这土地沉睡多年，无人问津，可现在，她和卡西姆查却第一次使这片荒凉的土地复活了。这里将长出庄稼，很快要铺出大路，在"老牧场"的山间谷地还会盖起房屋，人们将以主人的口气对过往的行人说："一到这地方，您就能看到牲畜场，再往下还有街道，这就是我们的农庄!""是啊，这一切都要靠我们来建设!"撒尔妲特想着，内心感到一阵喜悦。这不就是真正的幸福吗!难道不值得为此献出一生吗!

她常常觉得，炫目阳光下那处女地的黑色波浪似乎也有生命，在呼吐着热气。新翻的土地散发着鲜湿的气味。真美啊!……

一行地犁到底，在掉头的地方，撒尔妲特就迅速地扳起犁闸。被磨得像镜子一样光亮的犁铧升到地面，每一片犁铧上都映现出一个缩小了的太阳……

在掉转拖拉机的时候，卡西姆查对撒尔妲特笑着。可她却在喊：

"赶上去啊，卡西姆查!今天我们要争第一……快点!……"

"卡西姆查……我俩相遇了，这多好啊;我们能在一起工作，这多好啊！我准备跟着你，就是到天边也跟着你！"撒尔妲特小声地自言自语。

赛依涅普阿妈心里很慌乱，她不知该如何是好，不知该对女儿说些什么，她重重地叹了口气，翻了一个身。撒尔妲特惊了一下，她望着母亲，又默默地坐了良久，然后才不声不响地走到床边躺下。但是，无论女儿还是母亲，都没睡着，各自都在想着自己的心事。

赛依涅普阿妈想的是，女儿已经成人，该替她的婚事操操心了。如果能在本村找个配得上她的小伙子就好了，那样女儿就能永远守在自己身边；如果女婿是个孤儿，那就更好了，三口人就能住在一起。女儿还不知道，嫁妆差不多已经准备齐了，一切都有了，就差去弄点做帐子的绸布了。

而撒尔妲特却在想卡西姆查，想着他俩的初次见面。那时他们在同一个机组工作。每回一停下车子，卡西姆查总要走到她身边，问道：

"不累吗，撒尔妲特？歇一会儿吧。"

"他干吗这样惹人厌烦地问来问去呢！"撒尔妲特生气了，"我难道是个小孩子吗？"可是，当卡西姆查不来问长问短时，撒尔妲特也生气："他为什么不来问我呢？他是见怪了，还是讨厌我了？"

一次，在一处山地，他俩决定爬到最高的悬崖上去。撒尔妲特永远也忘不了那一天。山路很陡，但他俩忘记疲劳，不停地走着，似乎他俩是发了誓，无论如何一定要登上山巅。他俩都在想，在那山巅上，他俩将相互倾吐一些十分重要的话儿。那些话儿谁也听不去，除了他俩，周围几公里一个人也没有。然而，爬上山巅后，他俩谁也没敢说出深藏心底的话。只是在下山的路上，当撒尔妲特突然脚下一滑，卡西姆查才一下把她揽在怀里，吻了她的双唇。撒尔妲特没有生气。她感觉到了从未有过的幸福……

赛依涅普阿妈倚着敞开的门站着，望着屋里。在她呆滞无力的神态里，在她高高竖起的双眉间，在她紧闭的嘴角边悲哀的皱纹中，都可以觉察到一种难言的绝望。不知是提防什么可怕的东西而不敢进门，还是想起了什么才停下脚步，也许，是在听风从山上吹来的阵阵机器声……宽长的裙袖从她消瘦的双肩上耷拉下来。脚边，扔下的扁担横躺着，泼得只剩下半桶水的两只木桶放在一旁。赛依涅普阿妈刚从河边回来，在那里有人告诉她说，撒尔妲特嫁人了。母亲最害怕的事情发生了。现在，这屋里只剩下她孤零零一个人。她似乎什么东西都有，但随着女儿的离去，这一切都不再具有任何意义。

如果不是托科依大叔的老伴仁杰古丽来了，赛依涅普阿妈还不知要这么站上多久呢。见到她，赛依涅普阿妈大声地哭诉起来：

"什么女儿不女儿的！唉，我这个遭灾的老婆子啊。上帝惩罚我，不给我一个儿子，有个儿子，他是不会不要家的，他兴许还会带个媳妇回家呢。"

仁杰古丽吃惊地望着这个瘦弱的、平日里十分安详、可此刻却判若两人的老婆子。

"撒尔妲特给我丢了丑呀！"赛依涅普阿妈这时还在继续说着，"她走了，像个逃犯，不孝不敬，偷偷摸摸，跟着流浪汉跑了。是那个汉子拐走了她，我再也看不到她了……"

"您这是怎么啦,赛依涅普阿妈?您女儿在这儿,她没走远呀!"仁杰古丽说。

"住口!让我受苦的也有你们。就是你那个托科依撺掇撒尔妲特去农机站的。我糊里糊涂听了他的话,还把他当成我丈夫的亲兄弟看呢……你去告诉他,如果他还记得他兄弟,还看重我们这个家族的名声,就让他把撒尔妲特领回来。你快去!……"

当天,托科依以兄长的资格,吩咐妻子把赛依涅普领到他这里来。

他坐在一块铺在毡毯上的羔羊皮上,皱着眉头,在等着弟媳。他的一大家族人全都聚集在这间屋里。屋里很闷热,锅里煮着肉,桌上的茶炊吱吱作响。

"事情我全都知道了,赛依涅普,"托科依客客气气地将一碗茶递给她,开了口,"连我也替你害臊。如果撒尔妲特胡来,我立刻就骑上马,去揪着她的头发把她拖到这里来!"老人的眼中闪出愤怒的光芒,"可是,我不会这么做。要叫我干这样的事,还不如让我的双手僵了的好……'老牧场'的大片荒地早就在盼着你女儿这样的人了。赛依涅普,我不打算安慰你,说服你,我只想让你回忆起一件往事。"托科依吸了一口烟,又若有所思地将了将有些发黄的胡须,"眼下他们正在'老牧场'开荒。要是在从前,你也知道,我们是没有本事干这件事情的。那时,要得到下游地区的好地,我们是想也不敢想啊。地主们把我们赶呀赶,最后一直把我们赶到'老牧场'。那里翻地困难,浇地更不方便。

"你还记得吧,你爱上我兄弟后是怎样随他跑到这里来吗?为了不被饿死，我们当时决定开一小块地来，那块地不比我这块羔羊皮大。你大概没忘记，我们是怎样清理那块地的，是用双手搬走乱石；你大概没忘记，我们怎样在山坡上开出一条小水沟，可'蛇岩'附近的水顺着这小水沟却流不到山上来。

"你还记得这些吗，赛依涅普？难道赤手空拳能凿穿石崖吗？我们的活儿算是白干了，刚出土的小苗都旱死了。还记得吧，赛依涅普，那时你哭得多伤心啊，就是我们这些男子汉也差点儿掉了泪。那时在'老牧场'，我们连巴掌大的一块地也种不成啊。难道我们要求的东西太多了吗？只不过指望别被饿死……如今，我们的孩子们征服了这块'老牧场'，你最好去看看他们已经做成的事情。他们干起活来劲头十足，他们有知识，有机器……要不了多久，粮食就会像小河一样淌到我们跟前来。唉，赛依涅普，你年轻时能跟着你爱的人去受苦受难，那么你女儿为什么就无权建设自己的生活，和她心爱的人一起工作呢？啊！"

赛依涅普阿妈沉默不语。

"你是一个聪明人，"托科依继续说道，"你应该明白，撒尔妲特不能不这样做。你的女婿卡西姆查不是无家可归的流浪汉，而是一个出色的小伙子，机耕队里的头号拖拉机手。他父母都住在城里，听说都是受人尊敬的好人……说到撒尔妲特，她更不是那种能忘记母亲的人。星期天他们就要上你这儿来，到秋天，你按老风俗也要去看看他们。等到他们打下头季粮食，在新屋里安下家，我们再去喝他们的喜酒。"

老托科依说的这一番话，赛依涅普都默默地听着。然后，她起身向门口走去。谁也弄不清,大叔的话儿她是听进了还是没听进去。

托科依大叔出来送客。外面下着大雨,山冈、树木和远处的房屋都模糊不清,一切都被雨幕所笼罩。

"瞧呀,多大的雨!这叫白雨,等着吧,要不停地下上两三天哪……"

"你说是白雨?"赛依涅普阿妈低声问道,可没等人家回答,她就走开了。

回到家里,赛依涅普阿妈发呆似的坐在屋角,看着像是在哭泣的窗玻璃。

"白雨!"她嘀咕着,似乎又想起了什么。

还在回家的路上,赛依涅普阿妈就想通了:也许,托科依说得在理。可是一迈进家门,她便两手无力,心里冰凉,又觉得自己是孤单单的了。她想做点家务事,可不管忙什么都定不下心来。她老是感到少了点什么,可怎么也弄不清少的是什么。最后才终于明白了:没听到山上传来的她早已听惯的马达声。平时,那拖拉机的轰鸣会使她舒下心来,因为她女儿的未来和这机器声也有联系。现在没听见这声音,赛依涅普阿妈不放心了:"拖拉机不响了,下着白雨,这雨看来还要下上两三天……可怜的他们在那里怎么样,还住在帐篷里?又湿又冷,也没个炉子。"她开始心疼起新婚夫妇来了,要知道他们正在度蜜月啊。星期天快些到来吧!

赛依涅普阿妈扳着指头,数着到星期天还剩下几天。四天!这么久!可她却盼着尽早见到撒尔妲特和卡西姆查。坐了一会儿,她毅然站起身来，从箱子里取出一块白绸布，裁成一件宽大的男士衬衣。然后她又生起炉子。屋里暖和多了。锅里煮着肉，在煮肉的工夫里，赛依涅普阿妈差不多已在缝纫机上缝好了衬衣。现在她不再抄手闲坐了，而在围着烙煎饼的锅忙个不停。她那张被炉火烤着的脸泛着红光，布满一层细密的汗珠。她的眼睛炯炯发亮，像是在等待什么开心的事情。旁人一眼就可以看出，赛依涅普阿妈在准备过大节呢。事实上也正是如此。她决定马上就去"老牧场"。一切都忙停当之后，赛依涅普阿妈从撒尔妲特的嫁妆中挑出一条早先买下的大花披巾，把披巾和衬衣放在褡裢的一只"眼"里，在另一只"眼"里塞满了肉和饼。现在可以走啦，可她又犹豫起来，这样没人来请就自己跑去看已经出嫁的女儿，或许不太合适。托科依说要等到秋天，不行，时间太久了。不错，撒尔妲特和卡西姆查星期天会回来的，可是离星期天还有整整四天哪……她想马上就看见自己的孩子，亲眼看看"老牧场"里发生的事情。要是突然有人笑话她呢？"他们爱怎么说就怎么说吧，我反正要去的。"

赛依涅普阿妈穿上新绸裙、新袜子、新胶鞋和漂亮的上衣，把褡裢往肩上一搭，披上一条大麻袋，走出了家门。

外面下着白雨……

在灰蒙蒙的雨幕中，一位妇人骑着马，缓缓走在新垦地中间的小道上。托科依说得对：他们开出了大海一样无边的土地，挖出了一道道深阔的水渠，初生的春麦苗沾着雨水，泛着绿色，小心翼翼地钻出地面。她几乎认不出"老牧场"来了！那块没长出庄稼的小片土地哪儿去了？那条没引上水来的细水沟哪儿去了？……

赛依涅普阿妈下了马，坐在一块石头上哭了起来。但此时的泪水，是为自己的孩子和他们宏大的事业而流下的骄傲的热泪。

（选自学士学位论文，1981 年）

第二部

空中的路

空中的路

译者按语

鲍里斯·帕斯捷尔纳克（Борис Пастернак，1890—1960），俄国作家、诗人，1958年诺贝尔文学奖获得者，主要作品有诗集《云中双子星》(1914)、《超越街垒》(1917)、《生活是我的姐妹》(1922)、《主题和变奏》(1923)、《重生》(1932)、《早班列车上》(1943) 和《天放晴时》(1959)，以及《短篇小说集》(1925)、自传体散文《安全证书》(1931) 和《人与事》(1957)、长篇小说《日瓦戈医生》(1957) 等。帕斯捷尔纳克被视为俄国白银时代最杰出的诗人之一，也被视为整个20世纪俄语文学最突出的代表之一。

短篇小说《空中的路》(Воздушные пути) 作于1924年，是帕斯捷尔纳克散文创作的最早尝试之一。这篇译成中文还不足万字的短篇在帕斯捷尔纳克的散文创作中却占据一个重要地位，这是因为：它写于20世纪20年代中期，这恰是帕斯捷尔纳克散文写作第一个高潮期的顶点。这篇小说在帕斯捷尔纳克的散文作品中知名度很高，他在1933年出版的一部短篇小说集就以这篇小说的题目作为书名，后来他的多种选集也以此为题，20世纪60年代，一份美国的俄侨文学丛刊还以《空中的路》作为刊名。这篇小说也比较集中地体现了帕斯捷尔纳克小说创作的美学特征，即跳跃性的情节结构与印象主义和表现主义的景色描写相互呼应，构成一种朦胧斑斓的叙事语境，颇具在帕斯捷尔纳克去世后才开始兴起的"新小说"调性。这个短篇所采用的现代派小说叙事方式，也对翻译提出了不小的挑战。

献给米哈依尔·阿列克谢耶维奇·库兹明[1]

一

倚着树干,保姆在一株古老的桑树下睡着了。当一团巨大的淡紫色乌云自大路尽头腾起,迫使在草丛中热烈吱叫的蝈蝈闭了口,当兵营中的鼓也歇息了,不再让人心跳,大地的眼睛便逐渐暗淡下来,世上也不再有生活了。

"走,走!"一个疯癫的牧女用一片豁唇大声地喊叫,她由一头年轻的小公牛开路,拖着一只伤腿,闪电般地挥着一支野树枝条,在花园另一端的一片垃圾云中出现,野性就始自那儿:茄子,砖块,乱成一团的铁丝网,腐味的昏暗。

她又消失了。

云向下面已收割了的庄稼地扫了一腿。土地一直伸展到天边。云轻松地纵身一跃。土地继续延伸,一直越过那些兵营。云放下两只前腿,从容不迫地穿过大路,无声无息地沿着铁路会让站的第四道轨道爬动。有些秃顶的灌木丛,零零星星地跟随着云。灌木丛流动着,向云鞠躬。云不理睬它们。

树上掉下了浆果和毛毛虫。毛毛虫不断跌落,因为暑热而昏了头,于是便钻进保姆的围裙中,不再想什么了。

---

[1] 帕斯捷尔纳克把这个短篇题词献给库兹明,库兹明是白银时代俄国作家、诗人。——译注

一个小男孩爬到水龙头旁。他已经爬了许久。他继续爬着。

等到终于落雨时,两对铁轨沿着光秃秃的篱笆飞驶着,以逃脱压向它们的漆黑的雨夜;等到暴躁的它气喘吁吁地边跑边向你们高喊,让你们别怕它,说它名叫暴雨,不知怎么还被叫作爱情,那时,我将要告诉你们,被偷走的男孩的父母从晚上起就洗刷着自己的凸纹布,天还没亮,他们就一身雪白像是去打网球,穿过还是黑乎乎的花园,来到一根挂有车站标记的柱子前,就在这一刹那,火车头像一只大肚皮的盘子从菜地那边冲出,用一团团黄色的、喘息的烟雾包裹了那家土耳其点心店。

他们打算去码头接一位海军学校的学员,那位学员曾经爱过她,也做过她丈夫的朋友,他预计在这个早晨结束环球教学航行回到这个城市。

丈夫迫不及待,想尽快地把尚未完全让他厌烦的"父亲"一词的深刻含义告诉朋友。这样的事常有。一件并不复杂的事情带着其含义独特的魔力未必不会第一个碰上您。这对于您是如此的新鲜,以至于,远远地来了一个人,一个遮挡了整个世界、总也让人看不够并且似乎有什么话想说的人,您就会觉得,在即将到来的相会中,他将成为听众,而您就是一个战胜他智慧的说客。

与丈夫相反,像投向水中的铁锚,她的注意力却被引向码头上嘈杂的铁器声,引向那些三个烟囱的巨物身上的红色铁锈,引向小溪般流淌的粮食,引向天空、白帆和水手服交相辉映的地方。他俩的动机不相一致。

下着雨,下着倾盆的雨。我开始做我允诺过的事。榛子树的枝丫在壕沟上噼啪作响。两个身影在田野上跑着。男人蓄着黑胡须。女人蓬乱的头发在风中抖动。男人穿着绿色的外衣，戴着银耳环，他手中抱着一个惹人喜爱的孩子。雨下着，下着倾盆的雨。

二

原来，他早已被提升为海军准尉。

夜里11点。城里来的最后一趟火车正驶近车站。在这之前它哭了个够，自拐弯处就已高兴了，不知怎么还有些忙乱。此刻，它从邻近的地方抓取空气，它那破裂的水箱上满是树叶、沙子和露水，它站在那儿，拍着手，沉默不语，等着回声。那回声应该自四面八方而来，在它这里汇合。等它听到回声，一位太太、一位水兵和一位百姓，全穿着白衣服，将从大路拐上步行的小道，在对着他们的杨树后面将浮出蒙着露水的屋顶那炫目的圆盘。他们将走向栅栏，摇响篱笆门，没有碰落水槽、屋脊和飞檐上的任何东西，那些东西像让人痒痒的耳环一样在篱笆门的耳朵上摇晃。铁的星球随着他们的接近将开始滚动。滚动的火车的声音将意外地传向远处，它时而装作寂静，欺骗着自己和他人，然后则扬起一阵细密迟缓的肥皂水的雨。然后会弄清楚的，这完全不是火车，而是大海用以取乐的水爆竹。月儿将从车站的小树林后升到大路上来。那时，瞧了这完整的一幕，您将觉得，它是由一个极端熟悉但又时常忘怀的诗人杜撰的，如今还常在圣诞节时把它送给孩子们。您将记得，一次您曾梦见这个栅栏，当时它被称作世界的边缘。

在被月光洗涤的台阶旁,一只装油漆的小桶泛着白光,一把油漆刷毛朝上靠墙立在那儿。随后,开向花园的一扇窗打开了。

"今天把墙刷白了,"轻轻地传来一个女人的声音,"您觉得怎样?咱们吃晚饭吧。"

随后又是寂静。这寂静持续得不长。屋子里腾起一阵慌乱。

"怎么?怎会这样——没了?丢了?!"同时响起一个松弛了的琴弦一样嘶哑的男低音和一个跳跃着的歇斯底里的女低音。

"在树底下?在树底下?马上站起来说清楚。别哭。看在基督的分上,你放开我的手。上帝,这是怎么回事啊!我的托沙,托申卡!你敢!你敢!亲眼看见?!没良心的女人,没羞耻的,坏心肠的!"再往后就话不成句了,各种声音怨诉地搅在一起,中断了,远去了。那些声音听不见了。

夜结束了。但离天亮尚早。大地上堆满一团团被安静吓倒的形状,像是草垛。它们在休息。它们之间的距离比白天增大了;似乎是为了更好地休息,那些形状分开了,离远了。在它们的间隔中,怕冷的草地在汗透的马衣下轻声地喘息着,鼻子呼啦呼啦响。偶尔,形状中的某一个表现为一棵树、一片云或一个熟悉的物体。但更多地,这还是些无名无姓、模糊不清的堆积。它们被稍稍转动几下,在这半昏厥之中它们未必能说清,刚才是否有雨,然后又停了,抑或是雨正准备着,马上又将开始落点。它们时而被从往昔带去未来,时而被从未来送回往昔,就像经常翻覆的沙漏钟里的沙粒。

但在离它们很远的地方，像一件天明时被一阵风从栅栏上扯下并被吹到鬼晓得什么地方去了的衬衣，在原野的另一边隐约地闪现着三个人影，在他们对面，翻滚、轰鸣着遥远的大海挥发不尽的消遣。这四个东西只能被从往昔带去未来，并永远不得回返。那几个穿白衣服的人从这里跑到那里，弯下腰又挺起身，跳进壕沟里看不见了，然后又在另一个地方爬上沟埂。彼此间保持着很大的一段距离，他们呼应着，相互挥着手，由于这些信号每次都被理解错了，他们便马上用另一种方式挥手，挥得更急，更懊丧，更多地表示不明白那些手势，它们被废除了，先不要回去，在找过的地方继续寻找。这些身影和谐的狂热造成这样一种印象，似乎他们想起来在夜里玩俄式棒球，球丢了，此刻他们正在沟壕里找球，若找着，游戏便可以恢复。

在那些歇息着的形状间全然无风，临近的天明已能让人相信；瞧一眼这几个像一阵旋风飞翔在大地上的人，就可以想到，林中的草地已被风、黑暗和不安这把带有三颗断齿的梳子梳理得柔软、蓬松了。

存在着一种规律，遵循它我们永远不会有别人不断碰上的那些事。这一法则作家们不止一次地碰到。其确凿性在于，当我们尚把不幸看作是可以弥补的时候，朋友们还认识我们。当我们一旦充分意识到其不可弥补性时，朋友们便不再认识我们，而且，似乎是对法则的肯定，我们自己也将成为他人，也就是成为那些注定要在法庭上或疯人院中燃烧、破产、堕落的人。

那些还健康的人责骂保姆时，他们觉得事情似乎在于，只要他们骂得厉害，就能出现这样的情形：走进育儿室，轻松地喘口气，便在那儿找到小男孩,小男孩被他们惊慌和伤心的样子钉在了原地。目睹一张空空的小床,他们大叫起来。然而,带着被撕裂的心,他们起先跑去满花园地找,然后在搜寻中离家越来越远了。他们长久地还是和我们一样,也就是说他们寻找着是为了能找到。然而,钟表变了,夜的脸色变了,他们也变了,此刻,在夜色消退之中,他们已成了完全叫人认不出的人,他们已不再明白这是作了什么孽,为了什么,残酷的空间不让他们喘息,继续在那片土地的两个尽头之间拖拉、掷抛着他们,在那片土地上他们再也见不到儿子了。他们早已忘记了在壕沟那边继续寻找的海军准尉了。

难道为了这一有争议的观察,作者向读者隐瞒了他所熟知的东西?要知道他比任何人都更清楚地知道,只要村子里的面包铺一开门,只要头两趟火车一交错,关于这不幸事件的消息就会飞遍所有的别墅,最后还要告诉奥里吉纳来的一对孪生中学生,他们在奥里吉纳结识了一位不知名的熟人,得到了昨日胜利的战利品。

从一排树下,就像从压得低低的僧帽下,挤出了尚未睡醒的早晨那最初的萌芽。天带着间歇一阵阵亮起来。大海的喧嚣突然间似乎没有了,周围比先前更安静了。不知自何处而来,一阵甜蜜、急速的颤抖在那排树上掠过。那排树依次地、夹道般地用自己汗珠的白银拍打栅栏,然后又重新久久地陷入刚才被扰乱的梦境。两块稀罕的金刚石在半明半暗的美满的深巢中各自独立地游戏:一只小鸟和它的唧啾。害怕自己的孤独,害羞自己的渺小,鸟儿竭力想不露痕迹地融化在无边的露水海洋中,那露水由于涣散和朦胧而无法集中思想。鸟儿做到了这一点。它斜垂着小脑袋,紧紧地闭着眼,不声不响地享受着刚刚诞生的大地的愚蠢和忧愁,并因为自己的消失而高兴。但它的力气不够了。突然间,冲破它的阻力,将它背叛,它巨大的唧啾声似一颗寒星在永恒的高空闪烁出永恒的花纹,有力的霰弹像带刺的枝条四处飞溅,水珠鸣响着,感到寒冷、吃惊,就像泼掉了一个有着巨大的吃惊的眼的茶托。

但是,天亮得越来越亲热了。整个园子充盈着潮湿的白光。这光与抹了泥的墙壁、与布满砾石的几条小道、与几棵果树的树干贴得最紧,那几棵果树被涂上了一种矾似的、石灰一样的白色混合剂。这时,脸上带着那种死气沉沉的表情,刚从田野归来的孩子的母亲,在园中慢慢走着。她不停地迈着发软的步子横穿花园走向后院,也没有发觉她的双脚踩上了什么,陷在什么地方。起伏不平的地将她抛上抛下,似乎她的激动还需要搅动。穿过菜地,她走近了栅栏的那一部分,从那儿可以望见通向兵营的路。海军准尉常走近这里,翻过篱笆,省得绕着园子走一圈。像一只严重倾斜的小船上的帆,打着哈欠的东方将他领到栅栏边。她扶着栅栏上的小圆柱,在等着他。可以看出,她打算说些什么,并已充分准备好了自己简短的话语。

不久前已下过的那场雨和即将来临但还滞留在天上的那场雨,这两场雨的相互逼近在海边常能感觉到。就是在路那边也整夜可闻的喧嚣可能来自何处?大海平躺着,在逐渐冷却,就像镜子那涂着水银的反面,由于圆箍它只能轻松地胡闹、抽泣。地平线已经病态、凶恶地发黄。这是对朝霞的宽恕,那朝霞紧偎着巨大的、脏得一塌糊涂的畜棚的前壁,在那畜棚中,时刻都可能从每一角落掀起波涛。

此刻，波涛肚皮贴地趴着，不易察觉地相互蹭着痒，好像是不计其数的一群光滑的黑猪。

海军准尉从峭石后面走上海岸。他迈着疾速、有力的步伐，时而从一块石头跳到另一块石头上。他刚刚在上面听到了一件让人吃惊的事。他从沙地上捡起一块碎瓦片，水平地将它扔进水里。石子像是在唾液中弹跳着，成斜线滑过整个浅水区，发出那种几乎察觉不到的轻微的声音。当他在寻找中完全绝望了，便折身回别墅，他刚刚从林中空地那边走近别墅，列莉娅正好从屋里跑到栅栏旁，她让他再走近一些，很快地说道：

"我们再也不行了，你救救我！找到他。他是你的儿子。"

他正要握住她的手，她却抽身跑开了，等他翻进花园，哪儿也没能找到她。他又捡起一些石子，一边掷着它们，一边开始离去，最后消失在峭石突出部的后面。

在他身后，他的足迹持续存在着，颤动着。它们也想睡觉。这是受了惊的砾石在爬动，在塌落，它们叹了口气又翻了个身，哗哗响着，最后更舒服地躺下，如今可以安安静静地睡个够了。

三

过去了15个年头还多。外面，天开始黑了，房间里很暗。一位陌生的太太已是第三次问起省执委主席团成员、过去的海军军官波利瓦诺夫了。太太面前站着一个感到无聊的士兵。从前厅的窗户可以看到穿堂院，院子里的积雪下是一堆堆砖瓦。在院子的最深处，那儿原是一个沮水坑，如今耸起了一座长期没有清运的垃圾山，天空是朦胧的一片，它由于一个斜坡而增大了，斜坡上有一群瘦猫和一堆罐头盒，这些东西在解冻时复活，喘一口气，就开始用往昔的春天来装扮滴水的、唧啾的、坎坷不平、吱吱作响的旷野。然而，只要你将目光自这一角落移开，抬高些眼睛，你就会为天空为何这般鲜丽而感到吃惊。

他如今具有一种能力，能驱散大海的昼夜，驱散车站的枪炮声，这种能力已把他关于 1905 年的记忆推到了脑后。记忆像是被不停地轰鸣着的压路机从头到尾碾了一遍，如今已被完全压平、被杀死了，它默默地皱着眉头，不挪步地伸向某处，就像冬天里每一道都同样地松开的铁轨线路一样。

天上有什么？就是白天它也让人记起我们在青春和行军中常见到的那个黑夜的形象。就是白天它也引人注意，十分醒目，就是白天它也笼罩着荒芜的大地，放倒贪睡者，扶起幻想家。

这是空中的路，沿着它们，像火车一样，每日行走着李卜克内西、列宁及其为数不多的非同凡响的理论家们的直线式思想。这是建立在那一层次上的路，在那一层次上可以超越任何称谓的所有界线。那还在战时即已奠定的路线之一，还保持着缔造者们将其与前线的自然联系起来的先前的战略高度，他们在前线的上空开拓了那条路线。这是一条古老的军事支线，它在某个合适的地点和某个合适的时间越过波兰国境，随后又越过德国国境——这儿，在自己的起点，它在众目睽睽之下自平庸的观点及其耐心的界线中驶出。它在院子的上空行走，院子于是惧怕它使命的遥远和压迫人的负重感，就像奔驶的郊外总是恐惧铁轨而四下里逃散一样。这就是第三国际的天空。

士兵回答太太说，波利瓦诺夫还没有回来。在他的声音中可以听到三种无聊。这是一个习惯于稀软的泥泞、沉没在干爆的灰尘中的生物的无聊。这是一个人的无聊，他在阻击队和征收队中对这样的事已习以为常：他提出一些问题，像这位太太一样的人语无伦次地、胆怯地回答，他之无聊还由于，规范的交谈秩序在这里被推翻、被打乱了。最后，这是那种伪装的无聊，人们常用它来装出对某种真正破天荒的事完全无所谓的样子。他清楚地知道，后一段时间的秩序应让太太觉着是前所未闻的，他故意装出一副糊里糊涂的样子，似乎他没有猜出她的感受，似乎他从未表现出其他什么专政之类的行为。

突然走进了廖武什卡。巨大的步伐像是皮筋，猛然将他从空中带来二楼，那空中充溢着雪和迷蒙的寂静。抓住这个原来是公文包的物体，士兵拦住了走进来的人，就像人们拦住一个正在全速旋转的木马。

"是这么回事，"士兵对他说，"他们是逃出来的俘虏。"

"又是匈牙利人？"

"是啊。"

"不是告诉他们了吗，使用同一种证件，不可能逃出这么一批人！"

"哎，我有什么说的？这一点我很清楚，只能乘船走。我已经这样向他们解释了。"

"哎，那怎么样？"

"他们说:'没有你们我们也清楚。你们的事——就是规规矩矩的证件,像是为了上船。而在那儿,怎么说呢,却是流动的事业。'要为他们腾出住处。"

"是这样。还有什么?"

"没什么了。他们说,只要给他们证件和住处。"

"别说了!"波利瓦诺夫打断话头,"为什么重复一遍!我问的不是这个。"

"从卡纳特街来了一份文件。"士兵说道,他指的是契卡办公室所在的那条街,士兵靠近他,压低声音说着悄悄话,就像换岗时那样。

"你说什么!这样。这不可能!"波利瓦诺夫无动于衷、心不在焉地说着。

士兵离开他身边。一时间,两人都默默不语地站着。

"面包带来了吗?"士兵突然不满地问道,由于就公文包的形状看是不需要答案了,士兵就又添了一句:"得了……一位女公民找您。"

"好的,好的,好的。"波利瓦诺夫还是那样心不在焉地拖着长音。巨大步伐的橡皮筋颤动了一下绷紧了。公文包开始了运动。

"您请,同志。"他招呼那位太太,请她进办公室。他不认识她。

与很暗的前厅相比,这里更是完全的黑暗。她跟在他后面走着,在门旁站下。大约,这儿有张地毯铺满整个房间,因为刚刚挪了两三步,他便不知去向,随后那脚步声才在这片黑暗的另一端又响起来。听到一阵声音,那是在用运动着的茶杯、面包干和碎糖块、卸下的手枪部件、几支六棱铅笔在依次装饰桌面。他轻轻地用手摸着桌子,在寻找火柴,不时碰着、蹭着什么。正当想象要将这个挂满了画、摆着书柜、棕榈树和古铜器的房间带往旧彼得堡的一条大街上,正当想象站立着,一只伸开的掌上满捧着火星,为着将它们撒向遥远的未来,这时,突然响起了电话铃声。它带着田野或穷乡僻壤的气息丁零零地响着,蓦然提醒道,电线挤进这被装在绝对黑暗中的城市,事件发生在布尔什维克掌管下的外省。

"是的,"看来,一个不满意、不耐烦、被折磨得精疲力竭的人用手捂着眼,在回答,"是的。我明白。我明白。胡说。再检查一下线路。胡说。我跟参谋部联系过了。首长这就回答。就这些?是的,我会告诉的。不,20分钟之后。就这样?"

"好吧,同志。"一手拿着一盒火柴,另一只手上是一星吞吞吐吐的蓝色硫火,他转向女来访者。

几乎与掉下、跌散的火柴的落地声同时,响起了她断续、激动的低语。

"列莉娅!"波利瓦诺夫用变了调的声音喊道,"这不可能——真是罪过。真的是你——列莉娅?!"

"是……是的……您好……让我安静一下……是上帝把我领到这儿。"她低声说着,一个劲地喘息、哭泣。

突然间一切都消失了。在点着的小油灯的光线下,相对站着一个穿短大衣、敞着怀、被尖利的困倦吞食的男人,和一个从车站来的肮脏的、很久没有洗脸的女人。似乎没有过青春和大海。在油灯的光线下,她的到来,他所不知道的德米特里和女儿的死,总之,她在灯光下所说的一切,都因其确凿性而成了让人不快的事实,这些事实在邀请他的听者也走向坟墓，如若他的同情不是一些空话。他借着油灯的光看了她一眼，立刻记起了那件往事，正是因为那件往事，他们相见时才没有马上热烈接吻。他不由得笑了一下，吃惊于这些成见的生命力。在油灯的光线下，她关于办公室摆设的所有希望都破灭了。这个人于她如此陌生，以至于这种感觉无法归咎于任何一种变化。她更坚定地进行自己的事，像以前什么时候一样，又一次扑过去，盲目、惯性地去完成那件事，像是去完成别人的嘱托。

"如果您看重您的孩子……"她这样开了头。

"又来了！"波利瓦诺夫一下子激动起来，开始说话，说话，说话——说得极快且无停顿。

他说着，像是在写一篇文章——带有定语从句，带有逗号。他在房间里来回走着，不时站下，两手时而一摊，时而摆动。在谈话的间歇处，他用三个指头撮紧、蹙起鼻梁上的皮，抚摸、搓揉着这块地方，似乎这儿是消耗着、燃烧着的愤怒的发生处。他恳求她别再认为人们都低于她的臆想，别再认为为了自己的满足就可以压制人们。他利用神圣的一切来劝说她，任何时候都别再带来这些胡言乱语，尤其是在她本人也承认这是欺骗之后。他说，如若她竟容忍这样的胡言，那么她就会滑到一个完全相反的目的地。千万不要往一个人身上楔入他一分钟前还没有、现又突然出现了的东西，这不是获得，而是损失。他提醒道，他迅速经历了怎样的无忧无虑和自由自在，只要他一相信她的臆造，马上就会失去进一步搜寻沟沟壑壑的一切兴趣。而只想洗个澡。因此，如若时间能够倒流，他试着挖苦一句，那还是有必要寻找她家庭中的成员之一，在那种情况下，他也会自觉不安，单单是为了她，或是为了某甲，或是为了某乙，但无论如何不是为了他自己或她那些滑稽可笑的……

"您说完了吗？"她让他安静下来后，说道。"您说得对。我收回我的话。您难道真的不明白？就算这很卑鄙，很懦弱。当年找到孩子时，我高兴得要死。太神奇了。您明白吗？我在此事之后几乎要了我的德米特里的命。我离开他了。可我谈的不是我自己。他是您的孩子。唉，廖瓦，廖瓦，您知道吗，他现在危在旦夕！我不知道是什么原因。我们按顺序说。从我们分手那一天说起。您不认识他。他很轻信。这总有一天会害了他。有个坏蛋，冒险家，上帝会惩罚他的，涅普洛沙耶夫，托沙在军校的同学……"

听到这里，一直在房间里踱步的波利瓦诺夫停下脚步，不再听她讲了。她说出一个姓氏，这个姓氏曾出现在那位士兵刚才的耳语中。他知道这桩案件。这桩案件对于嫌疑人而言毫无希望，仅在于时间早晚。

"他在行动时没用自己的姓名吧？"

听到这个问题，她脸色苍白。这就是说，他知道得比她还多，事情也比她想象得更糟。她忘了她此刻置身何地，她认为一切罪过只在于冒名顶替，她为儿子求情也完全找错了方向：

"可是，廖瓦，他不可能公开坚持……"

他又不听她说话了，他明白，她儿子可能躲在他卷宗里的任何一个名字之下，他站在桌边，打了一个电话，问了些情况，随着一个又一个电话，他越来越深地步入城市和黑夜，直到他面前出现一道最终确凿信息的深渊。

他看了看四周。列丽娅不在房间。他感觉眼窝里一阵剧痛,他环视房间,她像连绵的钟乳石和小溪在他眼前漂浮。他想掐一掐鼻梁上的皮肤,但只用手揉了揉眼睛,由于这一动作,钟乳石舞动起来,开始消散。他会感觉轻松些,如果痉挛不是那么无声地频发。后来他发现了她。她就像一个无法分解的巨大的洋娃娃,躺在写字台的矮柜和椅子之间,躺在一层锯末和垃圾之上,她进门时在黑暗中曾把这层锯末和垃圾当作地毯。

(原载《苏联文学》杂志1987年第6期,译文有改动)

第三部
断片（节选）

断片（节选）

> **译者按语**
>
> 丹尼伊尔·哈尔姆斯（Даниил Хармс，1905—1942），俄国作家、诗人和剧作家，俄国荒诞派文学团体"真实艺术协会"的代表作家。他原名尤瓦乔夫，笔名哈尔姆斯据说取自英文单词 harm，意为"有害"。1931年，哈尔姆斯被捕，1942年在列宁格勒围困战中牺牲，1958年被恢复名誉。哈尔姆斯的代表作品有剧作《伊丽莎白·巴姆》(1927)、儿童诗《游戏》(1962)、作品集《飞向天空》(1988)等。《断片》(Случаи)写于1936—1939年间，是苏联先锋派文学的代表作之一，也是世界范围内最早的荒诞派文学作品之一，如何通过翻译传达原作的荒诞味，想必是哈尔姆斯作品的每一位译者所共同面临的难题。这篇译文是国内最早介绍俄苏荒诞派文学的文字。

第20号蓝色笔记本

从前有个红头发的人,他没有眼睛和耳朵。他也没有头发,因而人们假定地称他为红头发的人。

他无法说话,因为他没有嘴。鼻子他同样也没有。

他甚至没有手和脚。肚子他也没有,后背他也没有,脊骨他也没有,任何内脏他也没有。什么都没有!因而不明白这里谈的是谁。

最好我们还是别再谈他了。

商店里如今卖什么

科拉特金去找季卡凯耶夫,没见后者在家。

而季卡凯耶夫这时正在商店,他在那儿买了糖、肉和黄瓜。

科拉特金在季卡凯耶夫的门前转悠了一阵,已打算写个条子,突然他看到季卡凯耶夫本人正走来,手里提着一个漆布口袋。

科拉特金见到季卡凯耶夫,就向他喊道:

"我已经等了您整整一个钟头!"

"不对,"季卡凯耶夫说,"我离家总共才25分钟。"

"这我不知道。"科拉特金说,"反正我已经等了整整一钟头。"

"您别撒谎!"季卡凯耶夫说,"撒谎可耻。"

"最仁慈的阁下!"科拉特金说,"劳请您换一副表情。"

"我以为……"季卡凯耶夫刚开头,科拉特金就打断了他。

"如果您以为……"科拉特金说,可季卡凯耶夫立即打断了他,说道:

"就你好!"

这句话惹恼了科拉特金,于是他用手指按住一个鼻孔,用另一个鼻孔向季卡凯耶夫喷鼻涕。

这时季卡凯耶夫从袋子里掏出一根最大的黄瓜,用它向科拉特金的脑袋打去。

科拉特金双手抱住脑袋,倒下,死了。

如今商店里就卖这样的大黄瓜!

坠落的老妇人们

一位老妇人出于过分的好奇从窗口坠落下来,摔伤了。

从窗口探出另一位老妇人,她开始向下望那摔伤的老妇人,但由于过分的好奇也从窗口坠落下来,摔伤了。

然后从窗口坠落下第三位老妇人,然后是第四位,然后是第五位。

当第六位老妇人坠落时,我已厌倦看她们,于是我去了马尔采夫斯基市场,在那儿,据说有人送给一个瞎子一条针织围巾。

视错觉

谢苗·谢苗诺维奇戴着眼镜,望着松树,他看见:松树上坐着一个农夫,正向他挥舞拳头。

谢苗·谢苗诺维奇摘下眼镜,望着松树,看见松树上并未坐着谁。

谢苗·谢苗诺维奇戴上眼镜,望着松树,看见松树上坐着一个农夫,正向他挥舞拳头。

谢苗·谢苗诺维奇摘下眼镜,又看见松树上并未坐着谁。

谢苗·谢苗诺维奇又戴上眼镜,望着松树,又看见松树上坐着一个农夫,正向他挥舞拳头。

谢苗·谢苗诺维奇不情愿相信这一现象,他认为这是视错觉。

木匠库沙科夫

从前有一个木匠。他叫库沙科夫。有一回他离开家,去一家小铺想买些乳胶。化冻了,大街上非常滑。

木匠走了几步,脚下一滑就摔倒了,磕破了脑门。

"唉!"木匠说着,站起来,来到药房,买了块膏药贴在脑门上。

但当他走到大街上,刚走几步,他脚下一滑又摔倒了,磕破了鼻子。

"唉!"木匠说,来到药房,买了块膏药贴在鼻子上。

然后他又走到大街上,又脚下一滑摔倒了,磕破了腮帮。只好又来到药房，用药膏贴上腮帮。

"这样，"药房掌柜对木匠说，"您经常摔着磕着，我建议您多买上几贴膏药。"

"不用，"木匠说，"我再也不会摔倒了。"

但当他走到大街上，脚下一滑又摔倒了，磕破了下巴。

"可恶的冰！"木匠叫道，又跑向药房。

"瞧见了不是，"药房掌柜说，"您又摔倒了。"

"不！"木匠叫道，"我什么也不想听！快给我膏药！"

药房掌柜给了膏药；木匠贴上下巴，跑回家去。

可家里的人认不出他，不放他进屋。

"我是木匠库沙科夫！"木匠高叫。

"随你说去！"屋里的人回答，并用挂钩和铁链锁死了门。

木匠库沙科夫在台阶上站了一会儿，啐了一口，又向大街走去。

箱　子

一个细脖子的人钻进一只箱子，随后合上盖，开始有些喘不过气来。

"瞧，"细脖子的人一边艰难地喘气一边说，"我在箱子里喘不过气来，因为我的脖子细。箱盖合上了，空气进不到我这儿来。我会憋死的，但我无论如何不打开箱盖。我会慢慢死去。我会见到生与死的搏斗。在同等条件下正在进行不正常的战斗，因为死亡自然会获胜,而注定死亡的生命只是枉然地在与敌人搏斗,直到最后一分钟也不放弃徒劳的希望。在此刻进行的这场搏斗中,生命知道自己取胜的方式:为此生命应当强迫我的双手去打开箱盖。我们看着:谁胜谁负?只是这樟脑味实在难闻。如果生命获胜,我就把烟草撒在箱子里的东西上……开始啦:我再也无法呼吸。我死了,这很清楚!我已经没救啦!已没有任何崇高的东西在我脑子里。我正在窒息!……"

"哎哟!这是什么?此刻出了什么事,但我无法明白究竟出了什么事。我看见了什么或是听见了什么……

"哎哟!又出了什么事?我的上帝!我喘不过气来。看样子我正在死去……

"这又是什么?为什么我在唱歌?似乎,我的脖子痛……可箱子在哪里?为什么我看到了我房间里的一切?好像我正躺在地板上!而箱子在哪里?"

细脖子的人从地板上爬起来,看了看四周。哪儿也没有箱子。椅子上和床上堆满了从箱子里掏出来的东西,可箱子哪儿也没有。

细脖子的人说:

"就是说,生命以一种我所不知的方式战胜了死亡。"

一个让门卫吃惊的年轻人

"真有你的,"门卫打量着一只苍蝇,说,"如果给它涂上些乳胶,那它大概就要完蛋。事情就这样！就用普通胶水！"

"喂，你这该死的！"一个戴黄手套的年轻人向门卫喊道。门卫马上就明白了这是在叫他，但他仍继续看苍蝇。

"没听见正跟你说话吗？"年轻人又喊，"畜生！"

门卫用指头按死苍蝇，并未向年轻人转过头来，说：

"喊什么，你这不要脸的？我听见哪。用不着喊叫！"

年轻人用手套掸了掸裤子，彬彬有礼地问：

"请问大爷，怎么从这儿上天呢？"

门卫看了一下年轻人，眯起一只眼，然后眯起另一只，然后捋了捋胡子，又看了一下年轻人，说：

"去，这里没什么好待的，您一边去吧。"

"对不起，"年轻人说，"我这是来办件急事的。那儿连房间都替我准备好了。"

"好吧，"门卫说，"出示你的门票。"

"票不在我这里，他们说这儿会放我进去的。"年轻人说，直盯着门卫的脸。

"真有你的！"门卫说。

"怎么？"年轻人问，"您放我进去？"

"好吧，好吧，"门卫说，"您进去吧。"

"怎么走呢？往哪去？"年轻人问，"我不认路哇。"

"您要去哪？"门卫说，做出一副严厉的面孔。

年轻人用手掌掩住嘴，非常轻地说：

"上天！"

门卫倾身向前,为了站得更稳些又迈出了左腿,他仔细地望一眼年轻人,厉声问:"你干吗?装什么蒜?"

年轻人笑了一笑,抬起戴着黄手套的手,在头顶上方一挥,就突然消失了。

门卫闻了闻空气。空气中有股羽毛烧焦的气味。

"真有你的!"门卫说,他敞开短大衣,挠了挠肚皮,朝年轻人站过的地方啐了一口,又慢慢走回自己的门房。

遗 失

安德烈·安德烈耶维奇·米亚索夫在市场上买了根灯芯,攥在手里往家走。

半路上安德烈·安德烈耶维奇丢了灯芯,就去商店买了150克波尔塔瓦香肠。然后安德烈·安德烈耶维奇又去牛奶公司,买了一瓶酸奶油,然后到小摊上要了一小杯克瓦斯,喝完了便去排队买报纸。队伍很长很长,安德烈·安德烈耶维奇排了不下20分钟,可他排到报摊跟前时,报纸刚好在他眼皮底下卖完了。

安德烈·安德烈耶维奇原地踱了一阵,才起步回家,可路上他丢了酸奶油,于是折回面包房,买了一只法国白面包,结果又丢了波尔塔瓦香肠。

现在安德烈·安德烈耶维奇动身回家了。可他在路上跌了一跤,丢了法国白面包,还摔碎了自己的夹鼻眼镜。

安德烈·安德烈耶维奇回到家时非常恼火,一下倒在床上,但久久未能入睡,而他刚一睡熟,就又梦到自己似乎弄丢了牙刷,正在用一只烛台刷牙。

睡意戏弄人

马尔科夫扒掉靴子,喘了口气,躺倒在长沙发上。

他很想睡觉,可他刚闭上眼睛,睡觉的愿望就立刻消失了。马尔科夫睁开双眼,伸手去取一本书,可这时睡意又向他袭来,于是书还没够着,马尔科夫就躺下身重新合上了眼睛。谁知眼睛刚闭上,睡意又一次消失。马尔科夫的意识变得格外清晰,甚至能心算二元方程代数题。

马尔科夫难受了半天,不知干什么好:睡还是不睡?他痛苦不堪,既恨自己,也恨自己这间屋,不得已,他穿上大衣,戴好帽子,抓起手杖,来到户外。习习清风使马尔科夫定下神来,他感到心里高兴些了,想回到自己屋里去。

一迈进房门,他立刻感到一阵惬意的疲倦,直想睡觉。

可是他刚躺在沙发上合上眼——睡意顷刻间化为乌有。

马尔科夫不胜狂怒,从沙发里跳起来,没顾上穿衣戴帽,就朝塔夫利切斯基公园方向奔去。

费佳·达维多维奇

费佳在奶油碗跟前徘徊了很久，终于瞅准妻子弯下腰去修脚指甲的空隙，飞快地一下从碗子里抠出全部奶油，塞进自己嘴里。合上碗盖的时候，费佳无意间弄出了响声。妻子立刻直起腰，看到碗中空无一物，就用剪刀指着空碗，厉声问道：

"碗里的奶油没了。哪儿去了？"

费佳现出吃惊的模样，伸长脖颈探头看了看奶油碗。

"奶油在你嘴里。"妻子用剪刀指着费佳说。

费佳摇头否认。

妻子说："啊，你光摇头不哼声，是因为你嘴里塞满了奶油。"

费佳睁大眼睛，朝妻子摆动双手，仿佛在说："你怎么了，你怎么了，没有的事！"可妻子说：

"你撒谎。张开嘴。"

"呜呜。"费佳嘴里发出这样的声音。

"张开嘴。"妻子又说了一遍。

费佳叉开手指，嘴里一阵呜噜，似乎在说："噢，对了，我完全忘了；我现在就去。"然后站起身，打算走出房间。

"站住！"妻子一声大喝。

但是费佳加快脚步，消失在门外。妻子起身去追，但到门边停下了，因为她赤身裸体，这副样子是不能到走廊上去的，那里常有这套房子里别的住户来回走动。

"溜了，"妻子坐到沙发上说道，"滚他的蛋！"

费佳呢，他顺着走廊来到一扇写有"严禁入内"字样的门前，推开门走进屋去。费佳走进的这间房子又窄又长，窗户用一张脏纸遮住。屋里右侧靠墙放着一只断了腿的脏沙发，窗前有一张用木板拼成的桌子，它一边支在床头柜上，另一头搭着椅背。墙上钉着一个双层架子，上面摆的不知是什么东西。屋子里别无一物，如果不算沙发上躺着的那个人。此人面有菜色，身穿一件又长又破的咖啡色长礼服和一条黑色土布裤，从裤筒里伸出两只洗得干干净净的赤脚。此人没有睡觉，他凝神望着来人。

费佳鞠了一躬，并拢脚跟行了礼，用手指从嘴里掏出奶油，递给躺着的人看。

"一个半卢布。"房间主人说，没改变姿势。

"少了点儿。"费佳说。

"不少。"房间主人又说。

"那么好吧。"费佳说着，从手指上扒下奶油，放到架子上。

"明天早晨来拿钱。"房间主人说。

"噢，您这是说什么！"费佳叫起来，"我可是现在就要用钱呀。再说总共才一个半卢布……"

"你滚吧。"房间主人冷淡地说，于是费佳踮着脚尖跑出房间，小心地随手关上了门。

潘金和拉库金

"喂,我说,你的鼻子别使劲呼哧!"潘金对拉库金说。

拉库金皱起鼻头,不乐意地看了潘金一眼。

"看什么?不认识吗?"潘金问。

拉库金咬着嘴唇,在圈椅里气愤地转过身去,看着另一个方向。潘金用手指弹着膝头,说道:

"这个傻瓜!真该照后脑勺给他一闷棍。"

拉库金站起来,走出房间,可潘金迅速跳起来,赶上拉库金,说道:

"站住!往哪儿跑?你最好还是坐下,我给你看一样东西。"

拉库金停下脚步,将信将疑地看着潘金。

"怎么,不信?"潘金问。

"我信。"拉库金说。

"那你就坐在这,坐在这把圈椅里。"潘金说。

于是拉库金坐回自己那把圈椅。

"瞧你,"潘金说,"干吗像个傻瓜似的坐在椅子上?"

拉库金挪动双脚,飞快地眨巴起眼睛来。

"别眨眼。"潘金说。

拉库金不再眨眼,却弓起背,把头缩进肩膀里。

"坐直喽。"潘金说。

拉库金继续弓背坐在那里,腆起肚皮并且伸长了脖子。

"哎呀,"潘金说,"真该给你一个耳光!"

拉库金打了一个嗝儿，鼓起腮帮，然后小心地把气从鼻孔呼了出来。

"喂，我说，鼻子别呼哧！"潘金对拉库金说。

拉库金把脖子伸得更长，又飞快地眨起眼睛来。

潘金说：

"拉库金，你要是再眨眼睛，我就踹你的胸口。"

为了不再眨眼，拉库金扭着下巴，同时把脖子伸得更长，脑袋朝后仰去。

"呸，你这副样子多让人讨厌，"潘金说，"嘴脸像母鸡，脖子发青，简直是个丑八怪。"

这时，拉库金的脑袋往后仰得越来越厉害，终于失去控制，倒向后背。

"这是什么鬼名堂！"潘金大叫起来，"这又是在变什么戏法？"

如果从潘金那个角度看着拉库金，你就会感觉到，拉库金坐在那里，像是根本没有脑袋。拉库金的喉结朝上凸起，你不由得会把它当成一只鼻子。

"喂，拉库金！"潘金说。

拉库金一言不发。

"拉库金！"潘金又喊了一声。

拉库金没有回答，继续一动不动地坐着。

"是这样，"潘金说，"拉库金咽气了。"

潘金画了个十字，踮起脚尖走出房间。

14分钟之后，从拉库金的躯体里钻出一个小精灵，它恶狠狠地看了看潘金不久前坐过的地方。

可这时从帽子下面走出高大的死神,它一把拽住拉库金的灵魂,引着它径直穿过房间和墙壁,不知去了什么地方。拉库金的灵魂跟在死神后面奔跑,恶狠狠地、一刻不停地四处张望。但这时死神加快了脚步,于是拉库金的灵魂蹦蹦跳跳、磕磕绊绊地消失在远方的拐角处。

彼得罗夫和卡马罗夫

彼得罗夫:喂,卡马罗夫!咱们捉蚊子吧![1]

卡马罗夫:不,我还没这份打算。咱们最好来捉猫!

七只猫

竟有这样一件事!我不知道该怎么办。我完全搞混了。根本无法弄清楚。你们自己来判断一下吧:我当了猫展览会的看门人。

他们给了我一副皮手套,以防猫抓伤我的手指,他们命令我把猫安置到各自的笼子里,并在每个笼子上一一标明此猫叫什么名字。

"好吧,"我说,"那么这些猫都叫什么名字呢?"

---

[1] "卡马罗夫"的姓氏在俄语中与"蚊子"同音。——译注

"瞧,"他们说,"左边那只猫叫作玛什卡,挨着它的这只是普罗恩卡,下一只叫布边奇克,这只叫楚尔卡,这只叫穆什卡,这只叫布尔卡,这只叫什图卡图尔卡。"

剩下我一个人和猫在一起的时候,我想:"我先抽支烟,然后再把这些猫装进笼子。"

于是我一边抽烟,一边望着猫。

一只猫在用爪子洗脸,另一只望着顶棚,第三只在房间里来回走,第四只可怕地怪叫,还有两只猫在互相吓唬,一只猫走到我跟前,咬了我的腿一口。

我跳将起来,连烟卷都扔了。

"好啊,"我大叫,"真是只坏猫!你甚至连猫都不像。你是普罗恩卡还是楚尔卡,也许你是什图卡图尔卡?"

我突然明白过来,我已经把所有的猫搞混了。哪一只叫什么名字我根本不知道。

"喂,"我大叫,"玛什卡!普罗恩卡!布边奇克!楚尔卡!穆什卡!布尔卡!什图卡图尔卡!"

可是猫儿们根本不理会我。

我冲它们嚷道:

"咪咪咪!"

这下所有的猫都立刻朝我扭过头来。

可下一步怎么办呢?

几只猫都凑到窗台上,背冲着我,朝窗外张望。

现在它们都蹲在那儿,可哪一只是什图卡图尔卡,哪一只是布边奇克呢?

我不可能弄清楚。

我想,只有非常聪明的人才能猜出哪一只猫叫什么名字。

勇敢的刺猬

桌上放着一只箱子。

几只动物走到箱子跟前,看一看,嗅一嗅,舔一舔。

箱子突然之间,一、二、三——打开了。

从箱子里面,一、二、三——钻出一条蛇。

动物们大惊失色,四处逃窜。

只有刺猬不害怕,它朝蛇扑过去,结果,一、二、三——把蛇咬死了。

然后它坐到箱子上叫道:"喔—喔—喔!"

不对,不是这么叫的!刺猬叫道:"哇—哇—哇!"

不对,不是这么叫的!刺猬叫道:"咪—咪—咪!"

不对,还是不对!连我自己也不知道它是怎么叫的了。

有谁知道刺猬是怎么叫的呢?

(原载《苏联文学》1988年第4期)

第四部

呼吸（外16篇）

呼吸（外16篇）

> 译者按语

亚历山大·索尔仁尼琴（Александр Солженицын，1918—2008），俄国作家，1970年诺贝尔文学奖获得者，他以小说《伊万·杰尼索维奇的一天》（1962）登上文坛，后成为异见人士，长期流亡国外，在苏联解体后返回俄国，主要作品有《癌病房》（1968）、《第一圈》（1968）、《古拉格群岛》（1973—1975）、《牛犊顶橡树》（1975）和《红轮》（1970—2008）等。索尔仁尼琴被视为20世纪下半期最重要的俄语作家之一。

索尔仁尼琴是一位气势磅礴的史诗作家，但他同时也写有一些细腻清新的散文作品，如他20世纪50年代末和20世纪90年代两度写作的"微型故事"（Крохотки）。这是一种介于小小说和散文诗之间的文体，或叙事，或抒情，或是一段议论，或为一个场景，但篇幅都很短小。索尔仁尼琴的这些随笔体、日记体文字是他早年的诗歌写作经验和后来的小说叙事方式间的一种过渡，更确切地说是两者的融合，史诗作家索尔仁尼琴所同时具有的细腻、温和、精致的文学笔法在这些短章中得到充分体现。在翻译中,这些充满诗意的散文最好也能用充满诗意的汉语来"等值地"再现。

呼 吸

夜间落过一场小雨，此时仍有乌云在天上徘徊，不时还轻落几滴。

我站在一株苹果树下，一株花已开败的苹果树下，我在呼吸。

不仅这株苹果树，就连四周的草地都在雨后挥发芬芳，一股莫名的甜蜜气息充盈着空气。我用整个的肺叶在吸取这气息，用全副的心胸在感受这芬芳，我在呼吸，在呼吸，时而睁开眼，时而又闭上眼，我也不知道哪样更好。

如此地呼吸，呼吸于此地，——这也许就是自由，唯一的、然而却是最珍贵的自由，一种被监狱从我们身边夺走的自由。对我来说，世上任何的佳肴，任何的美酒，甚至连女人的吻，都不比这空气，不比这充满了花香、湿润和新鲜的空气更香甜。

虽然这只是一方被五层楼的兽笼压迫着的小小的花园。

我不再听见摩托车的刺耳、飞机的嘈杂、扬声器的嘟哝。只要还可以在雨后的苹果树下呼吸，那么，就还可以生活下去！

谢格登湖

无人写过这湖，也无人高声谈论过这湖。通向这湖的所有道路，如同通向神奇城堡的道路一样，全被封闭了，每条路的上方都悬着禁行标志，简简单单的一道横杠。

一个人或一只野兽,只要一看到行路上有这道横杠,就会转身而逃!是尘世的权力放置了这道横杠。这道横杠意味着:严禁驶过也严禁飞过,严禁走过也严禁爬过。

在路边的松林中埋伏着手持枪支的哨兵。

你在死寂的森林中徘徊,徘徊,在寻找通向湖泊的路,你寻找不到,也无人可问:人们吓坏了,谁也不去那片森林。你只能随母牛沉闷的叫声循着羊肠小道在正午时分、在落雨日子里穿行。当那硕大的湖透过树干显现于你面前、而你尚未跑到它近旁时,你已明白了:世上的这一隅将让你钟爱一生。

谢格登湖是一个圆圆的湖,像是用圆规画出来的。如果你自此岸呼喊(但为了不被发觉你不能呼喊),能抵达彼岸的只是隐约的回声。

湖很宽。岸边的森林环绕着湖泊。森林很齐整,一棵树连一棵树,树干一样地笔挺。走近水边,你可见封闭的湖岸四周的一切:哪儿有黄色的沙滩,哪儿丛生着灰白的芦苇,哪儿铺展着油绿的嫩草。湖水平静,不见涟漪,岸边的一些地方漂着浮萍,没有浮萍的地方则是透明的白色,因为湖底是白色的。

封闭的湖水。封闭的森林。湖望着天空,天空望着湖。不知道这地球上还有些什么,看不见森林的上方是什么。就算有些什么,也与此处无干系,是多余的。

仿佛可以在这里终身落户……可让那震颤的空气似的灵魂在水与天之间流动,让纯净而深邃的思想不停地流淌。

但是不行。一个残暴的公爵、斜眼的恶棍却攫取了湖泊:这便是他的别墅,他的游泳池。恶人们抓鱼,驾着小船打野鸭。起初,有青烟腾起在湖面上,后来则是枪声。

那边,森林之外,环绕的地区都很压抑。而这里,却无人妨碍他们,因为所有的道路都被封锁了,这里的鱼和野兽是专门分配给他们的。这便是痕迹:有人支起了篝火,又一些人先是熄灭了它,然后又驱散了它。

一个荒芜的湖。一个可爱的湖。

故土……

雏 鸭

一只黄茸茸的小雏鸭,泛白的小肚皮可笑地蹭着湿漉漉的草地,纤细的脚掌几乎支撑不住身体,它在我面前来回跑动,不停地细声叫道:"我的妈妈在哪儿?我的伙伴在哪儿?"

其实,它根本没有妈妈,有的只是一只母鸡:主人把几枚鸭蛋放在母鸡身下,母鸡俯卧在鸡蛋和鸭蛋上,一视同仁地孵着。

此时,要变天了,主人把它们的家——一个翻过来的无底的篮子,挪到了屋檐下,盖上一片麻袋。一窝鸡鸭都在那儿,只有这只雏鸭迷了路。喂,小家伙,到我掌上来。

究竟是什么在支撑着这个生命?分量极轻,一对黑眼睛像两颗小豆粒,脚爪纤细得像麻雀的爪子,只要将它轻轻一捏,就什么也没了。

与此同时，它又是暖乎乎的。粉红色的小嘴已能一张一合，脚爪上已生出薄蹼，毛色已经泛黄，毛茸茸的肩胛已突了出来。甚至连它与伙伴们不同的性格也都表现了出来。

而我们，我们很快就将飞向火星。如今，如果大伙儿齐心协力，20分钟之内我们就可以把整个世界翻耕一遍。

但这件事却永远做不到！以我们所有的原子力量，即便给我们羽毛和骨头，我们也永远无法在烧瓶中装配出这样一只没有分量的、幼小的、可怜兮兮的、黄茸茸的雏鸭来……

水中的倒影

在水流涌动的水面，无论是远还是近的倒影全都辨认不出，即便水流清澈，即便水流上没有泡沫，——在经常涌动的水面，在永不休止的水的替换中，倒影是不真实的、不清晰的、难以理解的。

只有当水流穿过一道又一道河抵达一片安静、开阔的海湾，或是在小河湾中驻足，或是在水波不兴的小湖中安卧——只有在这些地方，我们才能在镜子般的水面上看到岸边树木上的每一枚叶子，淡淡白云中的每一抹云絮和天空那丰满而又蔚蓝的深处。

此亦似君，此亦如吾。如果说，我们百般努力，至今仍未看见、仍未观照到不朽的、清晰的真理，这也许正是因为，我们还正在向某处运动，我们还正在生活？……

涅瓦河上的城

垂首的天使们和灯泡一起环抱着以撒教堂那拜占庭式的圆顶。

三座金色的多棱尖顶隔着涅瓦河和莫伊卡河互相呼应。众多的狮子雕像、狮身鹰首雕像和狮身人面雕像在各处守护着宝物，或是在打瞌睡。"胜利"六驾马车雕像在险要的"俄罗斯"拱门上飞驰。数以百计的回廊，数以千计的圆柱，一匹匹跃起的骏马，一头头倔强的公牛……

真幸运啊，这里已无空地再建什么了！商人们的摩天楼再也挤不进涅瓦大街了，五层楼的盒子再也无法贴在格里鲍耶陀夫运河旁。任何一位建筑师，就是最官方、最平庸的一位，使尽浑身解数，也无法在黑溪或奥赫塔河边捞到一块地皮。

我们感到陌生的，却是我们最荣耀的辉煌！如今在这样的大街上漫步，是多么的赏心悦目啊！但是，俄罗斯人是咬紧牙关、诅咒着、在阴暗的沼泽中建成这片美景的。我们祖先的白骨纵横交错，奠基在这些黄色、褐色和绿色的宫殿下。

想来可怕，我们这混乱、恶劣的生活，我们所有抗议的呼声，被镇压者的呻吟和妻子们的眼泪，——所有这一切也都会完全被遗忘吗？所有这一切也能换得这种必然的永恒的美景吗？

篝火和蚁群

我将一截枯树干扔进篝火，没有注意到枯枝中住有满满一窝的蚂蚁。

　　树枝燃着了，噼啪作响，群蚁钻出来，在绝望中奔跑，它们在树干表面奔跑，被火焰烧得直抽搐。我抽了抽树干，将它放在火堆的最边上。这样，有许多蚂蚁就可以获救了，它们可以爬向沙地，爬向松针堆。

　　但是奇怪的是，它们并不逃离篝火。

　　刚刚克服恐惧，它们又翻过身来，转着圈儿，有一种无形的力量在拖它们向后，返回失去的祖国！其中的许多蚂蚁复又爬上燃烧的小树干，在树干上奔走，最后死在那儿。

山中的雷雨

　　一个漆黑的夜，在一座山隘前，我们遇上了这场雷雨。我们钻出帐篷，另寻藏身之处。

　　雷雨翻过山脊向我们袭来。

　　四周一片黑暗，不见天，不见地，不见地平线。但是，一道利刃似的闪电划过，将黑暗和光明分割，别洛拉卡亚山和什古杜尔留恰特山的伟岸身影显现出来，我们四周与山同高、长达数米的黑色松树也显现了出来。然而这只是一个瞬间，让我们看到确实还有一个坚定的世界，之后，一切复又是黑暗和深渊。闪电此起彼伏，光亮与黑暗交替，白色的光闪，粉色的光闪，紫色的光闪，在每一个闪亮过的地方都有山峦和松树的显现，那伟岸的形象令人心动，——而当它们消失后，竟难以相信它们真的存在过。

雷的轰鸣充斥了每道缝隙，终日可闻的河流的咆哮声也消失了。万军之主将闪电乱箭似的射向山脊。闪电碎成一条条细蛇，一道道光线，像是在击向悬崖，又像是在用力击向那儿什么有生命的东西。

而我们……我们已忘记恐惧闪电、雷声和大雨，犹如并不惧怕飓风的大海中的一滴水。我们成了这个世界渺小的、感恩的一部分。我们属于这个今日在我们的眼睛中首创的世界。

沙里克

在我们的院子里，有个小男孩养了一条狗叫沙里克，它从幼崽时起就被用链条拴了起来。

一次我给它拿去了一些鸡骨头，鸡骨头还有些热，香喷喷的，可也正在此时，那男孩放了这可怜的狗，让它在院中溜达。院子里是厚厚的积雪。沙里克跳跃着，像只兔子，一会儿后爪着地，一会儿前爪着地，从院子的这个角跳到另一个角，弄得满头是雪。

毛茸茸的它跑到我身边，够了够我的手，闻了闻骨头，然后却肚皮蹭着雪地又跑开了！

它像是在说：我不需要您的骨头，我要的只是自由！

农庄庄员的背囊

在郊区公共汽车上,当这背囊坚硬的角撞疼了您的胸部或肋部,请您别骂人,而要好好地看看它,这只用树皮编成的、系满帆布宽带的大筐,主人用这背囊向城里运送自家和两个邻居家产的牛奶、酸奶和西红柿,再从城里装回够三家人吃的50个白面包:

这种农妇的背囊能装、结实又便宜,那些饰满各种小袋和闪亮扣绊的彩色运动包无法与之相比。它负重如此之多,一副寻常的农民肩膀垫着棉背心仍背它不起。

因此,农妇们便成了这个样子:大筐被提到后背中部,筐带被顶在脑袋上。这样,重量便均匀地分配至两肩和胸部。

摇笔杆子的弟兄们!我不想说:请你们去试着背一下这筐子。但是,如果这筐子会碰到你们,——那就请你们坐出租车去。

沿奥卡河旅行

走过俄罗斯腹地的一条条乡村道路,你才开始明白,那开启恬静的俄罗斯风景的钥匙究竟在何处。

这钥匙就在于教堂。它们攀上山冈,越过丘陵,像一个个白色魔鬼或红色公主步向宽阔的河流,一座座匀称、挺拔、各异的钟楼腾起在平庸的草屋和木屋之上,它们远远地、远远地相互点头,它们分别从分散四处、互不与人相望的村庄升向一致的天空。无论你在田野的何处，还是在远离人烟的牧场缓行，你永远不会是孤身一人：在厚墙似的森林之上，在一垛垛的干草之上，在四周的原野之上，总有洛韦茨基教堂、柳比奇教堂或加夫里洛夫斯基教堂的钟楼那圆圆的顶部在向你招手。

但是当你走进村子，你会发现，不是活人，而是逝者在远远地迎接你。十字架早被推倒，或是歪斜了，千疮百孔的教堂圆顶露出生锈的支架；屋顶和墙缝间生长着杂草；教堂四周的墓地很少保留下来，即使还在，十字架也被放倒了，坟墓也被掘了；祭坛后的圣像被雨水洗蚀了几十年，又被涂满了下流的字句。

教堂门前的台阶上放着一只大油桶，拖拉机来这里加油。要不就是一辆卡车，车身蹭着门开进来，装运麻袋。那座教堂里有机床在震颤。这一座挂着锁，无声无息。另一座，还有另一座，成了俱乐部。有"夺取牛奶高产！""和平的史诗""伟大的功勋"等标语。

人总是自私的，也常常是恶意的。但是，有傍晚的钟声响起，在村庄、田野和森林的上空飘荡。

它在提醒人们，该摆脱尘世的琐事了，该向永恒奉献一点时间或是思考了。这钟声，如今是给我们留存的唯一古音，它能使人摆脱对现实的屈服。

在这些砖石间，这些钟楼里，我们的祖先砌进了他们所有的美好愿望，他们对生活所有的理解。

快挖，维契卡，使劲，别怕！

电影6点放映，舞会8点开始……

(原载《散文与人》第3集，花城出版社1994年版)

落叶松

这是一种多么奇特的树啊!

无论我们何时见到它,它总是那么郁郁葱葱,枝繁叶茂。这么说,我是言过其实了?不,不是。当秋天来临,周围的落叶松纷纷凋零,近乎死去。那么,是因为同病相怜?我不会离开你们的!即便没有我,我的落叶松同样会默默忍耐,任针叶凋零。针叶和谐而愉快地飘落下来,折射着太阳的光点。

也许是落叶松心太软,机体太脆弱?又错了:她的木质是世界上最坚硬的,不是随便一把斧子就能将它放倒,在水中浮运时她不会肿胀,浸泡在水里它不会腐烂,反而愈益坚硬,如永恒的石头。

可是每年,当暖意轻拂,她都会如意外的赐予般重新回来,也许,我们还须略等一年,落叶松又会重新发芽,披挂着丝绸般的针叶又会回到自己人的怀抱。

要知道——有些人也像落叶松一样。

闪电

我只在书上读到,却没有亲眼见到过,闪电如何将大树劈开。

这次我见到了。在正午的一场雷雨中,一道闪电的金光映亮了我们的窗户,即刻,还不到半秒的工夫,就传来一声雷响:就在离屋子两三百步的地方,也许更近?

雷雨过去了。果真如此：就在近处，就在一块林间空地上。在最高的松树间，闪电却选中了一棵并非最高的椴树，为什么呢？从树梢，从离树顶稍低一点的地方，闪电沿着树干劈下，穿过了椴树活着的、自信的肌体。闪电竭尽全力，却未能到达树的底部，滑脱了？没劲了？……只见烧焦的树根附近的地面被刨开了，一大块木片被抛到了50米开外的地方。

被劈开的一半树干，有半人高，歪向一边，压在那些无辜邻居的身上。而另一半，又坚持了一天，还站立着，是什么力量在支撑着它呢？——它本来已经被整个儿地击穿了，张着一个大大的窟窿。然后，它也歪向一边，歪向一个挺拔姐妹那友好的树杈。

我们也是这样：当良心惩罚的打击降临，穿透整个肌体，且伴随一生，有的人在这之后还能挺住，有的人却不能。

乌格利奇的钟

我们有谁不知道这口钟呢，它在一场莫名其妙的惩治中失去了钟舌和一个挂孔，从此再也不能在庄严的钟楼上挂起；而且，它曾遭鞭笞，被马车拉着流放到两千多里之外的托博尔斯克，在漫长、漫长的路途中，拉着那该死东西的不是马匹，而是被贬的乌格利奇人——那两百多名因不满皇族（杀害小王子的凶手们）而遭镇压的人，以及一群以防日后将城中之事泄露出去而被割掉了舌头的人。

取道西伯利亚回归故里的途中，我曾在难觅被逐者踪迹的托博尔斯克堡，在孤寂的小教堂稍做停留，在这座小教堂里，这口被逐的钟隐居达三百年，直至被赦免回归。而此刻，我就身在乌格利奇，置身于德米特里血腥之地大教堂。尽管重达三百多公斤，大钟却只有半人高，它庄严地矗立在那里。青铜的钟身暗淡，几近饱经风霜的灰白。钟舌静静地高悬。这时，有人建议我去敲钟。

　　我敲了，仅一次。美妙的钟声顿时在教堂里响起，浑厚的钟声从遥远的过去意味深长地向我们荡来，触及我们慌乱而浑浊的灵魂。仅一次敲击，钟声却持续了半分钟，余音又绵延整整一分钟，最后才庄严地、缓缓地隐去，直至沉寂的最后一刻仍未失去它美妙的和声。我们的祖先熟谙金属的奥秘。

　　当小王子被杀的消息传来，教堂的敲钟人立刻冲向钟楼，机警地将门随身锁起，任凭悲痛在钟楼里汹涌，他一次又一次地撞击的正是这口钟。乌格利奇人民的哀号和恐惧轰然升起，于是大钟宣告了大众对罗斯的忧虑。

　　那扩散开来的钟声是巨大灾难的呼号，它预言了第一个乱世。现在，我有幸撞击这一历经磨难的钟，在这第三个乱世持续、复燃的时候。于是就不得不去对比：人民预见性的忧虑，只是对王权和顽固的贵族统治无可奈何的嘲笑，四百年前是这样，现在仍旧如此。

衰老

　　关于死亡的可怕，人们有很多描写，但是，如果死亡非外力所致,它又是多么自然的一个环节啊。

我记得劳改营里有一个被判死刑的希腊诗人,他30来岁,可是在他温柔而忧郁的微笑中没有丝毫对死亡的恐惧。我感到非常惊异。可是他说:"在死亡到来之前,我们体内已在做着一种内在的准备:我们逐渐成熟直至死亡。一点也不可怕。"

仅仅一年以后,我亲身体会到了这一切。那时我34岁。月复一月,周复一周,我向死亡鞠躬,与它相熟成友,我在自己的准备和宽容中战胜了肉体。

如果是衰老缓慢地将我们引向死亡,那会非常地轻松,非常地坦荡。衰老绝不是上帝的惩罚,它蕴涵着幸福和温暖的情调。

看着孩子们忙于增强体质、磨炼性格,是非常温馨的。力量的日渐衰弱也会令你感到温暖,只要你来比较一下:看我从前是一匹什么样的辕马。你无法承受一天的劳作,短暂地失去意识,每天凌晨一到两点间的再次清醒,还有,一件礼物都会令你觉得甜蜜。还有精神上的满足——节食,不贪美食:只要还活着,你就能超越物质。白雪覆盖的早春的森林里,山雀尖细的鸣叫会让你倍觉亲切,只因为不久你便再也听不到它们的歌唱了,尽情地听吧!还有一个无法剥夺的宝藏——回忆;年轻人是没有回忆的,只有你拥有这个权利,生动的生活片段会每天拜访你——缓缓地,缓缓地,从白天到黑夜,从黑夜到白天。

清醒的衰老是一条向上、而非向下的旅程。

上帝啊,千万不要让人们在年老的时候沦于贫困和寒冷。

可是——我们却已把那样多、那样多的老人抛向了……

耻辱

这是一种多么折磨人的感受：为自己的祖国感到耻辱。

她的命运掌握在某些人冷漠的或不可靠的手中，这些人的手肆意地或自私地控制着她的生活。她所展示给世界的尽是那些傲慢、阴险或平庸的面孔。她汲取的不是健康的精神食粮，而是发臭的泔水。人民的生活已濒于破产和贫困，无力摆脱。

屈辱的感觉挥之不去。它不会稍纵即逝，也不会轻易被替代，像那些源于琐碎环境的、日常的个人感受一样。不，这是一种常在的、纠缠不休的压抑，它伴随着你从梦中醒来，同你一起挨过一天的每一小时，随你一起坠入黑夜。甚至连那能使我们摆脱痛苦的死亡，也无法让我们摆脱这耻辱：它永远悬在活人的头上，而你就是这些活人中的一个。

你翻阅着，翻阅着我们深远的历史，在榜样中寻找力量。但是，你明白一个无情的真相：曾有过整个民族完全灭绝的事情。有过这样的事情。

不，另一种深远，即我曾经造访过的四分之一的省份，却给了我希望：我在那里看到了纯洁的愿望、不懈的寻求，看到了充满活力的、胸怀坦荡的、亲切的人们。难道他们还冲不出这命定的界限？他们冲得破！他们还有力量。

但耻辱仍悬挂着，悬挂在我们的头上，像粉中带黄的瓦斯毒雾，它侵蚀着我们的心肺。尽管我们能将它吹走，却永远无法将它从我们的历史上抹去。

莠草

庄稼人不知要付出多少劳动:把种子完好保存到播种期,适时地播种,精心护理庄稼,直到结出果实。但是,莠草却会疯长,不仅不需照顾,甚至是嘲讽似的排斥一切照顾。正如谚语所说:莠草命大。

为什么良种的生命力更脆弱?

看到人类历史的注定性,在遥远遥远的过去,在最近的今天,你就会丧气地垂下脑袋:是啊,也就是说,这是一个世界性的规律。我们也逃脱不了这个规律,无论有多么美好的憧憬,无论有什么人间的设想,都永远逃脱不了。

直到人类的末日。

愿每一个生命都仅仅具有自己的劳动——和自己的灵魂。

清晨

在夜间我们的灵魂发生了什么变化? 在你的睡梦那静止的麻木中,它仿佛获得了自由,离开这个肉体,穿过某些纯净的空间,摆脱了所有的渺小,在过去的一天中,甚至在一年又一年之中,那些渺小曾附着或积淀在那灵魂中。它会带着初雪般的洁白返回。于是你进入了一个无比宁静、明朗的清晨的状态。

在这些时刻能想起什么啊! 仿佛,你带有某种超常的洞察力,能够理解某种你从来不曾理解的东西……某种……

你惊呆了。似乎，某种你从未见过、从未预料到的东西将在你体内膨胀起来。几乎没喘一口气，你呼唤——那棵明亮的幼苗，那洁白百合花的尖顶，这花的尖顶将从永恒之水未被触动的水面浮出。

这些天赐的瞬间！你——超越了你自己。你能够发现某种无与伦比的东西，能够做出决定，产生构思，只是不要过于冲动，只是不要去打破你体内这汪湖水平静的表面……

但是，某种东西会很快撼动、打破那种敏感的紧张：有时是他人的行为和话语，有时是你自己微小的思想。于是——魔力消失了。立即——没有了那些神奇的涟漪，没有了那汪小湖。

于是，在整整一天，无论你怎样努力，你也返回不到那种状态去了。

也不是每个早晨都出现这样的情形。

(原载《世界文学》1999年第6期)

第五部

马尔娃

马尔娃

译者按语

马克西姆·高尔基（Максим Горький，1868—1936），俄国作家，苏联作家协会首任主席，苏联社会主义文学的奠基人。他原姓彼什科夫，后在发表小说处女作时取笔名"高尔基"，在俄文中意为"痛苦的"。他出身贫寒，很早失学，靠自学和阅读成为大作家，他的自传三部曲《童年》《在人间》《我的大学》记述了他的成长过程。1905年，高尔基加入俄国社会民主工党，与列宁等布尔什维克领袖交往密切。高尔基1906年写成的长篇小说《母亲》，后被定为社会主义现实主义创作方法的奠基之作。由于年轻时的未遂自杀，高尔基患有严重的肺部疾病，因此长年定居意大利卡普里岛。1913年，高尔基从意大利回国，从事无产阶级文化组织工作，主持《真理报》文艺专栏。1917年十月革命期间，目睹现实中的血腥和混乱，高尔基写下文集《不合时宜的思想》，与新政权之间产生矛盾，1921年再度出国疗养。1928年，高尔基应斯大林邀请返回苏联，投身苏联的文学、文化建设事业，被树为苏维埃文化的旗帜。1936年,68岁的高尔基因病在莫斯科去世。高尔基的其他主要作品还有:小说《特写和故事集》(1898)、《福马·高尔杰耶夫》(1899)、《忏悔录》(1908)、《阿尔达莫诺夫家的事业》(1925)和《克里木·萨姆金的一生》(1925—1936),剧本《小市民》(1901)、《底层》(1902)等。

《马尔娃》(Мальва,1897)是高尔基早期创作的总结之作,高尔基擅长的对底层生活的描述,他笔下著名的"流浪汉"形象,他的浪漫主义创作方法等,都在这部中篇小说中得到了充分体现。写作《马尔娃》时的高尔基30多岁,译者在翻译这部作品时也同样30多岁,这篇译作是译者出版的第一部单行本翻译作品,译者试图用洋溢着青春色彩的译文还原青春高尔基的"有韵的散文"和"歌唱的词句"。

大海——在笑。

在炎热的风轻轻的吹拂下,大海在抖动,它披覆着耀眼地反射着阳光的粼粼细波,绽开数千个银色的笑容,向着蔚蓝的天空微笑。在海天之间那蔚蓝的空间里,响彻着一个接一个涌上平缓沙滩的波浪那欢乐的拍岸声。这声音与那被海的细浪数千次地反射着的太阳的光芒和谐地融为一体,构成一种充满欢乐的永不止息的运动。太阳因为它的照耀而幸福;大海,则因为它反射了太阳欣悦的光芒而幸福。

风温柔地抚摸着大海缎子般的胸膛;太阳用自己火热的光线温暖着海的胸膛,而大海在这些爱抚所具的温存的力量下慵懒地喘息着,将蒸发出的盐的气味撒进炎热的空气。碧绿的波浪涌上黄色的沙滩,将白色的泡沫抛在沙地上,那泡沫润湿了沙地,带着轻轻的声响消融在滚烫的沙滩上。

窄窄、长长的沙洲,像一个从岸边倾倒在海中的巨大的尖塔。它将细细的尖顶插进正戏耍着阳光的海水那无尽的旷野中,另一端,又在那炎热的雾霭覆盖大地的远方失去了自己的塔基。从那方,随风飘来一阵浓烈的气息,在这里,在纯净的大海中,在蔚蓝、明朗的天穹下,那气息让人感到不解和难受。

在散落着鱼鳞的沙洲上插着几根木桩,木桩上挂着渔网,渔网投下蛛网般的暗影。几只大船和一只小船在沙滩上排成一列,波浪涌上岸来,似乎在召唤那些船到海里去。钓竿、船桨、筐子和木桶凌乱地丢在沙洲上,在这些东西的中央,是一个用柳枝、树皮和苇席搭成的窝棚。在这窝棚的入口处,一双毡靴靴底朝天地挂在一根满是节疤的木棍上。而在这一片混乱之上,挑起一支长杆,杆顶有一块红布在风中招展。

在其中一只船的阴影里,躺着瓦西里·列戈斯捷夫,他是这沙洲的看守人,而这沙洲是格列本希科夫渔行的前沿阵地。他躺着,用两只手掌托着脑袋,仔细地望着大海的远方,望着依稀可辨的那道海岸线。在那儿的水中,闪动着一个小小的黑点,瓦西里高兴地看到,那个黑点越来越大,离他越来越近了。

他由于阳光在波浪上耀眼的闪动而眯着眼,他在满意地微笑:马尔娃就要来了。她就要到了,她会哈哈大笑,她的胸部会让人心动地起伏,她会用柔软的手臂拥抱他,她将很响地亲吻,会惊飞海鸥,她还要说起岸上的新闻。他将和她一起煮一锅鲜美的鱼汤,喝几杯伏特加酒,躺在沙地上,说说话,亲热亲热,然后,在天黑时,烧上一壶茶,就着美味的面包圈喝几口茶,就躺下睡觉……每一个星期天,这每周中的一个节日,都是这样度过的。而一大清早,在黎明前清新的昏暗中,他渡过还在沉睡的大海送她上岸。她坐在船尾,打着瞌睡,而他一边划桨一边望着她。在这个时候,她常常是可笑的,既可笑又可爱,像一只吃饱了食的小猫。也有可能,她会从船板滑到船底,缩成一团,睡在那儿。她经常是那样的……

这一天,甚至连海鸥也被热倒了。它们一排排地蹲在沙地上,张着嘴,垂着翅膀,或是慵懒地漂在波浪间,不再鸣叫,也失去了通常那种凶猛的活跃。

瓦西里觉得,船上不止马尔娃一人。难道是谢廖什卡又缠上了她?瓦西里在沙地上沉重地翻了一个身,坐了起来,用手掌挡在眼睛上,心情不安地张望着,看那另一个来人是谁。马尔娃坐在船尾,掌着舵。那划桨人不是谢廖什卡,因为他划船划得不好,要是和谢廖什卡在一起,马尔娃就用不着掌舵了。

"喂!"瓦西里忍不住地高喊了一声。

沙洲上的海鸥颤动了一下,戒备起来。

"喂——喂!"从船上传来了马尔娃响亮的声音。

"你和谁在一起啊?"

作为回答,传来一阵笑声。

"见鬼!"瓦西里低声骂了一句,又啐了一口。

他非常想知道来人是谁:他卷着一支烟,一个劲地看着那划桨人的后脑勺和后背。船桨拍打海水发出的响亮的声音在空中传播,沙粒在看守人的赤脚下咝咝作响。

"谁和你在一起啊?"在他已分辨出了马尔娃美丽的脸上那使他感觉陌生的笑容时,他又喊道。

"你马上就会知道啦!"她带着笑声回答他。

划桨人转过脸来对着岸边,他也在笑着,看了瓦西里一眼。

看守人皱了皱眉头,在回忆——这个他似乎认识的小伙子是谁呢?

"再使点劲划!"马尔娃命令道。

船猛地一冲,几乎半个船身都随波浪一起冲上了沙滩,船向侧面一歪就停下了,而波浪则退回了大海。划桨人跳到岸上,说道:

"你好,老爸!"

"雅科夫!"瓦西里低声喊了一句,他是吃惊胜过高兴。

他们拥抱了,在嘴唇和面颊上亲了三次;在瓦西里的脸上,惊奇与快乐和羞怯混合在一起。

"我看啊看……怎么回事,心急得痒痒的……啊哈,是你——怎么是你?真怪!我一看——是谢廖什卡?不,我看清了,不是谢廖什卡!啊,是你!"

瓦西里一手捋着胡须,一手在空中挥舞着。他想看一眼马尔娃,但儿子一双含笑的眼睛正盯在他的脸上,那眼睛的闪亮让他感到不舒服。他因有这样一个健康、漂亮的儿子而产生出一种满足感,但在他身上与这一感觉对峙的,是因情人在场而有的羞怯感。他来回倒着脚,站在雅科夫面前,一个接一个地向他提问题,却并不等着听对方关于那些问题的回答。在他的大脑中,一切似乎都混乱了,当马尔娃那嘲笑的话语响起时,他更觉得不舒服了:

"你别绕弯子了……还真高兴!快带他去窝棚,招待招待吧……"

他向她转过身来。她的唇上挂着一种他所不熟悉的嘲笑,她整个身体胖胖的,柔软而又清新,像往常一样,但同时,她又显得有些新奇、陌生。她闪着一双碧蓝的眼睛,将目光从父亲转向儿子,一边用洁白、细密的牙嗑着西瓜子。雅科夫也带着笑容看着他们,有几秒钟他们三人都没有说话,这几秒钟让瓦西里很难受。

"我马上来弄!"瓦西里突然忙乎起来,朝窝棚走去。"你们别站在太阳底下,我去弄点水来……我们来做鱼汤!我要让你,雅科夫,尝尝喷香的鱼汤!你们在这……歇着,我这就……"

他从窝棚边的地上抄起一口锅,快步向渔网那边走去,然后就消失在那一层层灰白的渔网中。

马尔娃和他的儿子也走到了窝棚边。

"这不,好小伙子,我带你找到了父亲。"马尔娃说道,斜着眼睛看了看雅科夫那矮壮的身体。

他向她转过脸来,他的脸上生着深褐色的、蜷曲的胡须,他的眼睛在闪着光,他说:"是啊,到了……这儿多好啊——瞧这大海!"

"海是够宽阔的……怎么样,你老爸老得厉害吗?"

"不,不太老。我以为他是满头白发了,可他的白头发还不算多……人也结实……"

"你们多久没见面了?"

"大概五年左右……他离开乡下的时候,我 17 岁……"

他们走进窝棚,棚里很闷,苇席散发出一股咸鱼的味道,他们在棚里坐下:雅科夫坐在一截粗木墩上,马尔娃坐在一堆蒲包上。它们中间是一个拦腰截断的木桶,桶底被当作桌面。他们坐着,默不作声,仔细地互相打量着。

"大概,你想在这里干活吧?"马尔娃问。

"是的……我不知道……如果能找到活儿,我就干。"

"在我们这儿能找到活儿!"马尔娃肯定地许诺说,她在用她那蓝色的、神秘地眯着的眼睛注视着他。

他没有看她,而在用衬衫的袖口擦拭他汗津津的脸。

突然,她笑了起来。

"母亲恐怕有什么吩咐和问候让你捎给父亲吧?"

雅科夫望了她一眼,皱了皱眉头,简短地说道:

"当然……怎么?"

"没什么!"

雅科夫不喜欢她的笑声——那笑声像是在挑逗他,小伙子转过身去,背朝着这女人,他记起了母亲的吩咐。

母亲送他到村外,她倚在篱笆上,不停地眨着干巴巴的眼睛,很快地说道:

"你去对他说,雅科夫……看在基督的面上,你去对他说……你就说,父亲……你说,母亲孤身一人在那边……五年过去了,她还是孤身一人!你说,她已经老了!……你就这样对他说,雅科夫,看在基督的面上。母亲很快就要变成老太婆了……她还是一个人,孤身一人!活儿还一直能干。看在基督的面上,你去对他说……"她把脸藏在围裙里,无声地哭泣着。

当时,雅科夫没有可怜她,而现在他开始可怜她了……他扫了马尔娃一眼,严肃地抬起了眉毛。

"瞧,我来啦!"瓦西里喊了一声,走进窝棚,他一手提着一条鱼,一手拿着一把刀。他已经处置好了自己的羞怯,把它深深地藏在内心,现在他已能平静地看着他们了,只是在他的动作中,还是体现出了一种他不曾有过的忙乱。

"我现在就去点着火堆……然后再来和你们……聊一聊!喂,雅科夫,好吗?"

他又走出了窝棚。

马尔娃继续嗑着瓜子,放肆地盯着雅科夫,而他却竭力不去看她,尽管他非常想看她:后来,由于沉默让他难为情了,他便开口说道:

"我把背包忘在船上了,我得去取!"

他不紧不慢地站起身来,走了出去,瓦西里接替他走进窝棚,他俯身向马尔娃,急匆匆、气呼呼地说:

"喂,你怎么和他一起来了?我怎么对他介绍你?说你是我的什么人呢?"

"我来了,就这样!"马尔娃简短地说。

"唉,你……真是一个荒唐的女人!我现在怎么办!当着他的面就……马上?……我家里是有老婆的!他的母亲……这你应当明白的!"

"我是应该弄弄明白了!难道我怕他?还是怕你?"她问道,轻蔑地眯起她蓝色的眼睛,"你刚才在他面前忙得多起劲啊!我真觉得好笑!"

"你就笑吧!我现在怎么办呢?"

"你该早些想到这一点!"

"我怎么知道,他会突然从大海里冒出来呢?"

沙子在雅科夫的脚下发出了声响,他俩便停止了谈话。雅科夫拿来一个薄薄的背包,他将背包扔在角落里,斜着眼用恶意的目光向那女人扫了一眼。

她津津有味地嗑着瓜子,而瓦西里坐在木墩上,用手擦着膝盖,微笑着说道:

"这么说,你来了……你是怎么想起到这儿来的呢?"

"是这样的……我们给你写过信……"

"什么时候写的?我一封信也没收到过!"

"是吗？我们是写了的……"

"那信看来是丢了，"瓦西里抱怨道，"你瞧，真是见鬼……啊？需要信的时候，它又丢了……"

"大概，你不知道我们的事吧？"雅科夫问道，不信任地看了父亲一眼。

"哪里能知道？我没接到信呀！"

于是雅科夫就告诉他，他们的马死了，他们的粮食早在二月初就吃完了，没地方挣钱。草料也不够，母牛差一点饿死。他们勉强支撑到了四月，然后他们就决定这样：耕完地后雅科夫就到父亲那儿去，待上三个月，挣点钱，关于这件事，他们写信告诉了他，然后他们卖了三只羊，买了些粮食和草料，接着雅科夫就来这里了。

"原来是这样！"瓦西里叫道，"是这样……但……你们怎么……我给你们寄了钱的呀。"

"那钱够吗？修了屋子……嫁出了玛丽娅……我又买了张犁……要知道有五年了……多久的时间哪！"

"是这样！这么说，钱不够？是这么回事……啊，我的鱼汤要溢出来了！"他站起身来，走了出去。

瓦西里在火堆前蹲下，火堆上挂着一口锅，锅里的汤已经滚开了，不断有白沫溅在火苗上。瓦西里蹲在火堆前沉思。儿子说给他听的一切并没有特别强烈地打动他，反而在他内心激起了一种对妻子和儿子不满的感觉。五年里，无论他给他们寄多少钱，他们还是理不好家。如果马尔娃不在，他还要向雅科夫多说几句。自作主张，没有得到父亲的允许，就从乡下出来了——干这事脑子倒够使，可是家里的事却管不好！瓦西里至今一直过着愉快、轻松的生活，家里的事他很少想到，现在他突然觉得，家就像一个他五年来一直向里面扔钱的无底洞，就像他生活中一个多余的、他不需要的东西。他叹了一口气，用一只勺子搅着鱼汤。

在阳光的照耀下，火堆那小小的黄色火苗显得可怜、暗淡。一缕缕淡淡的青烟自火堆上腾起，向大海飘去，去迎接波浪的飞沫。瓦西里盯着那烟，内心在想，如今他的生活要差一些了，没那么自由了。也许，雅科夫已经猜到马尔娃是什么人了……

而她坐在窝棚里，在用一双寻衅的眼睛挑逗那小伙子，在那双眼睛里一直闪动着笑意。

"我说，你是不是把未婚妻丢在乡下了？"她望着雅科夫的脸，突然说道。

"大概，是丢下了。"他不情愿地答道。

"她漂亮吗？"她漫不经心地问。雅科夫没有作声。

"你为什么不说话呢？……比我漂亮还是不如我？"

他情不自禁地看了看她的脸。她的黧黑的脸蛋很饱满，红润的嘴唇因挑衅的微笑而半张着，在不停地颤动。一件粉色的花布上衣在她身上不知为何显得非常合身，勾勒出了她滚圆的双肩和一对高耸的、富有弹性的乳房。但是他不喜欢她狡猾地眯着的、含着笑意的蓝眼睛。

"你为什么这么说呢？"他叹了一口气，用一种请求的嗓音说道，虽然他本想严肃地和她说话。

"那该怎么说？"她笑了。

"你在笑……什么?"

"我在笑你……"

"哦,我关你什么事儿?"他气恼地问道,但在她的目光的逼视下又垂下了眼睛。

她没有答话。

雅科夫已经猜到她是父亲的什么人了,这妨碍他自由自在地和她谈话。这个猜测并不使他吃惊:他听说过,在外做工的人都很放纵,他也明白,他父亲是一个健康的男人,没有女人是很难熬过这么长的时间的。但是在她和父亲面前,他还是感到不自在。然后他又想到了自己的母亲——一个疲倦的、爱唠叨的女人,她在那儿,在村子里干着活儿,两手一刻也不停……

"汤做好啦!"瓦西里走进窝棚来宣布道,"马尔娃,快去拿汤勺!"

雅科夫看了父亲一眼,在想:

"看来,她经常在他这里,连汤勺在哪儿她都知道!"

拿出汤勺后,她说,该去把汤勺洗一洗,还说她有一瓶伏特加酒放在船上。

父亲和儿子望着她的背影,只剩下父子两人了,他俩都没作声。

"你是怎么遇到她的?"瓦西里问。

"我在账房里问起你,她也在那……她说:'干吗从沙滩上走着去,我们坐船去吧,我也要去他那儿。'我们这就来了。"

"是这样……我老是在想:'雅科夫现在怎么样了?'"儿子对着父亲的脸,温厚地笑了一下,这笑容给了瓦西里以勇气。

"嗯……老太婆没事吧?"

"没事……"雅科夫眨了眨眼,没有把握地说道。

"什么样的鬼也不管事,我的老弟!"瓦西里挥舞着手,大声说道,"我忍过,但是忍不住!我惯了……我是结过婚的人。再说,她也会补衣服,能干些别的什么事……反正……唉!女人就像死神一样,你到哪儿也躲不开!"他真诚地结束了自己的解释。

"这跟我有什么相干呢?"雅科夫说,"这是你的事,我又不是你的法官。"

而他暗自在想:"这样的女人能为你补裤子吗……"

"再说,我才45岁……在她身上也花不了多少钱。她又不是我老婆……"

"那当然。"雅科夫附和道,心里却在想,"她会扯破你的钱袋的!"

马尔娃手拿一瓶伏特加酒和一串小甜面包回来了;大家坐下来喝汤。他们默不作声地喝着,很响地吸着鱼骨头,然后把骨头吐在门边的沙地上。雅科夫吃得很多、很贪婪;这大约很叫马尔娃开心,她温存地笑着,看着他晒得黑黑的腮帮怎样鼓动,看着他湿润的大嘴唇快速地运动。瓦西里食欲不佳,却竭力装出一副忙于吃喝的样子——因为他需要没有干扰地、让儿子和马尔娃察觉不出地思考一下他对他们的态度。

海鸥凶恶的叫声打断了海浪温柔的音乐。暑热不那么强烈了,已不时有一阵带着大海气息的凉爽的空气飞进窝棚来。

喝了美味的鱼汤和伏特加酒之后,雅科夫的眼睛朦胧了。他开

始傻乎乎地笑,开始打嗝、打呵欠,他直勾勾地看着马尔娃,以至于瓦西里觉得有必要对他说:

"你在这里躺着吧,雅科夫,到喝茶的时候……到时候我们叫醒你。"

"好吧……"雅科夫同意了,他躺倒在蒲包上,"可是……你们去哪?哈——哈!"

瓦西里被他笑得不好意思了,赶忙走出去,马尔娃却瘪了瘪嘴唇,抬了抬眉毛,回答雅科夫道:

"我们去哪,这不关你的事!你是什么东西?你是我们的上帝——嘻!你不过是个毛小子!……"

"我?好!"雅科夫在她身后喊道,"等着瞧……有你好看的!你是什么东西……"

他翻了个身,通红的脸上带着酒足饭饱的笑容,睡着了。

瓦西里在沙地上插了三根钓竿,把钓竿的上端系在一起,又把一张苇席搭在上头,这样就弄出一片阴凉,他躺在这阴凉下,两手枕在头下,望着天空。当马尔娃在他身边的沙地上躺下时,他向她转过脸来,在那张脸上,她看到了委屈和不满。

"怎么,因为儿子不高兴了?"她笑着问。

"你瞧,他……在笑我……因为你!……"瓦西里忧郁地说。

"什么?因为我?"她狡猾地表示惊奇。

"还能因为什么?"

"哎哟,你这个可怜的人!现在怎么办呢?不来你这里了,好吗?啊?好吧,我再也不来了!……"

"瞧，你这个妖精！"瓦西里责备她道，"唉，你们这些人哪！他笑我，你也……你们是我最亲的人哪！你们为什么笑？见鬼！"他把背转向她，不再说话了。

马尔娃双手抱着膝盖，轻轻地摇晃着身体，用碧蓝的眼睛望着闪烁的、欢乐的大海，露出一个胜利的笑容，这是一个深知自己的美之力量的女人所常有的那种笑容。

一艘帆船像一只生着灰色翅膀的硕大、笨拙的鸟，在水面上滑过。它离岸很远，但还在向前方驶去，驶向海和天交织为一片蔚蓝的无垠的远方。

"你为什么不说话？"瓦西里问。

"我在想事。"马尔娃说。

"想什么？"

"随便想想，"她扬起眉毛，停了一会，又添了一句，"你儿子是个很棒的小伙子……"

"这和你有什么相干？"瓦西里嫉妒地喊道。

"很有相干……"

"你——等着瞧！"他用充满猜疑的、严厉的目光盯了她一眼，"你别犯傻！我虽然脾气好，但你也别来惹我——哼！"

他咬着牙，握紧拳头，继续说道：

"你今天一到，就开始耍弄人……我还不明白这事……哼，等着瞧，等我弄清楚了，有你的好看！瞧你这笑容……一直这样……我也会对付你们这些娘儿们……"

"你别吓我，瓦西里……"她无动于衷地说，并没看他一眼。

"好呀！你别开玩笑……"

"你也别吓唬人……"

"如果你再放肆，我就要教训教训你……"瓦西里发了狠，威胁说。

"你想打人?"她向他转过身去，好奇地看着他那张激动的脸。

"你是什么伯爵小姐吗？我就要揍……"

"我是你的什么人，是你老婆?"马尔娃干脆、平静地问道，不等回答，她又继续说道："你打惯了老婆，无缘无故地打，你也想这样来对付我吗？哼，别想。我就是我自己的主子，我谁也不怕。可是你，却怕儿子：瞧你刚才在他面前忙乎的，真丢人！就这你还来吓唬我!"

她轻蔑地摇了摇头，不说话了。她冰冷的、蔑视的话语压住了瓦西里的凶狠。他从来没有看到过她这么漂亮。

"发起狠来了，骂开人来了……"他说，一边发狠，一边欣赏着她。

"我还要对你说件事。你对谢廖什卡吹牛说，没有你，我就像没有面包一样，就活不下去了！你这是扯淡……很可能，我并不爱你，也不是来找你的，我只是爱这个地方……"她伸手在自己的身边大大地一挥，"也许，我是喜欢这里的空旷——大海和天空，一个卑鄙的人也没有。你在不在这里，我反正无所谓……好像是这地方值钱……谢廖什卡在这里，我会去找他，你的儿子如果在这里，我也会去找他……要是你们都不在这里，那就更好了……你们真让我讨厌!……我这么漂亮，只要我愿意，我随时都能找到我需要的男人……"

"什——么?!"瓦西里疯狂地叫道,突然掐住她的脖子,"你说什么?"

他摇晃着她,但她却不去挣脱,虽然她的脸涨红了,眼睛也充了血。她只是用双手抱着他掐在自己脖子上的那只手,死死地盯着他的脸。

"你还有什么要说?"瓦西里吼道,越来越疯狂。

"啊,不说话了,小婊子……啊,你抱住……啊,亲亲我……我给你点颜色看!"

他把她按在地上,紧握着拳头,痛快地在她的脖子上重重地打了一下,又打了一下。当拳头落在她富有弹性的脖子上时,他觉得很舒服。

"嗯……怎么样,你这条蛇?……"他得意地问道,推开了她。

她没有喊叫,默默地、静静地仰面躺着,她衣衫凌乱,脸色通红,却仍然很漂亮。她看着他,睫毛下那碧蓝的眼睛里带着冷冷的敌意。而他,由于激动而气喘吁吁,因发泄了愤恨而心满意足,他没有看她的眼睛,但当他得意地看她时,她却笑了。她饱满的嘴唇在颤动,她的眼睛在放光,腮帮上出现了两个酒窝。瓦西里吃惊地看着她。

"你怎么啦——见鬼!"他粗鲁地拉住她的手,喊道。

"瓦西里!……是你打了我?"她悄声地问道。

"唔,还能是谁?"他完全糊涂了,看着她,不知道该做什么。是不是要再打她一次?但是,他的心中已经没有了愤恨,他的手已不再能朝她举起来了。

"看来,你爱我?"她又问道,听着她的悄声细语,他觉得有些燥热了。

"是的,"他忧郁地说,"你值得爱啊!"

"我还以为你不爱我了呢……我想:'如今他儿子来了,他要赶走我了……'"

她很奇特、很响亮地笑了。

"傻瓜!"瓦西里说,也忍不住笑了,"儿子——他能给我立什么规矩呢?"

在她面前,他开始感到惭愧了,同时也很怜悯她,但一想到她说过的话,他又严厉地说道:

"儿子与这事毫不相干……我揍你,是因为你自己的错,你干吗来招惹我呢?"

"我这是故意的,我想试试……"她把肩膀靠在他的身上。

"试试!试什么?这下你试到了吧。"

"没什么!"马尔娃眯着眼睛,口气肯定地说,"我不生气——你是因为爱才打的,不是吗?我因为这还要报答你呢……"她直勾勾地看了他一眼,放低声音,又重复道,"啊,我要好好地报答!"

瓦西里在这些话中听出了让他高兴、叫他心里甜蜜蜜的允诺;他笑了一下,问道:

"怎么报答?……啊?!"

"你一会儿就知道了。"马尔娃平静地说,但她的嘴唇却在颤抖。

"你呀,我的小心肝!"瓦西里喊道,用他那情人的胳膊紧紧地抱住她,"你知道吗,我打了你,可是我更宝贝你了!真的更亲了……是吗?"

海鸥在他们的头顶盘旋。海上吹来的温柔的风把波浪的飞沫几乎吹到了他们的脚边,大海那永不停息的笑声一直在响……

"唉,我们这事!"瓦西里松宽地叹了一口气,若有所思地爱抚着躺在他怀里的女人,"这世上的事都是怎么安排的:有罪的事,偏偏那么香甜。你是什么都不明白的,我倒是常常思考生活——生活甚至是可怕的!特别是在夜里……睡不着觉的时候……你瞧:在你面前是大海,在你头上是天空,周围一片黑暗,可怕……而这里只有你一个人!于是你就开始觉得你自己很渺小,很渺小……土地在你脚下摇晃,可这土地上除了你以外一个人也没有。那时要是有你在就好了……毕竟是两个人……"

马尔娃闭着眼睛躺在他的腿上,默不作声。瓦西里那张粗鲁但善良的、在风吹日晒下变成褐色的脸,俯在她身上,他那有些花白的大胡子在蹭着她的脖颈。女人没动,只有她高耸的乳房在平稳地起伏着。瓦西里的眼睛时而远望大海,时而停在这离他很近的胸脯上。他开始吻她的唇,他不慌不忙,吻得很响,像是在喝一碗滚烫的、浇满油汁的稀粥。

他们就这样过了三个钟头;当太阳开始落向大海的时候,瓦西里用让人乏味的嗓音说道:

"喂,我要去烧茶了……客人很快就要醒了!"

马尔娃向一侧翻过身去,她的动作就像一只懒洋洋的小猫。他不情愿地站起身来,向窝棚走去。那女人只微微抬了抬眼皮,望一眼他的背影，叹了一口气，人们在放下那让他们精疲力竭的重担时，往往会这样叹气。

然后，他们三个人围坐在火堆旁，喝着茶。

太阳给大海抹上了日落的鲜艳色彩，碧绿的波浪像宝石和珍珠一般闪耀。

瓦西里在用一只白色的瓷杯喝着茶，他向儿子问起乡下的事，自己也不时回忆回忆乡下的生活。马尔娃没有插话；她在听着他们缓慢的交谈。

"就是说，乡亲们还活着？"

"还活着，凑凑合合……"雅科夫回答。

"我们兄弟们的要求算多吗？一间屋子，够吃的粮食，过节时再来瓶伏特加……就连这些也没有……如果在家就能养活一家人，我干吗来这儿呢？在乡下我是自己的主人，和大家一样，在这里我只是一个帮工……"

"但是在这里吃得饱些，活也轻一些……"

"不，你可别这么说！时常也累得你全身的骨头都在叫。再说，在这里你是为别人干活，在那里是为自己干。"

"但是钱挣得多啊。"雅科夫平静地反驳道。

在内心，瓦西里同意儿子的看法：乡下的生活和工作都比这里更艰难，但不知为何，他不想让雅科夫知道这一点。于是他严肃地说：

"你算过这里的工钱？在乡下，我的老弟……"

"在乡下就像是在黑坑里，又黑又拥挤，"马尔娃笑着说，"特别是女人们的日子——全都是眼泪。"

"女人们的生活到处都一样……光亮也到处都一样,太阳只有一个!……"瓦西里看了她一眼,皱了皱眉头。

"你这是在撒谎!"她兴奋了起来,叫喊道,"我要是在乡下,不管愿不愿意,都得嫁人。而嫁了人的女人,就一辈子当奴隶:收庄稼,纺棉线,养牲口,生孩子……她还能得到什么呢?只有丈夫的打骂……"

"也不是老打。"瓦西里打断了她的话。

"但是在这里我谁的人都不是,"马尔娃没听他的话,又说道,"我像只海鸥,我想去哪儿,就往哪儿飞!谁也挡不住我的路……谁也碰不得我!……"

"要是碰了呢?"瓦西里笑着用一种提醒的口气问道。

"那么,我会报答的!"她轻轻地说道,她那燃烧的眼睛暗淡了下来。

瓦西里宽宏地笑了笑。

"瞧你,虽然神气,但也没用!你说的尽是娘儿们的话。在乡下,女人是过日子用得着的人……可是在这里,女人……活着只是为了胡闹……"他停了一会,又添了一句:"只是为了作孽。"

在他们的谈话中断时,雅科夫沉思地叹了一口气,说道:

"这大海像是没有尽头似的……"

三个人都沉默不语地望着他们面前的空旷。

"如果这些都是土地该多好!"雅科夫拿手向四周一挥,感叹道,"最好是黑土地!那就可以耕种啦!"

"说得好!"瓦西里和善地笑了,赞赏地看了看儿子的脸,由于那被表达出的愿望的作用,那脸庞甚至涨红了。他很高兴地在儿子的话中听出了一种对土地的爱,他想,这种爱也许很快就会有力地让雅科夫抛开对自由的打工生活的迷恋,使他回到乡下去。而他仍与马尔娃留在这里——一切都将和从前一样……

"雅科夫,你这话说得好!一个农民就该这样。农民因为土地变强壮;和土地在一起,他才能活着;离开了土地,就会完蛋!一个没有土地的农民,就像一棵没有根的树:那树用来做东西还行,可是它不能保存很久——它会腐烂的!它身上也没有木材的美丽——它被剥光了,刨平了,没了形状!……这话,雅科夫,你说得挺好。"

大海把太阳揽入自己深深的怀抱,海浪奏起亲切的音乐欢迎太阳,太阳那道特别的光线为海浪染上了奇异、斑斓的色彩。创造生命的阳光那神圣的源头,以它美丽、和谐的色彩在与大海告别,以便在那离这三个望着它的人很远的地方,用日出的欢乐光彩去唤醒沉睡的大地。

"每次看到这样的日落,我的心都在融化,真的,真的!"瓦西里对马尔娃说。

她没有作声,雅科夫望着海的远方,蓝色的眼睛充满笑意。久久地,三个人沉思地望着那白日的最后时刻消失的地方。在他们面前,火堆里的炭在微微地燃着。在他们身后,夜已在天空铺开它的暗影。黄色的沙地暗淡起来,海鸥也不见了——周围的一切都变得安静了,充满幻想般的温柔……甚至连那冲到沙滩上来的喧嚣不止的波浪,也不像白天那样欢快、响亮了。

"我还坐着干吗?"马尔娃说,"该走了。"

瓦西里缩了缩身子，看了儿子一眼。

"忙什么？"他不满地嘀咕了一句，"等一等，月亮马上就升起来了……"

"什么——月亮？没有月亮我也不怕，我又不是头一回夜里从这儿回去！"

雅科夫看了父亲一眼，眯起眼睛，掩饰着讥笑；然后他又看了看马尔娃，见马尔娃也在看他，他于是觉得不自在了。

"好吧，好吧！走吧！"烦闷、不满的瓦西里做出了决定。

她站起身来，告了别，沿着沙岸慢慢地走去了；波浪涌到她的脚边，像是在与她玩耍。天上闪出了隐约的星辰——那是天空金色的花朵。马尔娃那件鲜艳的上衣，离目送着她的瓦西里和他的儿子越来越远，然后消失在一片昏暗中。

我的爱人啊……快来到我身旁！
哎哟！你快贴紧我的胸膛！

马尔娃用高高的、尖细的声音唱道。

瓦西里觉得，她停住了脚步，在等待。他使劲地啐了一口，想道："她这是有意的，在挑逗我呢，这个妖精！"

"你听！她在唱歌！"雅科夫笑了一下。

在他们的视线里，她只是昏暗中一个灰色的小点。

不要怜惜我的胸脯，

那是两只白色的天鹅!

她的声音在海面飘荡。

"你听啊!"雅科夫叫道,整个身体都向那诱惑的歌声传来的方向倾去。

"就是说,家里的事你没能管好?"响起了瓦西里严厉的声音。

雅科夫纳闷地看了他一眼,又恢复了先前的姿势。

那挑逗的歌被波浪的喧嚣盖住了一些,只有断断续续的字眼传到了他们这里。

……啊……怎能睡得着……
孤身一人……在这个晚上!

"真热!"瓦西里苦恼地喊道,在沙地上来回翻着身,"都夜里了……还这么热! 这该死的地方……"

"这是因为沙子……在白天被晒热了……"雅科夫向一边翻了个身,犹豫不决地说道。

"你怎么?……又要笑?"父亲严肃地问他道。

"我?"雅科夫莫名其妙地问,"怎么啦?"

"好了好了,没什么……"

他们都不说话了。

但透过波浪的喧嚣,不知是叹息,还是轻轻的、温柔的喊声,传到了他们耳边。

两个星期过去了，又到了一个星期天，瓦西里·列戈斯捷夫又躺在他窝棚边的沙地上，望着大海，在等马尔娃。空旷的大海笑着，戏耍着映在海中的太阳，一层层波浪新生出来，以便涌上沙滩，把自己鬃毛般的白沫扔在沙滩上，然后再退回大海，在大海里消融。一切都和14天前一样。但是，往常总是平静、自信地等待自己情人的瓦西里，今天却有些不耐烦了。上个星期天她没来，今天该来了！他不怀疑她会来，但他想尽快地见到她。雅科夫今天不会碍事，三天前他和其他渔工一起来拿渔网时，说星期天一早就要进城去买衬衣。他已在渔行中找到了工作，一个月15卢布，已经去捕了几次鱼，如今看上去很神气、很高兴。和所有渔工一样，他身上也散发着一股咸鱼味，和大家一样，他穿得又脏又破。想到儿子，瓦西里又叹了一口气。

"他像是在这里扎了根……放纵起来了……到时候，他也许就不想回到乡下去了……那我就只好自己回去了……"

除了海鸥，海面上什么也没有。在一道细细的沙岸将海和天分割开来的远方，时而有一些小小的黑点出现在那沙岸上，那些黑点在岸上运动着，又消失了。但还是不见有船，虽然阳光几乎已在垂直地照耀大海。一般在这个时候，马尔娃早就该在这里了。

两只海鸥在空中撕扯着，直打得羽毛乱飞。凶狠的叫声打断了海浪的欢乐歌声，而那歌声是绵延不绝的，它与闪耀的天空那庄严的寂静结合得如此和谐，使人觉得那歌声像是阳光在大海的平原上欢乐游戏时发出的响声。两只海鸥落到水中，仍在互相啄打，由于疼痛和愤怒而尖声鸣叫,然后又追逐着飞上天空……而它们的朋友,大群的海鸥,却好像没有看到这场战争,它们在贪婪地捉鱼,不时潜入碧绿的、透明的、涌动着的海水。

海面上一片空旷。在那遥远的岸边,没有出现那个熟悉的黑点……

"你不来?"瓦西里说出声来了,"不来就算了!你以为会怎样?……"

于是他向沙岸的那一边轻蔑地啐了一口。

大海笑了。

瓦西里站起身来,向窝棚走去,准备给自己做顿午饭,但他又觉得他并不想吃饭,于是就回到老地方,又在那儿躺了下来。

"哪怕谢廖什卡能来也好啊!"他若有所思地说道,自己想起了谢廖什卡,"这可是个坏小子。他嘲笑所有人,对所有人挥拳头。他身强力壮,能写会读,又见过世面……但他是个酒鬼。和他在一起很开心……娘儿们很难让他动心,虽然他一出现,所有娘儿们马上就会跟着他跑。只有马尔娃一个人离他很远……可是她还不来。这个该死的娘儿们!兴许,她对他有气是因为他打过她?但她挨打难道还新鲜吗?其他的人……也打呀!如今他会给她……"

就这样,他时而想着儿子,时而想着谢廖什卡,但想得最多的还是马尔娃,瓦西里在沙地上翻来覆去,一直在等待。不安的情绪在他心中不知不觉地转变成一种阴暗的猜疑,但他不想老这么猜疑下去。为了掩饰那种猜疑,他时而站起身来在沙滩上走来走去,时而又重新躺下,就这样一直待到傍晚。大海已经暗淡下来,但他仍在望着海的远方，等着那只船。

马尔娃这天没有来。

躺下睡觉的时候，瓦西里在沮丧地咒骂这份使他上不了岸的差事，睡着的时候，他还多次跳起来——在梦中，他仿佛听到远处什么地方响起了桨声。每次，他都要手搭凉棚，望向阴暗、模糊的大海。在岸上，在渔行那边，燃着两堆篝火，但海上却一个人也没有。

"好吧，妖精！"他狠狠骂了一句，然后，就沉沉地睡去了。

而在渔行那边，这一天发生了这样一件事。

雅科夫一大早就起床了，那时，太阳还不烤人，清新的空气从海上吹来。他走出工棚，到海边去洗脸，在海边，他看到了马尔娃。她坐在系在岸上的一只舢板的尾巴上，赤裸的双腿伸在船舷外，她在梳理潮湿的头发。

雅科夫站住了，开始用好奇的目光打量她。

她穿一件花布上衣，胸前没有扣好，露出一个肩膀，那肩膀雪白雪白的，很有味道。波浪拍打着船尾。马尔娃时而抬起身来，时而低下身去，她赤裸的脚几乎碰到了海水。

"你在洗澡吗？"雅科夫问。

她向他转过脸来，匆匆瞥了他一眼，又去梳她的头发了，她答道：

"是在洗澡……你干吗起得这么早呢？"

"你起得更早啊……"

"你干吗跟我比？"

雅科夫不作声了。

"你要是照我的样子生活,你会受不了的!"她说道。

"哦!瞧你,真凶啊!"雅科夫笑了笑,蹲下身来,开始洗脸。

他掬起一捧水,泼在自己脸上,因海水的凉意而呼哧了几声。然后,他用衣襟擦着脸,向马尔娃说道:

"你干吗老是吓唬我呢?"

"那你干吗要傻看我呢?"

雅科夫觉得,他看她并不比看其他打工女人多,可是此刻,他却突然对她说:"谁叫你长得……像奶油似的呢!"

"你老子要是知道了你干的这些好事,会拧断你的脖子!"

她狡猾地、寻衅地望着他的脸。

雅科夫笑了,爬上舢板。他同样不明白,她说他干的是什么好事,但既然她这样说了,也就是说,他可以使劲地看她了。他感到很开心,很高兴。

"老子又怎么样?"他说着,走近船舷边的她,"怎么,你难道是他买下的人不成?"

他坐到她的身边,盯着看她裸露的肩膀和半裸的胸口,看她新鲜的、结实的、散发着海的气息的整个身体。

"你——真是一条大白鱼啊!"他仔细地端详着她,高声赞叹道。

"这与你无关!"她简短地说道,没有看他,也没有理一理自己敞开的衣襟。

雅科夫叹了一口气。

他们的眼前,是清晨的阳光照耀下的浩瀚的大海。由一阵阵温柔的风吹拂出的嬉戏的微波,在轻轻地拍打着船舷。远远地在那大海中,能看到那片沙洲,它像是大海缎子似的胸膛上的一道伤痕。在天空柔和的背景下,可以看到那沙洲上有一根细竿,竿上小小的黑点就是那块迎风飘动的布。

"喂,小伙子!"马尔娃开了口,并不看雅科夫,"我很有味道,但是这与你无关……谁也买不去我,我也不受你老子的管。我活得自由自在……但是你别来沾我,我不想处在你和瓦西里中间……我不想扯皮吵架……你明白吗?"

"我怎么啦?"雅科夫感到奇怪了,"我又没碰你……"

"你敢碰碰我试试!"马尔娃说。

她说话的口气充满着对雅科夫的蔑视,使他无论作为一个男人还是作为一个普通的人,都会觉得受到了侮辱。一种暴躁的、近乎恶毒的情感控制了他,他的眼睛在冒火。

"哦?我不敢?"他喊道,向她移近了一些。

"你不敢!"

"是吗?我要是碰了呢?"

"你碰碰看!"

"那会怎样?"

"我就照你的后脑勺来一下,你就会喝水去。"

"那好,来吧!"

"你——碰碰看!"

他用发亮的眼睛看了她一下,突然两手用力从侧面牢牢地抱住她,紧紧压着她的胸和背。碰到她火热、结实的身体,他顿时全身发烫，嗓子像是被掐住了，感到一种窒息。

"瞧！你……打吧！呃……怎么样？"

"放开我，雅科夫！"她镇静地说，并不打算挣脱他那双发抖的胳膊。

"你想照后脑勺来一下？"

"放开！等着瞧，你会遭殃的！"

"哦……你别吓唬我啦！哟，你……真是颗草莓啊！"

他紧紧地搂着她，用他厚厚的嘴唇贴了贴她粉红的面颊。

她寻衅地哈哈大笑起来，紧紧抓着雅科夫的胳膊，突然，她整个身体猛地一使劲，向前冲去。他们两人抱成一团，沉沉地跌入水中，隐没在一片水花里。随后，在翻动的海水中冒出了雅科夫那脸色慌张的脑袋，在那颗脑袋旁边，马尔娃也浮出了水面。雅科夫绝望地挥舞双手，拍打着身边的水，大声地呼喊着，而马尔娃高声笑着，在他四周游动着，把一捧捧咸水泼到他脸上，并不时潜入水中，以躲避他那双四处乱抓的手。

"见鬼！"雅科夫呛着水，叫喊着，"淹死我啦！我不行了！……真的呀……淹死我啦！这水……真苦……啊，你要……淹死我了，啊呜！"

但她已经扔下他，像男人似的划着水，向岸边游去。游到岸边，她灵活地又爬上舢板，站在船尾大笑，看着慌乱地向她游来的雅科夫。贴在她身上的湿衣服勾勒出她从膝盖直到肩膀的体形，游到了船边的雅科夫，用手抓着小船，目光贪婪地看着这个近乎裸体的、正冲着他开心大笑的女人。

"来,爬上来吧,小海豹!"她笑着说,然后跪下身来,一只手抓着船舷,把另一只手递给他。

雅科夫抓住她的手,开心地喊道:

"好吧……现在你当心!我要让你……洗个够!……"

他站在齐肩深的水中,使劲拉了她一把;波浪越过他的头顶,溅在小船上,把水花洒在马尔娃的脸上。她皱了皱眉,格格地笑着,突然,她喊了一声,跃进水中,用自己身体的重量压倒了雅科夫。

他们像两尾大鱼,又开始在碧绿的水中嬉闹起来。他们互相泼水,大声叫喊,时而噗噗地喷水,时而又潜入水中。

太阳看着他们,露出了笑容,渔行的建筑物上的窗玻璃反射着阳光,也在笑。被他们有力的手臂搅动的海水发出了声响,被人的喧闹声惊动的海鸥,尖叫着在他们头顶盘旋,从大海的远处涌来的波浪,不时淹没他们的脑袋……

最后,精疲力竭、喝饱了海水的他俩爬上岸来,坐在阳光下休息。

"呸!"雅科夫皱着眉,啐了一口,"这水可真糟!尽是水,喝得真不少!"

"这世上糟糕的东西还多着呢,小伙子,比如说,糟老头子就不少!"马尔娃笑着说,

她在挤她头发中的水……

她的头发是深色的,虽然不长,但很浓密,而且是鬈发。

"所以你就给自己选了个老头子。"雅科夫挖苦地笑了笑,用肘碰了碰她的腰。

"有的老头子比年轻人好。"

"如果老子不错,那么儿子一定更好……"

"瞧你这样儿!你在哪儿学会了吹牛?"

"在乡下,姑娘们经常对我说,我是个不错的小伙子。"

"乡下的姑娘们懂什么?你该问问我……"

"你又怎么样?你不也是个姑娘吗?"

她仔细地看了他一眼;而他在挑逗地笑着。于是她突然严肃起来,诚心地对他说道:"我不是姑娘了,我生过一次孩子!"

"合适,但不相配啊。"雅科夫说着,哈哈大笑起来。

"傻瓜!"马尔娃厉声向他甩去一句,又转过身来背对着他。

雅科夫胆怯了,绷着嘴唇不作声。

他们两人沉默了半个小时,只是来回地翻身对着太阳,好让太阳尽快晒干他们潮湿的衣服。

在那一长溜肮脏的、屋顶斜向一边的工棚里,工人们醒来了。从远处看,他们彼此很相似,都是衣衫褴褛,蓬头垢面,还都赤着脚……他们嘶哑的声音传到了岸边,有人在敲着一只空木桶的桶底,低沉的打击声飞散开去,就像是在敲打一面大鼓。两个女人在刺耳地吵架,一只狗在叫。

"他们都醒了,"雅科夫说,"我今天本来是想早点进城去的……却和你混在这儿……"

"和我在一起没有好处。"她半开玩笑、半认真地说道。

"你为什么老是吓唬我呢?"雅科夫吃惊地笑道。

"你等着吧,你老子会给你……"

这一次提到父亲，却突然使他生气了。

"什么老子？什么？"他粗鲁地喊道，"老子！我自己也不是小孩子……有什么要紧……这里没那些规矩……我又不是瞎子……我能看到……他自己也不是什么正人君子……他自己都不怕难为情……哼，就别来碰我。"

她嘲笑地看着他的脸，好奇地问：

"别碰你？那你想干什么？"

"我？"他鼓起腮帮，挺着胸膛，像是在举一件重物，"我怎么啦？我什么都能做！新鲜的空气把我全身都吹遍了，吹走了我身上的乡下灰土。"

"真快呀！"马尔娃嘲讽地感叹道。

"怎么样？我这就把你从父亲那里抢过来。"

"哦？真的？"

"我怕什么？"

"真的？"

"你，"雅科夫激动地、暴躁地说，"你别逗我！我……你等着瞧！"

"瞧什么？"她平静地问。

"没什么！"

他转过身去，不再说话了，那模样像是一个勇敢、自信的小伙子。

"你这个淘气的家伙！掌柜的那儿有条小黑狗，你见过没有？你就像那条小狗。离得老远就叫唤，装出一副咬人的模样，但你一走近，它就夹起尾巴逃走了！"

"哼，你说吧！"雅科夫凶狠地叫道，"你等着！你会明白我是什么样的人，你会明白的！"

她却在冲着他的脸笑。

一个高高个子、铜色皮肤、一头火红乱发的壮汉，步履缓慢、晃着身板向他们走来。他穿一件没系腰带的红布衬衣，后背上有一个几乎裂到领口的破洞，为了不让袖口从胳膊上脱下来，他一直把袖子卷到肩膀。裤子像是用许多各种各样的破洞组成的，脚上也没穿鞋。在他满是雀斑的脸上，两只大大的蓝眼睛果敢地闪亮着，那个宽大的、向上翘起的鼻子，使他整个身体带有一种放肆的、无赖般的模样。他走到他俩跟前，站下了，那从他衣服上的无数破洞中露出的胴体，在阳光下闪亮着，他很响地用鼻子抽着气，用疑问的目光盯着他俩，做出一副可笑的鬼脸。

"昨儿谢廖什卡喝了点酒，今儿谢廖什卡的口袋就像个无底的筐子了……借我40戈比吧！我反正是不会还的……"

听了他大大咧咧的话，雅科夫善意地笑了起来，马尔娃看着他衣衫褴褛的身体，也笑了一下。

"你们快给吧，见鬼！给40戈比，我就为你们主持结婚仪式——你们愿意吗？"

"哟，你这个小丑！你难道是神父吗？"雅科夫笑了。

"傻瓜！我在乌格里奇城为一个神父扫过院子……给40戈比吧！"

"我不想要结婚仪式！"雅科夫拒绝了他。

"你反正得给！我就不去对你父亲说，你在勾引他的美人。"谢廖什卡用舌头舔着干燥、开裂的嘴唇,坚持道。

"撒谎去吧,他不会相信你的……"

"如果我去撒谎,他一定会信的!"谢廖什卡肯定地说,"他就会揍你一顿——太棒了!"

"我不怕!"雅科夫笑了笑。

"是吗,那我就亲自来揍!"谢廖什卡挤了挤眼,平静地说。

雅科夫舍不得 40 戈比,但是早有人警告过他,别跟谢摩什卡多纠缠,最好满足他的要求。他也不会多要,但如果不给他的话,他就会在干活时给你捣点乱,或是无缘无故地揍你一顿。记起这样的劝告,雅科夫便把手伸向了口袋。

"这就对了!"谢廖什卡称赞他道,与他并肩坐到沙地上,"你要是一直听我的话,就会变成聪明人。而你,"他转身对马尔娃说,"很快就要嫁给我了吧?快些准备准备,我是等不了太久的。"

"你这个叫花子……先补好窟窿,然后我们再说。"马尔娃答道。

谢廖什卡带着批评的目光看了看自己身上的窟窿,摇了摇头。

"你最好把你的裙子给我吧。"

"好啊!"马尔娃笑着说。

"真的!给一条吧!——有那么一条旧的吧?"

"你还是给自己买条裤子吧。"马尔娃建议道,

"嗯,我还是把这些钱换酒喝……"

"最好喝了它!"雅科夫笑了,手中握着四枚五戈比硬币。

"还能怎样呢?一个牧师告诉我,一个人不应该关心自己的躯壳,而应该关心自己的灵魂。可我的灵魂需要的是酒,而不是裤子。

快给钱！啊，今天又有酒喝了……但我还是要对你父亲说你的事。"

"说去吧！"雅科夫挥了挥手，大胆地向马尔娃使了一个眼色，碰了碰她的肩膀。

谢廖什卡看到这场面，啐了一口，又说道：

"我还是要揍你一顿的……等我有空，会给你一下的！"

"为什么？"雅科夫惊慌地问。

"我心里有数……喂，你马上就要嫁给我了吧？"谢廖什卡转而对马尔娃说。

"你先说给我听听，我们怎么办事，怎么过日子，那样的话，我会考虑考虑的。"她严肃地说。

谢廖什卡眯着眼睛，望着大海，又舔了舔嘴唇，说道：

"什么事也不办，我们就玩玩！"

"那我们去哪儿弄饭吃？"

"嗨，"谢廖什卡挥了一下手，"你和我妈一个样，唠唠叨叨的。什么弄饭吃？我哪里知道怎么去弄？我要喝酒去了……"

他站起身来，离开了他们，目送着他的是马尔娃奇怪的微笑和那个年轻人不友好的目光。

"瞧他说话的口气！"等他走远了，雅科夫才说，"要是在我们乡下，像这样游手好闲的家伙，早就被制服了……人们会好好管教他一顿，这就得了……可是在这里，人们还怕他……"

马尔娃看了他一眼．咬着牙说道：

"你这个小猪崽子！你哪里懂得他的价值！"

"什么懂不懂？这样的人五戈比一大把，一把里头有几百个。"

"是喽!"马尔娃嘲笑地叫道,"你才是这价钱呢……而他……哪儿都去过,走遍了整个大地,他谁都不怕……"

"而我又怕谁?"雅科夫壮着胆子问道。

她没有回答他,而是沉思地注视着那不时涌上岸来的浪花的嬉戏,海浪在摇曳沉沉的木船。桅杆左右摇晃着,船尾翘起又落下,击得水面啪啪地响。这响声很大,含有抱怨——似乎那木船想离开海岸,去向广阔、自由的大海,它仇恨那根系住它的缆绳。

"喂,你为什么还不走?"马尔娃问雅科夫。

"我去哪儿?"他说。

"你不是要进城……"

"我不去了!"

"那就去你老子那儿吧。"

"你呢?"

"我怎么啦?"

"你也去吗?"

"不……"

"那我也不去。"

"你想整天都在我这里耗着?"马尔娃平静地问。

"我也不那么需要你……"雅科夫委屈地说道,然后站起身来,离开了她。

然而,他说他不需要她,这话是说错了。离开了她,他开始觉得无聊。在与她谈话之后,他内心出现了一种奇怪的感觉:一种模糊的对父亲的抗议,一种潜在的对父亲的不满。昨天还没有这感觉,今天在见到马尔娃之前也没有这种感觉……但现在他觉得，父亲在妨碍他，虽然他远在大海中，在那个勉强可以看见的沙洲上……随后他又觉得，马尔娃是害怕父亲。如果她不怕的话，他和她的事就完全会是另一种结果。

他在渔行转悠，打量着人们。这边，在工棚投下的暗影里，谢廖什卡坐在一只木桶上，拨着二弦琴，一边做着鬼脸，一边唱道：

警—官—先生哪！
请对我客气点……
带我去局子吧，
省得我趟烂泥……

在他四周围着20来个衣衫同样褴褛的人，他们的身上和这里的所有东西一样，散发出一股咸鱼和硝石的味道。四个难看、肮脏的女人坐在沙地上喝茶，从一把大大的铁皮茶壶中倒出茶来。虽然还是清早，有一个工人已经喝醉了，他躺在沙地上，想要站起来，但又倒下了。一个女人在某处尖声地哭泣，一架破手风琴的响声也传了过来，到处都是鱼的鳞片。

正午，稚科夫在一堆空木桶中间找到一块阴凉地，在那里躺了下来，一直躺到傍晚，醒来后，他又在渔行周围走动，感觉到一种想要到什么地方去的欲望。

逛了两个小时，他终于在远离沙矿的一丛小柳树下找到了马尔娃。她侧身躺着，手里拿着一本破破烂烂的书，她笑着看他迎面走来。

"哟,你在这儿!"他说着,坐在她身边。

"你找了我很久?"她自信地问。

"难道我是在找你?!"雅科夫喊道,可他突然明白是这么回事:他是在找她。小伙子莫名其妙地摇了摇头。

"你识字吗?"她问他。

"识字……但认不多,全忘光了……"

"我也识字不多……你是在学校里学的?"

"是在乡下学校学的。"

"我是自学的……"

"真的?"

"真的……我在阿斯特拉罕城一个律师家里当厨娘;他儿子教过我认字。"

"那也不算是自学……"雅科夫辩解道。

她看了看他,又问:

"你喜欢读书吗?"

"我?不……那有什么意思?"

"可我爱读,这不,我向老板娘借了这本书,正读着呢……"

"这书讲的是什么呢?"

"讲的是圣人阿列克赛的事。"

她若有所思地对他讲道,有一个年轻人,他本是有钱有势的阔人家的孩子,但他却离开了父母,离开了自己的幸福,后来他回到父母身边,这时他身无分文,穿得破破烂烂,他就和狗一起住在自家的院子里，却一直到死也没有告诉父母他是谁。说到这里，马尔娃轻声地问雅科夫：

"你知道他为什么要这样吗？"

"那谁能知道？"雅科夫无动于衷地回答。

由于风吹浪推而堆积起来的一个个小沙丘，环绕着他们。从远处传来了低沉、含混的声音——这是渔行那边的喧闹。太阳落了下去，沙滩上静卧着太阳那一道道粉红色的余光。在轻轻的海风的吹拂下，矮小的柳树丛微微晃动着它们可怜的细叶。马尔娃沉默不语，在倾听什么。

"你今天为什么没去那边……沙洲那边？"

"这与你什么相干？"

雅科夫斜着眼睛贪婪地看着这个女人，在盘算该怎样对她说出那些该说的话。

"我一个人静静待着的时候……老是想哭……要不就是想唱。可是好听的歌我不会唱，想哭，又难为情……"

他听着她轻轻的、温柔的声音，但是，她所说的一切根本没有触动他，只不过使他的某种愿望更强烈了。

"不过你瞧，"他低声地说，向她靠近着，但没有看她，"你听着，我有话对你说……我，是一个年轻的小伙子……"

"也是一个傻小子，傻——小——子！"马尔娃摇着头，拉长声音肯定地说道。

"好，傻就傻吧，"雅科夫懊丧地喊道，"干这事还要什么聪明吗？傻小子——也能行的！你听我说，你想跟我……"

"我不想!……"

"什么?"

"没什么!"

"你别犟啦……"他小心地抓住她的肩膀,"你想想……"

"滚开,雅科夫!"她推开他的手,严肃地说,"滚!"

他站起身来,看了一眼四周。

"哼……要是你这样,我才不稀罕呢!你这样的人这里多的是……你以为你比别人都强吗?"

"你这条狗崽子。"她站了起来,拍了拍衣服上的沙子,镇静地说道。

他们并排向渔行走去。他们走得很慢,因为脚不时会陷进沙里。

雅科夫在粗鲁地劝说她满足自己的愿望,她则镇静地嘲笑他,用一些带刺的话回敬他。

在他们已走到渔行的工棚附近的时候,他突然站住,一把抓住她的肩膀。

"你这是在故意挑逗我?你为什么要这样?我要给你……你等着瞧。"

"我说,你放开我!"她挣脱他的手,向前走去,而迎着她的面,谢廖什卡从工棚的一个角落冒了出来,他摇晃着自己蓬乱的、火红的脑袋,恶毒地说:

"玩过了?好啊!"

"你们全都见鬼去!"马尔娃恶狠狠地喊道。

雅科夫在谢廖什卡的对面停住脚,阴郁地看着他。他们之间有十来步的距离。

谢廖什卡直盯着雅科夫的眼睛。他们像两个准备顶架的公羊那样,对峙了一分钟,然后又默默不语地各自走开了。

大海静静的,由于晚霞的映照而泛着红光;渔行的上空是一片低沉的嘈杂,在这片嘈杂中能清晰地听到一个喝醉酒的穷女人的声音,她在歇斯底里地喊着一些没什么意义的词句:

……塔加尔加,马塔加尔加,
我的马塔里奇卡!
醉了酒,挨了打,
披头又散发!

这些肮脏的词句像蛆虫一样,在充满硝石和臭鱼气味的渔行里蔓延——它们蔓延着,在凌辱海浪的音乐。

在朝霞温柔的照耀下,海的远方在静静地沉睡,映照着天上的贝母云。沙洲上是一些半睡半醒的渔工,正在往船上放渔具。

一大堆灰色的渔网被从沙滩上拖过,拖上渔船,在船底堆成一团。

谢廖什卡像往常一样,不戴帽子,裸着半个身子,他站在船尾,用嘶哑的、醉醺醺的嗓门催促渔工。风在玩耍他上衣上的碎片和他火红的乱发。

"瓦西里!那几根绿色的桨在哪儿?"有人在喊。

瓦西里脸色忧郁,像十月的日子,他正想整理船上的渔具,谢廖什卡在一旁看着他弓起的背,舔了舔嘴唇……这是他想要喝酒的征兆。

"你有酒吗?"他问。

"有。"瓦西里声音低沉地说。

"那我就不去了……我留在网口这边吧。"

"都好了!"沙滩那边在喊。

"开船吧!"谢廖什卡走下船,命令道,"你们去吧……我留在这里。看着点,网下得开些,别缠住了!放得稳些,别打结!……"

舢板被推下水去,渔工们从船的两侧爬上船,他们抓起桨,把桨举在空中,准备划水。

"一!"

几根桨同时划入水中,舢板向前一冲,冲向那波光粼粼的、开阔平坦的水面。

"二!"舵手指挥着,几根桨像是一只大乌龟的爪子,从船舷伸了出来……

"一!……二!……"

在网口这边的岸上,留下了五个人:谢廖什卡、瓦西里和另外三个人。他们中的一个人躺倒在沙滩上说:

"再睡一会儿……"

其他两个人学他的样子,于是,三个裹着肮脏破衣的躯体就蜷缩在了沙滩上。

"星期天你为什么没过来呢?"瓦西里问谢廖什卡道,两人一同向窝棚走去。

"走不了……"

"喝醉了?"

"没有。我在盯你儿子和他后娘的梢。"谢廖什卡平静地说道。

"你可找到活干了!"瓦西里不自然地笑了一下,"他们难道是小孩子不成?"

"更糟呢……一个是傻瓜,一个是疯子……"

"这个疯子是马尔娃?"瓦西里问,他的眼睛闪动着仇恨,"她早就这样了?"

"老兄,她的灵魂可不像她的身体……"

"她有个下流的灵魂。"

谢廖什卡斜了他一眼,轻蔑地啐了一口。

"下流!唉,你们……这些啃泥的畜生!你们什么也不懂……你们只要女人的奶子大,她的性格你们却不需要……性格才是一个人的全部精华……没有性格的女人,就像一块没撒盐的面包。一把没有弦的三弦琴怎能让人开心呢?你这条公狗!……"

"哟,你昨天就喝出这些鬼话来啦!……"瓦西里刺了他一句。

他非常想问谢廖什卡,昨天是在什么地方、怎样看见雅科夫和马尔娃的,可是又不好意思问。

走到窝棚里,他给谢廖什卡倒了一茶杯酒,希望谢廖什卡在喝下这一大杯酒后立即就醉,好自动地把那两人的事说给他听。

但是,谢廖什卡喝完酒后整个人都放光了,他咳嗽一声,坐到窝棚门口,伸着懒腰,打着呵欠。

"喝了酒,就像是吞了火……"

"瞧你喝的！"瓦西里喊道，他被谢廖什卡的喝酒速度给镇住了。

"我能喝……"那赤脚人晃了晃红头发的脑袋，用手掌擦了擦潮湿的嘴唇，用一种教训的口吻说了起来，"我能喝，老兄！我什么事都能做得又快又好。不用拐弯抹角，一下子就得！无论你往什么地方走，反正都是一回事！从地上你只能跳到地上，你上不了天……"

"你想去高加索吗？"瓦西里问，他在悄悄地接近自己的目的……

"什么时候想去，我就去。什么时候想，我直接就——一下子……就得了！要么是我走了大运，要么是——脑袋碰出一个大包……很简单！"

"什么很简单！你好像没顶着颗脑袋在活着似的……"

谢廖什卡嘲讽地向瓦西里斜了一眼。

"你倒是个聪明人！在乡下你被抽过几回鞭子呢？"

瓦西里看了看他，不说话了。

"这倒好，你们的长官用鞭子把你们往聪明那儿赶……唉，你呀！瞧，你顶着个脑袋又能干什么呢？你顶着它能走到哪儿呢？你又能想出些什么东西来？就是啦！我没顶着脑袋也干得痛快，什么也不顾！大概，能比你跳得更远些。"赤脚人吹嘘道。

"这——得了吧！"瓦西里笑了笑，"你还能走到西伯利亚呢……"

谢廖什卡开怀大笑起来。

与瓦西里的期待相悖，谢廖什卡没有醉，这叫瓦西里气愤。他舍不得再给他倒一杯，可是谢廖什卡不醉，你就什么话也听不到……然而，那赤脚人自动地来救他了。

"你为什么不问一问马尔娃呢？"

"那与我有什么相干？"瓦西里不经意地拉长声音说，同时在由于一种预感而发抖。

"她星期天不是没来这儿吗……问一问她这些天是怎么过的吧……我说，吃醋呢，你这个老鬼！"

"她那样的人多的是！"瓦西里轻蔑地挥了挥手……

"她那样的人多的是！"谢廖什卡学了他一句，"唉，你们这些野地主，乡下的大老粗！给你们蜜糖，给你们焦油——你们全都当作面糊……"

"你干吗老是夸她？是来说媒的？可是我自己早就向她求过婚了。"瓦西里嘲讽地说。

谢廖什卡看了看他，沉默了一会，然后把一只手放在瓦西里的肩上，郑重地对他说：

"我知道她跟你在一起。我没来搅和你的事——没有必要……但是现在，这个雅科夫，你的儿子，在围着她转，你狠狠揍他一顿！听见了吗？否则我就自己来揍……你是个好男人……一个木头傻瓜……我没搅和你的事，这你要记着……"

"是这么回事！你也在追她？"瓦西里低声地问。

"也在追！要是我知道我也——我就把你们这些人全都从我的道路上清走……可是，我要她干吗？"

"那你干吗过问这事呢？"瓦西里怀疑地问。

看来，这个简单的问题却让谢廖什卡吃了一惊。

他大睁着眼睛看了看瓦西里，笑了。

"干吗过问？鬼知道我干吗要过问……是这样，她这个女人……

带点辣味……我喜欢她……也许我是可怜她，谁知道呢……"

瓦西里不信任地看着谢廖什卡，但他又觉得，谢廖什卡说的是真心话。

"如果她是一个没被人碰过的大姑娘，倒还值得可怜。她都这样了——就有点奇怪了！"

谢廖什卡没作声，在看远处海上的舢板，那舢板把船头掉向沙岸这边，并在水面上划出一道弧线。谢廖什卡看着，眼睛睁得大大的，他的脸色善良而又平和。

瓦西里看着他，心软了下来。

"你说得对，她是个好女人……就是有点轻浮！……你是说雅科夫？我会给他一顿揍的！哼，这个狗崽子……"

"我不喜欢他……"谢廖什卡说。

"他去亲热她了？"瓦西里捋着胡子，咬着牙问。

"他，你等着瞧吧，会像一个楔子插在你俩中间。"谢廖什卡肯定地说。

在大海的远方，日出的光芒呈扇形放射开来。透过海浪的喧嚣，从舢板那边传来一个微弱的喊声：

"收网——啦！……"

"起来，伙计们！嗨！到网那边去！"谢廖什卡命令道。

很快，他们五个人就都在渔网边站好了自己的位置，一根长长的绳子从水中延伸到岸上，那绳子绷得紧紧的，像一条琴弦，渔工们把皮圈套在绳子上，呼哧呼哧地拉着大绳。

在大网的另一面，那只舢板在波浪中颠簸着，向岸边驶来。

崇高而明亮的太阳，升起在大海之上。

"你要是见到了雅科夫，就让他明天来见我。"瓦西里对谢廖什卡说。

"好的。"

舢板靠了岸，渔工们从小船跳向沙滩，在拉渔网的另一边。两拨人在逐渐地相互接近，网上的浮标在水中跳动，形成一个整齐的半圆。

这天很晚的时候，渔行的工人们已经在吃晚饭了，疲倦的、若存所思的马尔娃坐在一只底朝天放着的破船上，望着被昏暗笼罩着的大海。在那儿，很远的地方，闪着火光；马尔娃知道，这是瓦西里燃着的火堆。那孤独的、似乎要在大海黑暗的远方迷失的火光，时而明亮地闪烁，时而又暗淡了下去，像是精疲力竭了。马尔娃忧郁地望着这个红色的小点，这个迷失在空旷里的、在波浪无休止的喧嚣中微弱地抖动着的红点。

"你坐在这里干吗？"在她的背后响起了谢廖什卡的声音。

"这与你什么相干？"她问，并没有看他一眼。

"我好奇。"

他没有说话，看着她，卷完一支烟，他抽了起来，骑坐在小船上。然后，他和声和气地说道：

"你是个怪女人，一会儿要躲开所有人，一会儿又要挂在所有人的脖子上。"

"我往你的脖子上挂过吗？"她淡漠地问。

"不是我,是往雅科夫的脖子上挂。"

"你吃醋了?"

"唔……我们来直截了当地谈谈心吧,好吗?"谢廖什卡拍了拍她的肩膀,建议道。她坐在那儿,侧着身子对着他,而他也没有看她,于是她简简单单地对他说:"你说吧。"

"你怎么啦,把瓦西里给扔了?"

"我不知道。"她回答,又沉默了一会儿,"这与你有什么相干呢?"

"呃,是这样……"

"我现在恨他。"

"为什么?"

"他打了我!……"

"什——么?……他打的?你为什么让他打呢?唉—呀!"谢廖什卡吃惊了。他从侧面望着她的脸,嘲讽地咂着嘴唇。

"我要是不愿意,当然不会让他打。"她生气地反驳道。

"那你是怎么啦?"

"我愿意。"

"这么说,你很爱那只猫喽?"谢廖什卡讽刺地说,把一口烟气向她吐去,"唉,是这么回事!我还以为你不是那样的女人呢……"

"你们这些人我谁都不爱。"她平平淡淡地又说了一句,并用手挥散烟雾。

"你大概是撒谎吧?"

"我为什么要撒谎?"她问,她的声音使谢廖什卡明白,她确实没有必要撒谎。

"你既然不爱他,那你为什么让他打你呢?"他严肃地问。

"我怎么知道?你干吗老缠着问?"

"奇怪!……"谢廖什卡摇了摇头说。

他们两个人许久都没有说话。

夜迫近了。在天上缓慢飘浮的云,把影子投在大海上。海浪在喧闹。

瓦西里在沙洲上点着的火堆已经熄灭了,但马尔娃还在看着那边。而谢廖什卡则在看她。

"喂!"他说道,"你知道你要的是什么吗?"

"要是知道就好了!"马尔娃深深地叹了一口气,非常轻地回答。

"就是说,你不知道?这可不好!"谢廖什卡肯定地说,"我可是永远清楚的!"带着一点忧郁的口气,他又添了一句,"只不过,我很少想要什么。"

"而我总是想要点什么,"马尔娃沉思地说,"要的是什么?……我又不清楚。有时真想划上一条船,到海上去!远——远地!好再也别看到一个人。有时又想去逗一逗每个人,让他们都围着自己转。我好看着他们,笑一笑。有时我可怜所有人,特别是我自己,有时又想把所有人都揍一顿。然后揍自己……狠狠地揍……我一会儿难过,一会儿高兴……可是所有人都是木头疙瘩。"

"人们都腐朽了。"谢廖什卡赞同道,"是啊,我看着你,我发现,你不是一只猫,不是一条鱼……也不是一只鸟……但这些东西你身上又都有,不过……你不像别的女人。"

"谢天谢地!"马尔娃笑了一下。

从他们左面的一排沙堆后面现出一轮月亮,它把银色的月光洒在海面上。这轮大大的、柔和的月亮在蓝色的天穹缓慢地浮升,在它均匀的、梦幻般的光照中,星星的亮光暗淡了,隐灭了。

马尔娃在微笑。

"喂……你知道吗?……我有时想,要是在夜里把这工棚给点着了,那才热闹呢!"

"肯定热闹!"谢廖什卡赞赏地叫道,突然,他碰了碰她的肩膀:"喂……我来教你一着——我们来玩一个好把戏!你愿意吗?"

"什么把戏?"马尔娃感兴趣地问道。

"这个雅科夫,你已经把他点着了吧?"

"他正着着火呢。"她笑了一下。

"让他去跟他老子斗!就这样!会很有趣的……他们会像熊一样扭打在一起……你去煽动老头子,这一位也要煽动煽动……然后我们就把他们扯到一起……好吗?"

马尔娃向他转过身去,仔细地看了看他深红的、开心地笑着的脸庞。在月光的照耀下,这脸庞不如在白天的日光下那么表情丰富。这张脸上并没有恶意,只有善意的、略带淘气的微笑。

"你为什么不喜欢他们?"马尔娃疑惑地问。

"我?……瓦西里倒没什么,是个好男人,而这个雅科夫却是个坏蛋。我,你也知道,不喜欢所有农民……全是一帮败类!他们装得像孤儿似的,于是人们就给他们面包,给他们一切!……他们还有个什么自治会,这自治会什么都替他们做……他们有家,有土地，有牲口……我在一个自治会医生那儿干过车夫，我见他们见得多了……后来我又流浪过许多地方。常常是，你去到一个村子，求一点面包——去你的吧！你是谁，干什么的，护照拿来看看……挨了不知多少打……他们有时把我当成盗马贼，有时平白无故一顿打……我被他们关进过看守所……他们叫喊，装假，但他们的日子过得去，因为他们有土地做靠山。我有什么能跟他们比呢？"

"你难道不是农民吗？"认真听着他的话的马尔娃突然打断了他。

"我是市民！"谢廖什卡带着一丝自豪说道，"我是乌格里奇城的市民。"

"我是从帕夫里施来的。"马尔娃若有所思地说。

"我连一个保护者也没有！而农民们……见鬼，他们倒活得不赖。他们有自治会，什么都有。"

"这个自治会是个什么东西？"马尔娃问。

"什么？鬼知道它是个什么东西！是为农民们设立的，是他们的衙门……别去管它了……你说说这事吧，让他们干一架吧，好吗？不会出什么事的，不过就是打一架！……瓦西里不是还打过你吗？嗨，就让他儿子给你报仇吧。"

"什么？"马尔娃笑了一下，"这倒不错……"

"你想想……看着别人因为你，仅仅因为你的几句话，就相互打断肋骨，这难道不开心吗？你只要舌头动上一两下——就得啦！"

谢廖什卡久久地、起劲地给她讲解着她的角色的有趣之处。他在开着玩笑，同时又是在严肃地说话。

"唉，我要是个漂亮的女人就好了！我就会在这个世界上搅出一个大大的乱子！"他这样喊叫着作为结束语，他两手抱头，紧紧地抱着，眯起眼睛，不说话了。

在他俩分手时，月亮已经高挂在天上。没有他们，夜更显得美丽。如今只剩下这被月亮镀上一层银光的无穷的、庄严的大海和那星光闪烁的蓝莹莹的天空。还有的就是几个沙丘、沙丘间的柳树丛以及沙滩上那两幢长长的、肮脏的屋子，这屋子像是巨大的、做工粗糙的棺材。但是，在大海的面前，这一切都显得很可怜、很渺小，看着这一切的星星，闪着冷漠的光芒。

父亲和儿子面对面坐在窝棚里，喝着伏特加酒。酒是儿子带来的，为的是怕在父亲这儿待得无聊，也是为了讨好讨好父亲。谢廖什卡对他说，父亲因为马尔娃很生他的气，父亲还威胁过马尔娃，说要打她个半死。谢廖什卡又说，马尔娃受了这威胁，所以不敢让他雅科夫上手。谢廖什卡还嘲笑了他。

"因为你的勾当他会揍你一顿的！他会把你的耳朵扯得一尺长！你最好别到他的眼皮底下去！"

这个红头发恶人的嘲笑，使雅科夫对父亲产生了一种强烈的敌意。再加上马尔娃又在那里犹豫不决，一会儿挑逗地看他，一会儿又忧郁地望他，使他想拥有她的愿望变得十分强烈……

此时，来到父亲这儿的雅科夫，看着父亲，就像是在看他个人生活道路上的一块大石头——这块石头既跳不过去，又绕不过去。但是，雅科夫觉得他一点也不怕父亲，他自信地看着父亲那双忧郁的、恶狠狠的眼睛，似乎在对父亲说：

"哼,你碰碰看?!"

他们已经喝了两杯酒了,但除了关于渔行生活的几句闲话外,他们什么还都没谈。他们在大海边面对面地相峙着,都在心里积蓄着对对方的仇恨,他俩都清楚,那仇恨很快就要爆发,把他们点着。

窝棚的苇席在风中呼呼啦啦地响,互相敲打着,竹竿顶端的那块红布也在嘟囔着什么。所有这些声音都很胆怯,像是远处的一阵絮语,那絮语在不连贯地、犹豫不决地哀求着什么。

"谢廖什卡还老是喝酒吗?"瓦西里忧郁地问。

"喝,每天晚上都是大醉。"儿子答道,又倒了些酒。

"他会完蛋的……这就是那自由的生活……什么都不怕!……你也会变成那个样子的……"

雅科夫简短地回答:

"我不会变成那个样子!"

"你不会?!"瓦西里皱着眉头说,"我知道我说的是什么……你在这里多久了?三个月过去了,很快就该回家了,可你才攒了几个钱?"他气呼呼地往嘴里灌了一大口酒,抓住胡子,使劲一顿,弄得自己的脑袋也晃了一下。

"这么短的时间,在这儿也挣不了很多钱。"雅科夫很有道理地这样回答。

"既然这样,你也就用不着在这里闲荡了,回乡下去吧!"

雅科夫默默地笑了一下。

"你做什么鬼脸?"瓦西里因为儿子的镇静而气恼,吓人地喊道,"老子在说话,你还在笑!你放肆得太早了吧?看我不揍你……"

雅科夫倒了一杯酒，喝下去。这番愚蠢的挑衅让他感到委屈，但他忍了忍，还不愿说出他想说的话，以免惹怒父亲。在父亲严厉、冷酷的目光下，他还是有些胆怯。

瓦西里见儿子自斟自饮，没给他倒酒，更火了。

"老子在对你说——回家去，你还给我嘲笑的鬼脸看？星期六就去结账……回乡下去！听见了吗？"

"我不回！"雅科夫坚定地说，并倔强地摇了摇头。

"什么？"瓦西里吼了一声，两手撑着木桶站了起来，"我是不是在对你说话？怎么，你这条狗，在冲着老子叫唤啊？你忘了我会怎么治你啦？你忘了？"

他的嘴唇在颤抖，脸痉挛地歪斜着，两根青筋在太阳穴上跳动。

"我什么也没忘。"雅科夫低声说，没有去看父亲，"你倒是什么都记着呢？"

"你还来教训我！我要撕碎你……"

雅科夫躲开父亲向他脑袋挥来的手，咬着牙说：

"你别碰我……这里不是乡下。"

"闭嘴！到哪儿我都是你老子！……"

"这里不会像乡下挨鞭子，这里也没有那么个乡政府。"雅科夫直冲着他的脸，笑了一下，也慢慢地站起身。

瓦西里两眼充血，向前伸着脖子，紧握拳头，朝儿子脸上吐着带有酒味的热气；而雅科夫则向后仰着身子，用阴郁的目光盯着父亲的每个动作，准备抵挡打击，他表面上很镇静，却满身是热汗。在他们中间，是那只被他们用作桌子的木桶。

"不会挨鞭子?"瓦西里嘶哑着嗓门问,像一只准备起跳的猫那样弓着背。

"在这里人人平等……你是工人,我也是。"

"你说什么?"

"怎么哪?为什么怪罪我?你以为我不知道?是你自己先……"

瓦西里吼了起来,飞快地一挥手,雅科夫躲避不及,拳头落在他的脑袋上;他晃了一下,龇着牙冲着父亲的脸,见父亲又举起了手。

"你等着瞧!"他警告道,也握紧了拳头。

"我让你瞧!"

"住手,我说!"

"啊哈……你!……你想打你老子?……打老子?……打老子?……"

这里显得太挤了,他们的腿不时磕在盐堆中的蒲包、翻倒的木桶和那个木墩上。

脸色苍白、浑身是汗的雅科夫用拳头拨开父亲的打击,他咬着牙,目光像狼似的闪亮着,他面对父亲,慢慢地后退,而父亲在逼近他,恶狠狠地挥舞拳头,他由于愤怒而不知所措,突然之间奇怪地衣冠不整了——就像一头发怒的野猪那样竖起了毛。

"停下——你敢——住手!"雅科夫说,他恶狠狠地、却很镇静地走出窝棚。

父亲吼叫着追向儿子,但他的打击只能碰到儿子的拳头。

"哟嗬,瞧你……瞧……"雅科夫在逗他,雅科夫意识到自己比他要更灵活些。

"你等着……站住……"

但是雅科夫往旁边一跳,向海边跑去。

瓦西里跟着他,垂着脑袋,双手前伸着,可是他仿佛绊着什么东西,在沙滩上摔了个嘴啃泥。他迅速地跪起来,然后双手撑着沙地坐下。这场发作完全耗尽了他的体力,他在哀号,因为他强烈地感觉到自己没有发泄出愤怒,也由于他痛苦地意识到了自己的无能为力……

"你这个该诅咒的!"他哑着嗓门叫道,他向雅科夫伸长脖子,颤抖的嘴唇吐出愤恨的白沫。

雅科夫靠在一只船上,用手揉着挨了打的脑袋,警觉地看着他。他衬衣的一只袖子被扯掉了,只剩几缕线将它连着,领子也撕破了,满是汗水的白色胸口在阳光下闪亮,像是涂了一层油。现在,他感觉到一种对父亲的蔑视;他原以为父亲要更强壮些,看着衣冠不整的、可怜的父亲坐在沙地上向他挥舞拳头,他笑了,用的是强者对于弱者那种宽容的、侮辱的笑容。

"我要一辈子……诅咒你!"

瓦西里将这诅咒声喊得如此之大,以至于稚科夫不由自主地看了一眼大海的远处,看看渔行那边,好像以为那边有人会听见这一声无力的喊叫。

然而,那边只有波浪和太阳。于是,他向旁边啐了一口,说道:

"你喊吧!……你吓着谁了?只能吓着你自己!……我们既然这么着,那我可就要说……"

"住口!……从这儿滚开……滚开!"瓦西里喊道。

"我是不会回乡下的……我还要在这儿过冬呢……"雅科夫说

着，并没有停止监视父亲的动作，"我在这儿更舒服，这我明白，我又不是傻子。这里的活儿轻……在那儿，你又要骑到我头上，而在这儿——你什么也得不到！"

他对父亲做了一个侮辱性的动作，笑了起来，他笑得不响，但那笑声使得瓦西里又火冒三丈，他跳起来，抄起一根船桨，一边向他冲去，一边声嘶力竭地喊道：

"你就这样对待父亲？对你父亲啊？我打死……"

但是，当因愤怒而莽撞的他跳到小船边，雅科夫已经离船老远了。他奔跑着，那只扯坏的袖子被他拖在身后，在空中飘动。

瓦西里把船桨向儿子投去，那桨没砸着他，这老男人又没劲了，他扒在小船上，手指抠着船木，看着儿子，儿子则在远处冲他嚷叫：

"真不害羞！头发都白了，还在为了一个娘儿们发火……哼，瞧你！我是不会回乡下的……你自己回去吧……你在这儿没什么事可干……"

"雅科夫！住口！"瓦西里吼道，叫声盖过儿子的声音，"小雅科夫！我要揍死你……快滚！"

雅科夫不慌不忙地走了。

父亲用迟钝、疯狂的眼睛看着他离去。他变得矮小了一些，可能是他的脚陷进了沙堆……他走着，沙丘齐腰……齐肩……没了脑袋。看不见他了……但一分钟过后，在离他消失之处稍远一些的地方，又出现了他的头，他的肩，然后是他整个人……他现在变得更小了……他转过身来，望着这边，还在嚷着什么。

"你这个该死的！该死的，该死的！"父亲这样回答儿子的叫喊。

儿子挥着手,又迈起脚步……然后再一次消失在沙丘后面。

瓦西里仍久久看着那个方向,直到背部感到酸痛,背部的酸痛是由他身体的一个不舒适姿势造成的:他半躺着靠在小船上。受到伤害的他站起身来,骨头的酸痛使得他步履跟跄。腰带斜在他的腋下,他用发木的手指解开腰带,拿到眼前瞅了瞅,又把它扔在沙地上。然后他向窝棚走去,在沙滩上的一个小坑前他停住了,他记起他就是在这个地方摔倒的,如果他不摔倒,就能抓住儿子。窝棚里一片凌乱。瓦西里在用目光搜寻酒瓶,终于在蒲包间找着了,便把它捡起来。瓶塞紧紧地塞住瓶口,酒没有流出来。瓦西里慢慢拔开瓶塞,将瓶口对着嘴,想喝上一口。但是,瓶口在他的牙齿上嗑了一下,酒从他的嘴里流出,流到胡子上,流到了胸前。

瓦西里的脑袋里嗡嗡直响,心里很沉重,背部也非常痛。

"我是老了!……"他出声地说了一句,在窝棚门口的沙地上坐下来。

他的面前是大海。像往常一样喧嚣、嬉戏的波浪在笑着。瓦西里久久地看着海水,又想起儿子那贪婪的话。

"如果这些都是土地该多好!最好是黑土地!那就可以耕种啦!"

一种痛心的感觉袭上这农夫的心头。他紧紧地捂着自己的胸口,向四周看了一眼,深深地叹了一口气,他低低地垂着头,弓着背,像是有重负压在背上。喉咙也几乎喘不过气来。瓦西里咳了几下,画了一个十字,望着天空,一阵沉重的思想控制住了他。

……为了一个放荡的娘们,他就抛弃了与他同甘共苦了十几年的老婆,上帝就是因为这才惩罚了他,用他儿子的反抗来惩罚他。是这样的，上帝！

儿子侮辱了他，狠狠地撕碎了他的心……儿子这样去伤他父亲的心，就是把他杀了也嫌不够！这都是因为什么？因为一个女人，一个生活放荡的坏女人！……他这个老人，忘记了自己的老婆和儿子，和那个女人混在一起，也是罪过啊……这不，上帝用自己神圣的愤怒提醒了他，通过他的儿子，将正义的惩罚降临在他的心上……是这样的，上帝！……

瓦西里弓身坐着，画着十字，并不时眨着眼，想用睫毛抖落那晃眼的泪珠。

太阳落入大海。通红的晚霞在天空静静地熄灭了。一阵温暖的风从无声无息的远方飘来，吹拂着这个男人那张被泪水打湿的脸。他沉浸在忏悔的思想中，一直坐到入睡时分。

与父亲吵过架后的第二天，雅科夫就和一帮工人坐上一只被机动拖船拖着的平底船，到离渔行30里开外的地方捕鲟鱼去了。五天后，他才一个人驾一只有帆的小船回渔行来——是派他回来取食品的。他是正午赶到的，当时，工人们已吃完午饭，正在休息。天气非常热，晒热的沙子很烫脚，那些鱼鳞和鱼刺也在扎脚。雅科夫小心地向工棚走去，在暗暗骂自己没穿靴子。他懒得回到平底船上去，而且，他还要赶快吃点东西，再去见马尔娃。在漂泊海上的枯燥时光里，他常常想起她。此时他很想知道，她是否见过父亲，父亲又对她说了些什么……也许，他打了她？她挨挨揍也不是坏事——能变得和气些！否则，她实在太放肆、太大胆了……

渔行里很安静，也没有人。工棚的窗户开着，好像这两个大木头匣子也热得受不了了。从夹在工棚间的那间掌柜账房里，传出一个孩子高声的啼哭。在一堆木桶的后面，响起什么人轻轻的嗓音。

雅科夫勇敢地向那声音走去，他觉得他听到了马尔娃的声音。但是，待走近那些木桶，朝后面一看，他却往后一退，皱着眉头站下了。

在木桶后的阴影里，红头发的谢廖什卡仰面躺着，两手枕在脑袋下。他的一边坐着雅科夫的父亲，另一边坐着马尔娃。

雅科夫在想他父亲：

"他为什么在这里？难道丢下那份清闲的差事到渔行这边来干活了，好离马尔娃近些，不让他雅科夫接近她？哼，见鬼！如果母亲知道他这些勾当的话！……走到他们那儿去还是不去？"

"是这样！……"谢廖什卡说，"就是说，该告别了？嗨，也好！去吧，刨地去吧……"

雅科夫高兴地眨了眨眼：

"我要走了……"父亲说。

这时，雅科夫勇敢地向前迈了一步，招呼道：

"真是志同道合的一伙啊！"

父亲扫了他一眼，就把身体转向一边，马尔娃却连眉毛都没有动一动，谢廖什卡踢了踢脚，用低沉的嗓音说道：

"我们可爱的儿子雅科夫从遥远的国度远航归来啦！"接着，他又用平常的声音补充了一句，"剥他的皮做鼓面，就像剥下羔羊的皮……"

马尔娃轻声地笑了。

"真热!"雅科夫说着,坐了下来。

瓦西里又看了他一眼。

"我在等你,雅科夫。"他开了口。

雅科夫觉得他的声音比平常轻一些,他的脸上也是一种新的表情。

"我是来取粮食的……"雅科夫说,他又求谢廖什卡给他一些烟草卷烟抽。

"我没有烟草给你这个傻瓜。"谢廖什卡说着,没有动窝。

"我要回家了,雅科夫。"瓦西里用指头挖着沙地,严肃地说。

"为什么——要这样?"儿子不解地看着他。

"没什么,你……留在这里吗?"

"是的,我要留下……家里要我们两个人干活吗?"

"好吧……我什么都不说了。随你的便吧……你也不小了!只是你要……记住,我也活不长了。活着还行,干活我可就不知道……我已经不习惯做地里的活了……你要记住,那儿还有你的母亲。"

他说起话来似乎很困难,那些字眼像是陷在了牙缝里。他捋着胡须,他的手在颤抖。马尔娃仔细地看了看他。谢廖什卡眯起一只眼,却把另一只眼睁得圆圆的,看着雅科夫的脸。

雅科夫满心欢喜,却又怕表现出这欢喜,于是就默默不语地看着自己的脚。

"别忘了母亲啊……你看,她只有你这么一个儿子。"瓦西里说。

"那有什么?"雅科夫说道,缩起了身子,"我知道。"

"好吧,既然你知道!"父亲不信任地看了他一眼,说道:"我就说一句,别忘了母亲。"

瓦西里深深地叹了一口气。几分钟里,四个人都没有说话。后来,马尔娃开了口:

"马上就要打上班铃了……"

"好吧,我走了……"瓦西里站起身来,说道。其他人也随着他站了起来。

"再见,谢廖什卡……你有机会去伏尔加的话,兴许能去看看?……辛姆比尔斯克县,马兹洛乡,尼古拉-雷科夫斯基村……"

"好的。"谢廖什卡说,他把瓦西里的手握在他那满是青筋、生着火红色汗毛的手掌里摇晃着,久久不放,他带着微笑,看着瓦西里既忧郁又严肃的脸。

"尼古拉-雷科夫斯基乡是个大村子……离老远就有人知道它,我们住在离这个村四里路远的地方。"瓦西里解释道。

"好的,好的……如果有机会,我一定去……"

"再见!"

"再见,好人儿!"

"再见,马尔娃!"瓦西里低声说,并没有去看她。

她不慌不忙地用袖口擦了擦嘴唇,然后用雪白的胳膊搂住他的肩膀,默默地、严肃地在他的面颊和嘴唇上吻了三下。

他不好意思起来,模糊不清地说了些什么。雅科夫垂着头,掩饰着笑意,谢廖什卡则轻轻打了个哈欠,望着天空。

"你在路上会很热的。"谢廖什卡说。

"没什么……好吧,再见,雅科夫!"

"再见!"

父子相对而立,不知该做些什么。在这几秒钟里多次、单调地在空气中鸣响的"再见"这个字眼,在雅科夫的心中唤起了一种对父亲的温暖感觉,但是他却不知道如何表达这一感觉:是像马尔娃那样拥抱一下父亲,还是像谢廖什卡那样握一握他的手?瓦西里因为儿子的姿势和脸色中所体现出的犹豫不决而感到气恼,而且,面对雅科夫,他还产生了一种近乎羞耻的感觉。之所以产生这一感觉,是因为他记起了沙洲上的那一幕,也是因为马尔娃的这几个吻。

"记着母亲啊!"瓦西里最后这样说道

"那当然!"雅科夫温和地笑了一下,说道,"你别担心了……我已经……"

他晃了一下脑袋。

"那么……好吧!你们在这里过日子吧,上帝保佑你们……不要记仇……谢廖什卡,我把那口锅埋在沙子里了,就在那条绿船的船尾下面。"

"他要那口锅干吗?"雅科夫马上问道。

"他顶替了我的位置……要到那边的沙洲上去!"瓦西里解释道。雅科夫看了谢廖什卡一眼,又望了望马尔娃,然后低下头,在掩饰他眼睛中高兴的神采。

"再见啦……弟兄们……我走啦!"

瓦西里向他们鞠了一个躬,就走了。马尔娃跟在他身后。

"我送一送你……"

谢廖什卡躺在沙地上,一把抓住跟着马尔娃后面也想迈步的雅科夫的一条腿。

"站下!你去哪儿?"

"干吗!放开……"雅科夫已经挣脱了。

但是谢廖什卡抓住了他的另一条腿。

"陪我坐一会儿……"

"干吗!你瞎闹什么?"

"我没瞎闹……你就坐下吧!"

雅科夫坐下了,咬着牙。

"你想干吗?"

"等一等,你先闭嘴,让我想一想,然后再说……"

他用蛮横的目光瞪了小伙子一下,雅科夫服从了他……

马尔娃和瓦西里默默地走了一段。她从侧面望着他的脸,她的眼睛奇异地闪亮着。而瓦西里却阴沉着脸,默不作声。他们的脚不时陷进沙中,所以他们走得很慢。

"瓦西里!"

"什么?"

他看了她一眼,又马上把脸转了过去。

"是我故意让你和雅科夫吵架的……你们本来可以在这里相安无事地过日子的……"她平平静静地说道。

"你为什么要这样做呢?"沉默了一会儿之后,瓦西里问。

"我不知道……就这样!"

她耸了耸肩,笑了。

"你干的好事！唉，你呀！"他恶声恶气地责备她道。

她没有说话。

"你毁了我的小伙子，彻底毁了！唉！你这个妖精，妖精……你不怕上帝……你不知羞耻……你在干什么啊？"

"有什么可干呢？"她问他道。她的问话中既含有惊慌，也带有懊恼。

"什么？唉，你呀！……"瓦西里对她充满了强烈的恨意，他叫喊道。

他很想打她一顿，把她踩在脚下，踩进沙子里，用靴子踢她的胸口和脸。他攥紧拳头，向后看了一眼。

在那儿，在木桶那边，露出了雅科夫和谢廖什卡的身影，他们正望着这边。

"你走开——快滚！我要叫你不得好……"

他直对着她的脸，像说悄悄话似的骂着她。他的眼睛里充满了血，他的胡须在抖动，两只手不由自主地向她露在头巾外的头发伸去。

她却用她那双碧蓝的眼睛镇静地看着他。

"我要揍死你，你这个荡妇！你等着瞧……你要是再这样……人家会拧下你的脑袋来！"

她笑了一下，没有说话，过了一会儿，她才深深地叹口气，对他说道：

"唉，够了……再见吧！"

她猛地转过身，往回走去。

瓦西里冲着她的背影吼叫着，咬牙切齿。而马尔娃走着，老是在试图把自己的脚放进瓦西里在沙滩上踩下的清晰的深脚印里,放进去,她便又用一只脚努力地抹平那些脚印。她就这样慢慢地一直走到木桶边,在那儿,谢廖什卡迎面向她抛来一个问题:

"怎么,送走了?"

她肯定地向他点了点头,就挨着他坐了下来。雅科夫看着她,温柔地微笑着,他动了动嘴唇,似乎低声说了些什么只有他自己才能听见的话。

"怎么——送走后,又觉得可惜了?"谢廖什卡又用唱歌般的嗓音问她。

"你什么时候去沙洲那边?"她向大海那边点了一下脑袋,用这个问题作为她的答话。

"晚上。"

"我和你一起去……"

"太棒了!……我喜欢……"

"那我也去!"雅科夫口气坚决地宣布。

"谁叫你去啦?"谢廖什卡眯着眼睛问。

一口破钟发出颤抖的声音——这是在招呼上班。这声音一声接一声地在空中疾速地划过,然后消失在波浪那欢快的喧嚣中。

"是她叫我去的!"雅科夫说着,求援似的看着马尔娃。

"我?我要你干吗用呢?"她惊奇地说道。

"我们有话直说吧,雅科夫!……"谢廖什卡站起身,严厉地说,"你要是再来缠她,我就把你撕个粉碎!你动她一个指头,我就拍死你,像拍死一只苍蝇!往脑袋上一敲——这世上就没你了!我有话直说——很简单!"

他的脸,他的整个身体,以及他伸向雅科夫喉头的有力的手,都在令人信服地表明,对于他来说,这一切确实很简单。

雅科夫退后了一步,压低声音说:

"你等着瞧!她自己会……"

"呸,得了吧!你是什么东西!好肉不是给你这条狗吃的:给你扔几根骨头,你也得说声谢谢……怎么?……瞪着眼睛干吗?"

雅科夫看了马尔娃一眼。她用碧蓝的眼睛看着他的脸,露出了侮辱、轻蔑的笑容。她斜倚在谢廖什卡身上,她靠得那么温柔,使得雅科夫顿时大汗淋漓了。

他俩肩并肩地离开了他,走出几步之后,两人发出了一阵响亮的笑声。雅科夫把右脚死死地插在沙子里,沉重地喘息着,就在这个紧张的姿势中僵住了。

远处,在沙滩上那静止不动的黄色波浪间,运动着一个小小的、模糊的人的身影;那身影的右边,是在太阳下闪烁着的欢乐、有力的大海,左边,躺卧着单调、愁郁、空旷的沙滩,一直绵延到天边。雅科夫看着那个孤独的人影,眨着自己充满屈辱和迷惑的眼睛,两手使劲搓揉着胸口……

渔行里的工作已经开始了。

雅科夫听到了马尔娃清脆、响亮的声音,她正在生气地嚷嚷:

"谁拿了我的刀?……"

波浪在喧嚣,太阳在照耀,大海在笑……

(摘自《马尔娃》,漓江出版社1995年版)

第六部
哲学书简（第一封信）

哲学书简(第一封信)

译者按语

彼得·恰达耶夫(Пётр Чаадаев, 1794—1856),俄国思想家,其《哲学书简》(Философические письма, 1828—1830)是俄国思想史上的重要文献,共由八封信构成,于1836年在《望远镜》杂志上发表的第一封信在当时的俄国社会引起轩然大波,导致《望远镜》杂志被查封,恰达耶夫也被沙皇当局宣布为"疯子"。此为恰达耶夫《哲学书简》中的第一封信,作者试图在这封信中"谈谈我们的国家",他对俄国和俄罗斯民族特性的分析、反思和批评引发了一场关于俄国历史发展道路的大讨论,并促成了俄国思想史中西方派和斯拉夫派这两大派别的最终形成。《哲学书简》系用书信体写成的哲学文字,如何在译文中调和地再现两种不同文体的风格,是译者在翻译过程中考虑的首要问题。

愿你的国降临。[1]

夫人：[2]

我最喜欢的正是您的坦率和您的真诚，在您的身上我最喜爱、最看重的也正是这种坦率和真诚。请您设想，您的信该会多么地让我吃惊。从我们相识的最初时刻起，您性格中这些美好的素质就使我着迷，正是它们唤起我来与您谈论宗教。我们周围的一切只会迫使我保持沉默。我再重复一遍，请您设想，在接到您的来信时我是多么地吃惊。夫人，这便是我所能告诉您的我关于您的性格之意见的全部了。我们将不再谈论这些，我们将立即转向您书信中的实质性部分。

首先，您的思想中那使您非常激动、非常疲惫、如您所言甚至有损您健康的慌乱从何处而来呢？难道，它是我们的交谈所造成的忧伤后果？在您的内心唤起的感情本应带给您宁静和安详，结果却使您产生了不安、迷惘甚或良心谴责。然而，又有什么可奇怪的呢？这是事物那种忧伤状态的自然后果，我们所有的心灵和所有的智慧都处在这一状态的统治之下。您不过是在向诸种力量的作用屈服，这些力量在我们这里统治着所有人，从社会的最高层到一个仅为主人的开心而活着的奴隶。

而且，您又如何能抗拒这一切呢？那些使您有别于众人的素质，会使您尤其易于受到您所呼吸的空气那有害的影响。我允许自己对您说出的这简短的话，会使您的思想在环绕着您的一切之中获得一

---

[1] 《圣经·马太福音》第 6 章第 10 节。——译注
[2] 恰达耶夫的书信是写给叶·潘诺娃的。——译注

种稳定性吗？我能净化我们生活其中的氛围吗？我应该事先预见到结果，我也的确预见到了结果。因此，那些常常出现的沉默当然很少能给您的心灵带去信心，自然而然地会使您陷入慌乱。如果我不坚信，某人内心的宗教情感一旦稍被唤醒，无论这宗教情感会给他带来多大痛苦，依然胜过这种情感的完全沉睡，——我只能为自己的热心而后悔了。但是我希望，此刻遮蔽着您的天空的云朵有朝一日能化为感恩的露珠，滋润那颗被播在您心灵中的种子；几句无关紧要的话语在您身上所起的作用，对我来说便是一些更重要结果的可信保障，您自己意识的劳作一定会在将来导出这样的结果。勇敢地激动吧，品味在您身上激起的宗教思想：从这一纯洁的源头中涌出的只会是纯洁的情感。

　　说到外在的条件，您暂时只需知道，这一学说以万物统一的最高精神为基础，以真理在其信徒间不间断的直接传递为基础，这一学说自然最能回应宗教的真正精神，因为这一精神完全包含在这样一种思想之中，即让世界上所有的道德力量都汇合成同一种思想、同一种感情，逐步建立起一种能将真理王国引入人间的社会体系或教会。任何一种别的学说，由于它自身便已是脱离了始初的学说，均远离救主这一崇高的遗教："圣父啊！求你因你所赐给我的名保守他们，叫他们合二为一，像我们一样。"[1] 它也不希求在人间引入神的王国。但是，这并不意味着您有义务在众人面前大声传播这一真理：您的使命当然不在于此。恰恰相反，派生出这一真理的原则本身，由于

---

[1] 《圣经·约翰福音》第17章第11节。——译注

您在社会上所处的地位，却责成您在其中看到您的信仰的内在明灯，别无其他。我是幸福的，因为我促进了您的思想向宗教的转变，但我又可能是相当不幸的，夫人，如果我同时又引起了您意识中的混乱，随着时间的流逝，这种混乱可能会使您的信仰趋于冷淡。

有一次我好像对您说过，保持宗教情感的最好方式，就是遵循教会制定的各种仪式。这是一种恭顺的练习，其意义比人们通常想象的更重大；最崇高的智慧会有意识地、周到地接受这种联系，它是对上帝的真正的侍奉。除了严格地履行与信仰有关的各种义务，没有任何东西能如此地强化人的信仰理性。而且，基督教的大部分仪式都源自最高理智，对于每一个能洞察其隐含真理的人来说，它们都是一种能动力量。在这一具有绝对性质的规则中只有一个例外，这就是，当一个人感到自己具有比众人信奉的信仰更高一层的信仰，这种信仰可使精神抵达一切确信的源头，与此同时，它与民众的信仰又丝毫没有抵触，相反还会加强民众的信仰，这时，只有在这时，才允许蔑视外在的仪式，以便更自由地献身于更重要的劳作。但是，一个人若将其虚荣的幻想和其理性的迷误当作一种可以使他摆脱普遍规律的特殊项，那么他就大难临头了！您，夫人，除了穿上与您的性别相称的恭顺衣裳，您还有什么更好的选择吗？请相信，这最能平息您躁动的精神，让安宁步入您的生活。

请问，我们能否设想，甚至是从世俗观念的立场出发来设想，对于一个其发达的智慧能够在科学认知和严肃思考中发现美的妇人来说，将主要精力投向宗教思考和训练，是否要比专注于日常生活更为自然一些呢？您常说，在阅读书籍的时候，能最强烈地唤起您的想象的就是那些宁静、沉思的生活画面，它们就像日落时分美妙的乡村，那样的画面能给心灵以安宁，并能暂时地使我们远离痛苦或苍白的现实生活。但是，这些画面绝对不是想象的产物，因为这些诱人构想中任何一个构想的实现均取决于您。您也具备做到这一点的所有必需条件。您看，我向您宣传的并非过于严肃的道德：在您的趣味中，在您的想象最愉悦的想象中，我在寻找那种能给您的心灵以安宁的东西。

生活中有一些事情与肉体存在无关，只与精神存在相关联。它们不应当被蔑视；有专门面对心灵的机制存在，一如存在专门面对肉体的体制；我们应该学会服从它。我深知，这是一个古老的真理，但是我感到，在我们国家，这一真理还充满新意。我们独特的文明最悲哀的特征之一就是，我们刚刚发现的真理，在其他一些地方，甚至在那些许多方面都远远落后于我们的民族中间，都早已成了老生常谈。这是因为，我们从未与其他民族携手并进，我们不属于人类已知的任何一个大家庭，我们既不属于西方，也不属于东方，我们既无西方的传统，也无东方的传统。我们似乎置身于时间之外，我们没有被人类的全球性教育所触及。一代又一代延续着人类思想的神奇线索和人类精神的历史，已在世界其他地区使人类精神达到了当今的水准，可是它们却没有对我们产生任何影响。而且，在其他国家早已构成社会和生活之实质的东西，对于我们来说还仅仅是理论和思辨。比如，夫人，您非常幸运地具有一种天赋，可以接受世上一切真的和善的东西，您天生就具备一种能力，能体验所有最甜蜜、最纯洁的精神快感，试问，尽管具备所有这些优势，可是您究竟得到了什么呢？您不得不去考虑的问题，与其说是让生活变得充实，不如说是让一天变得充实。而且，您完全不具备那些能够造就生活必需框架的素质，日常生活事件被自然地纳入这些框架，没有这些框架，就不可能有健康的精神存在，就像健康的肉体生命离不开新鲜的空气一样。您明白，这里所谈的还不是道德的准则，也不是哲学原理，而仅仅是完善的生活，是这些习惯，是意识的这些定式，它们能使理智和心灵感觉舒适，从容不迫、张弛有度地运动。

请看一看周围。难道有什么静止不动的东西吗？可以说，整个世界都在运动。谁都没有确定的活动范畴，既无好的习惯，也无什么有目的的规则，甚至没有家庭的温暖，没有能让人留恋的东西，能引起您同情和爱慕的东西；没有任何一成不变的东西，没有任何静止不动的东西；一切都在流动，一切都在消失，没有在外界和您身上留下任何痕迹。我们似乎一直暂住在自己家里；在家里我们像是外国人；在城里我们像是游牧人，甚至还不如那些在我们的草原上放牧的游牧人，因为他们对他们的荒原也比我们对我们的城市有更多的依恋。请您不要认为，这些都是鸡毛蒜皮。我们可怜的灵魂啊！我们不会在我们的其他灾难上再添加关于自身的虚假认识，我们不会追求纯精神的生活，我们要学会在这种现实中理智地生活。但是，我们首先还是要来稍稍谈谈我们的国家，我们这样做并不会离开我们的主题。没有这个开场白，您也许就难以理解我想对您说什么。

每个民族都有这样一个时期，它充满疯狂的躁动、激烈的不安、草率的无目的行动。在这个时候，人们在世间流浪，他们的精神也在徘徊。这是各民族一个充满伟大愿望、伟大成就和伟大激情的时代。各个民族在这一时期躁动不安，并无显见原因，但对后代而言却不无益处。所有的社会都经历过这样一些时期，在这些时期形成它们最鲜亮的回忆、它们的奇迹、它们的诗歌和它们最有力、最丰富的思想。这就构成了那些不可或缺的社会基础。否则，民族的记忆中便可能没有任何值得珍重、值得喜爱的东西，各民族也许只能去依恋他们生存其上的土地的微尘。各民族历史中这一诱人的阶段，就是各民族的青春，就是各民族的能力得到最充分发展的时代，关于这一时代的记忆将构成各民族成年时期的欢乐和教益。可是我们则相反，完全没有这样一个时期。首先是野蛮的不开化，然后是愚蠢的蒙昧，接下来是残暴的、凌辱的异族统治，这一统治方式后来又为我们本民族的当权者所继承，——这便是我们的青春可悲的历史。这样一个疯狂行动、民众的精神力量翻滚游戏的时期，我们完全不曾有过。我们在这个年龄段上的社会生活充满着浑浊、阴暗的现实，它失去力量和能量，只有暴政给它以激励，只有奴役给它以缓和。在它的记忆中既没有任何神奇的回忆，也没有任何迷人的人物，于民族传统也没有任何有效的教益。请看一看我们经历过的所有年代，看一看我们占据的所有空间，您找不到一段美好的回忆，找不到一座可敬的纪念碑，它可以庄严地向您叙述往事，可以在您的面前生动地、如画地重现往昔。我们仅仅生活在界限非常狭隘的现在，没有过去和未来，我们置身于僵死的停滞。如果说我们偶尔也有所激动，那也绝不是因为对某种共同幸福的等待或希冀，而是出于一种婴儿般的轻率，婴儿常以这样的轻率竭力欠起身来，将两手伸向奶妈拿给他看的那件叮当作响的玩具。

　　对于一个民族来说，如果其生活不能比原始时代不稳定条件下的生活更顺利、更轻松、更愉快一些，那么，人在社会中真正的发展就尚未开始。当社会在面对日常事务时尚且在犹豫地、无规则地摇摆不定，当生活还完全没有调整好，又怎能指望善的种子在社会中茁壮成长呢？这时只会有精神世界中的混乱动荡，就像地球历史中的那些转折，那些转折发生在我们星球的现存状态之前。[1]我们至今仍处于这样的状态。

我们在静止的野蛮中度过的早年岁月没有在我们的智慧中留下任何痕迹，我们自己没有任何能让我们的思维得以立足的东西；而且，奇怪的命运使我们孤立于人类的统一进程之外，我们没有接受到人类代代相袭的思想。但是，各民族的生活正是以这些思想为基础的；各民族的未来就源于这些思想，它们的精神发展就来自这些思想。如果我们想与其他文明民族一样出人头地，就应该以某种方式在我们这里重复人类的所有教育。在这一点上，我们拥有其他各民族的历史，我们面对的是数世纪的运动成果。当然，这是一个艰难的任务，也许，一个人一生也研究不透这一硕大的课题；但是，首先应该弄清事情本身，弄清何为这种人类的教育，以及我们在共同的队列中所处的位置。

各民族只能依靠它智慧中自往昔留存下来的强烈印象以及它与其他民族的交往而存在。同样，每一个人也是因此感觉到他与整个人类的关联。

西塞罗说，如果关于过去时代的记忆不能联结起现在和过去，

---

[1] 此处指法国古生物学家和思想家乔治·居维叶（1769—1832）提出的"灾变论"。——译注

那还有什么人的生活呢！我们来到世界上，就像私生子，没有遗产，与在我们之前生活在大地上的人们没有联系，我们心中丝毫没有留存下我们出现之前就有的那些教训。我们中的每个人都不得不自己去尝试系上那被截断的种族之线。在其他民族那儿已变为习惯和本能的东西，我们还不得不用锤头将其砸进我们的脑袋。我们的回忆不会超出昨天；可以说，我们似乎连自己都感到陌生。我们在时间中如此奇怪地运动着，以至我们每前行一步，我们体验到的一切便会无可挽回地消失。这是一种完全以借用和模仿为基础的文化之自然而然的结果。我们完全没有内在的发展，没有自然而然的进步；每一个新的思想都不留痕迹地挤走了旧的思想，因为每个新思想都不是从旧思想中派生出来的，而是从天知道什么地方冒到我们这里来的。我们接受的仅仅是现成的思想，因此，那些能在大脑中促进思维的持续发展、构成智性力量的不可磨灭的痕迹并未触动我们的意识。我们在成长，可我们却不能成熟，我们在向前运动，却沿着一道曲线，也就是说，在走一条到不了终点的路线。我们就像那些没有学会独立思考的孩子，在他们成年的时候，他们体现不出任何自我的东西；他们所有的知识都是表面的，他们整个心灵都存在于他们身外。我们正是这样。

民族，也是精神的存在，犹如个体的人。世纪教育着民族，就像岁月教育着单独的人一样。但是我们，可以说，却构成了各民族中的一个例外。我们属于这样的民族，它似乎没有成为人类的组成部分，它的存在仅仅是为了给世界提供一个巨大的教训。我们注定要接受的教益自然不会不留下痕迹，但是谁也不知道，我们究竟何日才能在人类之中重新找到自我，我们在完成我们的使命之前还将遭受多少灾难？

欧洲所有的民族都有着共同的面孔，有着某种家庭般的相似。虽然欧洲各民族被笼统地划分为拉丁人和条顿人，南方人和北方人，但仍存在一种共同关系，将所有欧洲民族联结为一个整体，深入了解欧洲各民族共同历史的每一个人都能清楚地看到这一关系。您是知道的，不久之前，整个欧洲曾被称为基督教的世界，这一说法曾被广泛地接受。除了共同的特征外，欧洲的每一民族还有着自己独具的个性，但这一切都只是历史和传统。它们构成了这些民族的思想遗产。在那儿，每个个体都拥有这一遗产中自己的份额，可以毫不费力地在生活中采集这些沉淀于社会之中的知识，并加以利用。请您来比较一下我们这里的情况，然后自己做出判断，我们能在我们的日常生活中找到那些最基本的思想吗？您能发现，这里谈的不是学术，不是阅读，不是与文学和科学相关的东西，而仅仅指意识的相互关系，是指孩子们在摇篮里开始接触到的思想，那些思想与玩具一同环绕着他，是他母亲在爱抚他时轻声细语传达给他的，是指那些以各种情感形式与他所呼吸的空气一同渗透进他的骨髓的东西，这些东西在他步入人世和社会之前就塑造出了他的精神实质。您愿意知道这究竟是什么样的思想吗？这就是义务、正义、权利和秩序的思想。它们诞生于造就欧洲社会的那些事件本身，它们构成了那些国家社会天地的组成因素。这也就是西方的氛围，这是某种比历史还要丰富、或比心理学还要深刻的东西，这就是一个欧洲人的生理构造。您在我们这里能发现什么呢？

我不知道，能否从刚刚谈的这些话中得出某种无可争辩的结论，并由此得出某种毋庸置疑的原则；但显而易见，当这一民族无力将其思维集中于一系列观念，这些观念在社会中逐渐展开，一个接一个流逝，当这一民族在人类智慧的统一运动中的命运就归结为对其他民族的盲目的、表面的、常常是拙劣的模仿，该民族的这一奇怪处境无疑会对该民族中每个个人的心灵产生强大影响。因此，您会看到，我们大家都缺少足够的信心、智慧的清晰和逻辑性。西方的三段论我们不熟悉。我们最优秀的大脑只有那些比肤浅还要糟糕的东西。那些优秀的思想缺乏关联和因果，在我们的大脑中转化为徒劳无益的迷惘。当一个人找不到自己与过去、与未来的联系时，他便会丧失自我；这时，他便会失去所有的坚定和所有的信心；没有为一种连续的感觉所统领，他会发现自己已迷失在世界之中。这样的迷失之人，在每个国家里都能遇到；在我们这里这却是一个普遍的现象。这完全不是所谓的轻率，人们常指责法国人有这种轻率，这种轻率实际上就是这样一种能力，它能轻松地把握事物，并不失去思想的深度和广度，能将非同寻常的美和优雅带入交往；这是一种生活的无虑，这种生活脱离经验和预见，除了脱离其环境的个体之虚幻存在之外，它与什么都没有关联，这种生活既不顾及荣誉，也不顾及某些思想和兴趣之总和的成就，甚至不顾及家族的遗产和无数的遗命和前景，在以对过去的记忆和对未来的远瞻为基础的体制中，正是这样的遗命和前景决定社会生活和个人生活。在我们的脑袋中绝无任何共同的东西，其中的一切都是孤立的，都是不稳固的，不充分的。我甚至觉得，在我们的目光中有着某种奇怪的不确定性，某种冷漠的、无信心的东西,与处在社会阶梯最低级阶段的那些民族的面容有些相像。在别国,尤其是在南方,那儿的面容多么地富有表情,多么地生动,我不止一次将我的同胞们的面孔与那些地区人的面孔做比较,我总是会因为我们面孔上的这种木讷而感到吃惊。

外国人将那种在民族底层尤为常见的不顾一切的勇敢当成我们的长处;但是,他们只有可能观察到我们民族性格的个别体现,他们不可能作出整体评判。他们没有看到,那种能使我们时而表现得非常勇敢的素质,却常常使我们失去了深刻和坚韧;他们没有看到,那种使我们对生活中的种种变故无动于衷的素质,也使我们对善和恶、对各种真理和各种谎言表现出了漠视,正是这一点使我们失去了所有那些能将人们推上完善之路的强大动机;他们没有看到,正是由于这种懒洋洋的勇敢,甚至连我们的上流阶级也非常可惜地难以摆脱种种恶习,在其他国家,只有社会的最底阶层才会染有那些恶习;最后,他们没有看到,如果说我们具有一些年轻的、文明程度较低的民族所具的某些美德,那么,那些成熟的、高度文明的民族所具的长处我们却一个也不具备。我当然并不认为我们的身上只有恶习,而欧洲各民族所有的全是美德,上帝饶恕我。但是我要说,要对各个民族作出评判,就必须研究那构成他们之实质的普遍精神,因为只有这种普遍精神,而不是各民族性格中的其他某个特征,才可能将各民族带往更完善的精神状态,使他们能够无止境地发展。

人民群众服从于社会上层的某些特定力量。他们自己并不直接思考。他们中间有一定数量的思想家,这些思想家替他们思考,给民族的集体理智以促进,并推动民族前行。少数人在思考,其他人在感受，其结果便实现了共同的运动。除了某些仅仅具有人的外貌的不开化部落外，这一现象存在于地球上所有民族之中。欧洲的原始民族，如凯尔特人、斯堪的纳维亚人、日耳曼人，都有过自己的祭司、弹唱诗人和史诗作者，他们都是风格独特的强有力的思想家。请看一看合众国的物质文化正在竭尽全力欲将其消灭的那些北美部落，在他们中间也可以遇到一些思想非常深刻的人。现在，我要向您提问，我们的智者、我们的思想家在哪里呢？有谁曾为我们思考，如今有谁正在为我们思考呢？

要知道，我们置身于东方和西方这世界的两个主要部分之间，我们一侧倚着中国，另一侧倚着德国，我们本该在自身之中结合起两种伟大的精神品质，即想象和理智，在我们的文明中融合整个地球的历史。但是，天意没有赐予我们这样的角色。恰恰相反，天意对我们的命运似乎毫不关心。它将我们排除在它对人类智慧所做的善举之外，它让我们独自面对自己，它不愿介入我们的任何事务，不愿教给我们任何东西。我们没有历史的经验。一个个世纪、一代代人过去了，却对我们毫无裨益。看一眼我们，便可以说，人类的普遍规律并不适用于我们。我们是世界上孤独的人，我们没有给世界以任何东西，也没有从世界获得任何东西，我们没有给人类思想的整体带去任何一个思想，我们对人类理性的进步没有起过任何促进作用，而我们由于这种进步所获得的所有东西都被我们歪曲了。自我们社会生活最初的时刻起，我们就没有为人的普遍幸福做过任何事情，在我们祖国贫瘠的土壤上，没有任何一个有益的思想生根发芽，我们的环境中，没有提出过任何一个伟大的真理；我们不愿花费力气去亲自在想象的领域创造出什么东西,而在别人的想象力创造出的东西中,我们又只接受那欺骗的外表和无益的奢华。

一桩奇怪的事情!甚至在涵盖一切的科学领域,我们的历史也与任何事情都无干系,它什么也未曾说明,什么也未曾论证。如果那震撼世界的野蛮的金帐汗国军队不曾经过我们的国度攻向西方,我们未必会在世界史中占据一页。为了让别人注意到我们,我们只好从白令海峡一直绵延至奥德河。曾有一位伟人[1]想要启蒙我们,为了让我们爱上教育,他向我们投来文明的斗篷;我们捡起了斗篷,却没有去触动教育。又一次,另一位伟大君主[2]使我们意识到了自己光荣的使命,带领我们以胜利者的姿态从欧洲的一端走到了另一端;自那些世界上最文明的国家凯旋之后,我们带回的只是一些糟糕的思想和危险的迷误,这些思想和迷误的结果就是那个巨大的不幸[3],它又使我们后退了半个世纪。我们的血液中有某种与一切真正的进步相敌对的东西。总而言之,我们过去和现在的生活仅仅是为了给遥远的后代提供某种他们能够理解的伟大教训;无论如何,如今我们构成了精神世界中的一个空白。对于我们社会现实的这种空虚和惊人的隔绝状态,我始终感到惊讶。当然,在这一点上,负有部分责任的是我们那种捉摸不定的厄运。但是,像在精神世界中发生的所有事情一样,这里无疑也有人自身的部分原因。让我们再次质问历史,因为历史能够对各民族做出解释。

---

1 指彼得大帝。——译注
2 指亚历山大一世。——译注
3 指十二月党人起义。——译注

当现代文明的宫殿在北方众民族强有力的蛮荒与基督教崇高思想的斗争中逐渐形成的时候，我们都做了些什么？屈从于我们可恶的命运，我们转向一种可以教育我们的精神学说，堕落的拜占庭，转向为上述民族深为蔑视的拜占庭。在此之前，一位爱虚荣的人[1]把这个大家庭从宇宙兄弟联盟中窃走了；我们随之接受了一种被人的激情严重歪曲的思想。在欧洲，当时一直盛行着生机勃勃的统一原则。一切都来自这一原则，一切都归向这一原则。那一时代的整个智慧运动都朝向人类思维的统一，所有动机都源于这一压倒一切的需求，即寻找一种世界思想，寻找这一新时代的天才鼓舞者。我们与这一创造奇迹的精神没有关系，我们成了征服的牺牲品。在我们推翻了异族统治之后，我们本可以利用这一时期在我们西方兄弟那里十分兴盛的思想，可是我们却脱离了这个大家庭，我们落入了更为残酷的被奴役境地，而且这种奴役还被我们的胜利这一事实所神圣化了。

在当时似乎覆盖着欧洲的黑暗中，已闪现出多少明亮的光线啊。如今一个人引以为豪的众多知识中的大部分，在当时即已为人们的智慧所预见；新社会的特征已被确定，基督教世界回溯多神教的古代世界，重新获得了他们尚嫌不足的美的各种形式。我们却仍囿于我们的宗教大分裂，在欧洲发生的任何事情都不曾影响到我们。我们与伟大的世界性工作毫无干系。宗教将一些杰出素质赐给当代诸民族，在一个理智的人看来，这些素质使当代诸民族远远超越了古

---

[1] 指佛提乌（约9世纪10年代/9世纪20年代—9世纪90年代），9世纪中后期君士坦丁堡宗主教，他向东方发展拜占庭教会势力，与罗马教廷产生冲突，导致东西教会的大分裂。——译注

代民族，亦如后者远远超越了霍屯督人和拉普兰人[1]；这是一些新的力量，宗教以这些力量丰富了人的智慧；这是一些风尚，由于对一种赤手空拳的权力的服从，这些风尚从前有多残酷，现在就多柔和，——但所有这一切都完全被我们错过。当基督教世界沿着神圣缔造者给它指明的道路庄严迈进，带领着一代又一代人，我们虽然具有基督徒之名，却一直原地未动。整个世界都被重新改造了，可我们这里却什么也没有创造出来：我们像从前一样庸庸碌碌地活着，缩在由原木和麦草构成的茅屋里。总之，人类的新命运错过了我们。我们虽然也是基督徒，可基督教的果实却没有在我们这里成熟。

我们通常以为，在统一精神力量直接、显见的影响下非常缓慢地实现的欧洲诸民族的这一进步，我们可以迅速地掌握，甚至不用费力去知道完成它的方式，我要向您提问，这样的想法难道不是太天真了吗？

基督教中有完全历史的一面，它是宗教信条最基本的成分之一，可以说它在一定程度上就包含着整个基督教哲学，因为它揭示了基督教过去给了人们什么，将来会给人们什么，看不到这一点的人，就完全不理解基督教。从这一意义而言，基督教就不仅仅是一种人类智慧这一易逝形式所接受的道德体系，而且更是一种永恒的神性力量，它在精神世界中广泛地起着作用，因此其醒目的显现应该成为我们常在的训诫。这正是教义的意义之所在，这一教义在同一普世教会的信仰象征中得到表达。

---

[1] 霍屯督人是南部非洲最古老的民族；拉普兰人是居住在北欧地区的萨阿米人的旧称。——译注

在基督教的世界中，一切都必须有助于完善的制度在大地上的建立，一切事实上也的确在朝向这样的目标。否则，主的话就得不到证实。主将永在他的教会中，直到万世之末。应当作为赎罪之结果的新体制，即神的王国，与应当为赎罪所毁灭的旧体制，即恶的王国，也许就没有任何区别了，我们所剩下的或许便只是关于注定会有的完善之想象能力，哲学在幻想这种完善，历史的每一页却在反驳这种完善：这是一种空洞的智慧游戏，它只能满足于人的物质存在需求，如果说它能将人提升到一定的高度，也只是为了之后将人打入更深的深渊。

但是您会说，难道我们不是基督徒吗？难道能有一种非欧洲式的文明人吗？毫无疑问，我们是基督徒，但阿比西尼亚人[1]不也是基督徒吗？理所当然，一种与欧洲文明有别的文明也是可能的；难道日本不够文明吗？而且，如果相信我们一位同胞的话，日本在很大程度上不是比俄国还更为文明吗[2]？但是难道您认为，我刚刚所言的、作为人类终极使命的万物之秩序，应该由阿比西尼亚的基督教和日本的文明来完成吗？难道您认为，这些脱离神的真理和人的真理的盲目偏差能将天国带向大地吗？

基督教有两种显而易见的功能，一是对个体意识的作用，二是对普遍意识的作用。这两种东西在最高理性中会自然地交融，并朝向同一目标。但是，文明有限的目光却无力涵盖神的智慧之永恒使命得以实现的所有时间。我们必须把人的当下生活中神的作用与在永恒中显现的作用区分开来。在赎罪的事业最终完成的那一天，所

---

[1] 即埃塞俄比亚人。——译注
[2] 指戈洛夫宁所著《被日人所俘奇遇记》（1816）。——译注

有的心灵和大脑都汇流为同一种情感、同一种思想，使各个民族和各种信仰相互隔离的所有墙壁都将倾塌。但是在今天重要的是，每个人都要清楚自己在基督徒使命的总体构成中所处的位置，也就是说，他要清楚能在自己身内和身外找到哪些手段，用来促进全人类所面临的那一目标的实现。

由此，必须有一个特殊的思想范畴，在这个范畴之内，智慧漫游于那个应当实现上述目标的社会，亦即天启观念在其中得以成熟并被充分理解的社会。这样一个思想范畴，这样一个精神领域，注定会导致一种独特的生活方式和独特的观点，这些生活方式和观点在不同民族处或许不尽相同，但是对于我们而言，如同对于所有非欧洲民族，它们却造就出了同样的特性和行为，这些特性和行为是18世纪那场巨大精神劳作的结果，我们所有的激情、所有的兴致、所有的痛苦、所有的想象和所有智慧努力全都参与进了那场精神劳作。

在数个世纪里，欧洲所有民族都携手并进，如今，无论他们在做什么，各自为政，却全都持续不断地相遇在同一条路上。要确认这些民族发展中的亲缘关系，并不需要去研究历史，只要去读一读塔索[1]，您就会看到，所有欧洲民族全都跪拜在耶路撒冷的墙角下。请您回忆一下，在长达15个世纪的时间里，欧洲各民族一直操着同一种与上帝交流的语言，一直有着同一种精神权威和同一种信念；请您想一想，在长达15个世纪的时间里，在同一年，在同一天，在同一时刻，欧洲各民族都用同样的话语歌颂最高的主，颂扬着他最伟大的善举，

---

1 指塔索的长诗《被解放的耶路撒冷》(1580)。——译注

这种奇异的共鸣，要比物质世界中所有的和谐还要壮丽百倍。在此之后显而易见，如果说欧洲人在其中生活的那个范畴，那个唯一可以将人类带往其终极使命的范畴，自身就是宗教对人们的影响之结果，如果说我们的信仰之软弱，或曰我们的教义之不完善，至今仍使我们远离这一基督教的社会思想在其中发展、形成特定表达的共同运动，我们被归入那些注定只能间接地、很迟地接受基督教所有作用的民族之列，那么，我们就必须用一切可能的手段来复兴我们的信仰，复兴我们真正的基督教动机，因为，西方的一切是由基督教造就的。我在谈到我们应该从头重复人类的教育时，指的就是这层意思。

新社会的全部历史都是在信念的基础上完成的。因此，这就是真正的教育。在这一基础上被最初确立之后，新社会的前行依靠的则仅仅是思维的力量。在新社会之中，需要总是跟在思想之后，而不是出现在思想之前；在这一社会之中，需要常常产生于信念，而需要却从来不会产生信念。社会中的所有政治革命实质上都是精神革命。人们寻求真理，却找到了自由和富足。只有这样才能解释新社会及其文明这一特殊现象；否则，新社会中的一切都无法理解。

宗教迫害、殉难、基督教的传播、异端、教堂——这便是充满最初几个世纪的那些事件。这一时代的所有成就，包括野蛮人的入侵，均完全是与新精神的最初努力联系在一起的。等级制的形成、教会权力的集中和宗教在北方诸国的持续传播，这便是接下来一个世纪中发生的事件。接踵而至的是宗教情感崇高、欢乐的高涨和教会权力的巩固。意识的哲学发展和文学发展，风俗在宗教影响下的改良，终结了这一段可以称之为神圣的历史，一如那个古代被选中民族的历史。最后,宗教反动和宗教作用于人类精神的新冲击决定着社会的现状。因此,各新民族主要的、甚至可以说唯一的需求,就包含在信念中。一切物质的、积极的、个人的需求,都会被这唯一的信念需求所吞没。

我知道,人们不去赞赏人的天性为追求可能的完善而体现出的这一神奇冲动,反而将这种冲动称为幻想和迷信。但是,无论人们怎么说,请您自己判断一下,那完全是由同一种情感在善和恶中唤起的社会发展,会在这些民族的性格中留下多么深刻的痕迹。让那种浅薄的哲学去因为宗教战争而鼓噪吧,因为那些由偏执点燃的篝火而鼓噪吧;至于我们,我们只能去羡慕那些民族的命运,他们在这种信念的斗争中、在捍卫真理的血腥战斗中缔造了自己的概念世界,那样的世界我们甚至连想也不敢想,更不用说全身心地置身于其中,如我们渴求的那样。

我再说一遍:当然,在欧洲各国,并不是一切都已为理智、善良和宗教所渗透,远远不是。但是在那些国家,一切都在暗暗地服从一种已在那里有力地统领了数世纪之久的力量;一切都是各种行动和思想持续共同作用的结果,那些行动和思想造就了当今的社会状况,我们仅举一例。作为一个民族的英国人,其个性体现得比其他所有民族都更鲜明,其机构总是更能体现新精神,客观地说,除了教会的历史之外他们并无任何其他历史。造就了他们的自由和繁荣的最后一次革命[1],如同始自亨利八世、直到此次革命之前所发生的所有事件一

---

[1] 指 1640 年英国资产阶级革命。——译注

样，不是别的，都恰恰是宗教的发展。在这整个时期，纯政治的需求都仅仅是次要的动机，它时而会完全消失，或成为信念的牺牲。在我写下这些词句的时候，同样的宗教问题正又一次激动着这个神选的国家。总体地看，又有哪个欧洲民族不曾在自己的民族意识中找到这样一种特征呢，只要他们费心去找，这一特征就像神圣的约言，是一种常在的生机勃勃的因素，是该民族整个存在时期社会生活的灵魂。

基督教的作用绝不局限于它对人们灵魂和精神的直接、迅捷的影响。它注定要发挥的最强大影响，只能在众多精神的、智慧的和社会的组合中才能实现，在这些组合中，人类精神的充分自由应该一定能找到一个无限空间。由此，显而易见的是，从我们时代的第一天起所发生的一切，更确切地说，当救世主向他的信徒们说："你们往普天下去，传福音给万民听。"[1] 从那一刻起所发生的一切，都完全包含在其影响的普遍思想中，其中也包括对基督教的所有攻击。为了确信基督预言之确凿，只需要去观察他的统治在人们心灵中的无处不在，无论人们是有意识还是无意识的，无论人们是自愿还是被迫的。因此，尽管欧洲社会中还具有种种不完备的地方，有种种恶习和犯罪，但神的王国在一定程度上毕竟已经在那里实现，因为这种生活包含着无限进步的开端，拥有处在萌芽和元素状态中的、为最终扎根大地所必需的一切。

夫人，在结束这些关于宗教的社会影响的思考之前，我想在此重复一下我先前就此写下的、为您所知的一部作品中说过的话。

---

[1] 《圣经·马可福音》第16章第15节。——译注

我曾写道:"毫无疑问,你暂时还看不到基督教无处不在的影响,无论在何处,人类的思想都会与这种影响相遇,即便其目的在于斗争,可是你对于这一点却毫无概念。无论何处,只要一提起基督的名字,这个名字便能强烈地吸引无论在做什么的人们。除了其绝对的包容性特征外,没有任何东西能更可信地体现这一宗教的神圣起源,由于这一绝对的包容性,这一宗教以各种可能的方式深入人心,在人们不知不觉的情况下把握他们的理性,统领他们,甚至能在他们激烈对抗的时候使他们臣服,在理性似乎与其截然对立的情况下使理性服从自己,凌驾于理性之上,将他们此前感到陌生的真理带进意识,迫使心灵去感受此前不曾感受的印象,赐予我们以各种情感,这些情感会在不知不觉中促使我们在共同的行列中占据一席之地。它就这样确定了每一个性的行为,引导所有人走向同一目标。若对基督教持此种理解,基督的任何一个预言都会成为可触摸到的真理。这时,你就能清楚地区分所有杠杆的运动,他那只万能的手会使这些杠杆运动起来,为了把人引向他们的使命,却不侵犯他们的自由,不束缚他们任何一种天赋能力,恰恰相反,会唤起他们更崇高的激情,激起他们无穷尽的全部力量。这时你就能看到,在新的秩序中,没有一个精神成分没有受到影响,一切都在新制度中找到了位置,得到了运用,诸如最具能动性的智慧天赋,就像情感的热烈迸发,强大心灵的英雄主义,就像恭顺精神的奉献。天启的思想能抵达每一个有意识的创造,与每一颗心脏的每一次运动相呼应,它能涵盖一切,甚至连它在途中遭遇的障碍也有助于它的成长和壮大。它与天才一起升向其他凡人难以抵达的高度,它与恭顺的精神一起降临，紧贴大地，一步一步移动；它在专注的智慧中是独立的、深刻的，它在沉湎于想象的灵魂中随风飘荡，变幻多端；它在温柔的、充满爱意的心房中释放仁慈和爱情；它永远与每一个它信赖的意识一路同行，不断为其添加热情、力量和光明。请您看一看，它驱动了多少不同的品质，它驱动了多少强大的力量，它把多少种不同的特性融为一体，它让多少颗不同的心灵在为同一种思想而跳动！但更让人吃惊的，是基督教对社会的整体影响。请您看一眼新社会的进化全景，您会看到，基督教在将人的所有需要变为自己的需要，在所有的地方用精神的需求取代了物质的需求，在思想领域激起了在它之前的任何时代、任何社会都不曾知晓的伟大争论，引起了不同信念间的残酷斗争，因此，各个民族的生活转换成了一个伟大的思想，一种无边的情感；您会看到，在基督教中，只有在基督教中，一切问题均得以解决，诸如个人的生活和社会的生活，家庭和祖国，科学和诗歌，理智和想象，回忆和希望，欢乐和忧伤。他们有福了，那些置身于上帝亲自在世间唤起的伟大运动中的人，那些能在内心深处意识到神的作用的人；但是，在这一运动中，并非一切都是能动的武器，并非所有的人都在自觉地工作；群众在被迫地盲目运动，就像没有生命的院子，就像落后守旧的庞然大物，不懂得那些推动他们前行的力量，也看不到他们前往的目标。"

我还要告诉您，夫人，我承认，我很难舍离这些广阔的前景。在自这一高度呈现于我眼前的图画中有我所有的安慰；对人类未来幸福的甜蜜信念就是我的避难所，当我因环绕着我的可怜现实而感到压抑，感到需要去呼吸更清新的空气，去目睹更晴朗的天空。但是，我不想滥用您的时间。我得向你说明一种观点，应该带着这样的观点去看待基督教世界以及我们在其中的作为。我关于我们祖国所说的话或许会让你感到苦涩，但是我所说的都是实情，甚至还不是全部的实情。而且，基督教的意识不能忍受任何迷惘，最不能忍受民族偏见，因为它最易使人们相互分离。

我这封信写得太长，夫人。我想，我们两人都需要休息了。在开始写这封信的时候，我以为可以三言两语地说完我想对您说的话。但在更深的思索之后，我发现，这里的材料够写整整一本书。这会合您的意吗，夫人？请你告诉我。但无论如何，您都将再接到我的第二封信，因为我们才刚刚接近事情的本质。不过我将非常感激您，如果您认为这冗长的第一封信是对您被迫久等的补偿。我在接到您来信的当天就坐下写回信。但是，一些忧愁、沉重的顾虑当时却完全吞没了我，在与您就如此重要的话题开始交谈之前，我必须先摆脱那些顾虑；后来，我又不得不把我潦草不堪的字迹再抄一遍。下一次您不会等得太久，明天我就将重新拿起笔来。

1829 年 12 月 1 日于大墓地[1]

（原载《哲学书简》，作家出版社 1998 年版，译文有修改）

1　指莫斯科。——译注

第七部 地下室手记(节选)

地下室手记(节选)

译者按语

费奥多尔·陀思妥耶夫斯基(Федор Достоевский, 1821—1881),俄国最伟大的作家之一,他视"揭开人这个秘密"为己任,他的创作也因之成为世界范围内文艺学、哲学和神学等领域学者最为热衷的文学"秘密"之一。他的主要作品有《穷人》(1846)、《双重人》(1846)、《白夜》(1848)、《被侮辱与被损害的》(1861)、《死屋手记》(1862)、《赌徒》(1866)、《罪与罚》(1866)、《白痴》(1868)、《群魔》(1871)、《少年》(1875)和《卡拉马佐夫兄弟》(1880)等。

《地下室手记》(Записки из подполья, 1864)是陀思妥耶夫斯基最重要的作品之一,作家在这部小说中所塑造的"地下室人"形象影响深远,高尔基称"《地下室手记》中有整个尼采",20世纪批评家将这部小说视为卡夫卡的创作之先声,揭示包括《地下室手记》在内的陀思妥耶夫斯基创作与20世纪现代主义文学之间的渊源关系,如今已成为世界范围内"陀学"的研究热点之一。《地下室手记》由两章组成,即《地下室》和《由于湿雪》,此为其中第一章。如何用中文"还原"原作中主人公那种紧张、不安、乖戾的心理活动,是译者在翻译这部作品时考量最多的问题。

第一章 地下室[1]

一

我是个病人……我是个凶狠的人。我是个不讨人喜欢的人。我想，我肝脏有病。但是，我丝毫不懂得我的病情，我确实不知道我有病。我不去治病，也从未去治过病，虽说我是尊重医学和医生的。再说，我还极其迷信，当然，我还没有迷信到不尊重医学的地步（我受过足够的教育，能让我不迷信，可我还是迷信）。不，我是因为赌气而不愿去治病的。你们也许不愿意了解这一点，我却是明白的。自然，我无法向你们解释清楚，我这是在和谁赌气；我也一清二楚，我不去医生们那里决不会使得他们"难堪"；我比谁都清楚，我这样做，只会害自己，而不会殃及他人。但是，如果说我没有去治病，这毕竟是在赌气，肝脏在痛，那么，就让它痛得更厉害些吧！

我早就这样生活，已有20来年。如今我40岁。我从前任过公职，如今却不再任职了。我曾是个凶狠的小官吏。我曾粗暴无礼，并因此感到愉快。要知道，我是不收受贿赂的，也许，单凭这一点，我就该

---

[1] 《手记》的作者和《手记》本身自然都是杜撰出来的。然而，若是考虑到我们的社会赖以形成的那些环境，像《手记》作者这样的人不仅可能，而且甚至一定会存在于我们的社会。我欲以一种较平常更为醒目的方式将不久前的一个人物带至公众面前。这是尚且活着的一代人的一个代表。在这个题为"地下室"的片段里，这个人物将介绍他自己和他的观点，似乎还想对他出现和一定会出现在我们之中的原因进行解释。在随后一个片段中，就将是这个人物关于他的某些生活事件的真正"手记"。——作者注

奖励自己。(一句蹩脚的俏皮话，可我不打算将它抹去。我把这句话写了出来，认为它一定会非常好笑；而此刻，我自己也看出来了，我不过是在卑鄙地炫耀自己，——可我偏不将它抹去！)每当有人走近我的办公桌请我开证明时，我就会对他们龇牙咧嘴，而当发现有人因此感到难受时，我便会获得一阵难以抑制的快感。我几乎每次都能获得这样的快感。大部分来人都是胆怯的：明摆着嘛，他们都是来求人的。但是，在那些自命不凡的家伙中，有一位军官特别使我讨厌。他无论如何也不愿屈服，还极其可恶地把军刀弄得铿锵作响。就为了这把军刀，我和他斗了一年半。最终，我赢了。他不再弄出铿锵之声了。不过，这些事情都发生在我的青年时代。但是，先生们，你们知道我的恶毒之处主要是什么吗？全部都在于，最为可恶的一点就在于，我经常地，甚至是在最为愤怒的时刻，也会可耻地意识到，我不仅不恶毒，甚至还是一个凶不起来的人，我不过是在吓唬吓唬麻雀并以此自慰罢了。我满口白沫，但只要给我一个什么洋娃娃，或是给我一杯糖水，我也许就会安静下来，我甚至会心软下来。虽说此后，我也许会对自己龇牙咧嘴，还会羞愧得好几个月都睡不着觉，这就是我的脾气。

我说我曾是个凶狠的小官吏，我这是在说谎。我因赌气而说谎。我只是在和那些请求者、和那位军官闹着玩，事实上，我一直无法凶狠起来。我时刻意识到，自己身上有许多与凶狠截然对立的成分。我能感到，这些对立的成分正在我的体内蠢动。我知道，这些成分会终生在我的体内蠢动，企图冲出我的身体，可是我不放它们出去，不放它们，故意不放它们出去。它们那么可耻地折磨我，弄得我浑身痉挛，它们简直让我厌恶，厌恶透顶！先生们，你们是否觉得，我马上就会在你们的面前忏悔什么，就会求你们原谅什么了？……我相信你们觉得是这样……但请你们相信，即便你们觉得是这样，我反正无所谓……

我不仅不能成为凶狠的人，甚至也不能成为任何一种人：无论凶狠的人还是善良的人，无论无赖坏蛋还是正人君子，无论英雄还是昆虫，如今，我在自己的角落里过日子，我用来自我解嘲的，是这样一个恶毒的、毫无用处的宽慰：一个聪明人是无法真的成为一种什么样的人，而能成为一种什么样的人的只有傻瓜。是啊，19世纪的聪明人大多数应该是，而且就道德意义而言也必须是个无个性的人；而有个性的人、活动家，——则大多是才智有限的人。这是我40年来的信念。我如今40岁，要知道，40岁，这就是整整一辈子啊，要知道，这就是垂暮之年了。过了40岁，再活下去，就是不体面的、庸俗的和不道德的了！请你们老老实实地回答：有谁活过了40岁？我来告诉你们，只有傻瓜和恶棍才会活过40岁。我就要这样说，冲着所有的老头、冲着所有这些可敬的老头，所有这些银发苍苍、散发着香味的老头这样说！我要冲着整个世界这样说！我有权这样说，因为我将活到60岁。我要活到70岁！我要一直活到80岁！……等一等！让我喘口气……

先生们，也许，你们以为我是想逗你们发笑吧？你们又错了。我绝对不像你们认为或者你们可能认为的那样，是一个非常开心的人。但是，如果你们已经被这些废话所激怒（而我已经感觉到你们被激怒了），想要问我到底是个什么样的人，那么，我就会回答你们：

我是个八等文官。我曾供职,为的是有碗饭吃(仅仅为了这一目的),去年,当我的一位远房亲戚立下遗嘱留给我六千卢布时,我便立即退职,在自己的角落里定居了。我以前也住在这个角落,但如今是在这儿定居。我的房间又破又脏,位于城市边缘,我的女仆是个乡下女人,年纪很大,又蠢又凶,身上还总有一股难闻的气味。有人对我说,彼得堡的气候对我越来越有害,还说我手头钱少,在彼得堡生活费用太昂贵了。这一切我都清楚,胜似那些经验丰富、聪明绝顶的点头示意、出谋划策的人。但是我要留在彼得堡,我不会离开彼得堡!我之所以不会离开……唉,反正我离不离开,都完全无所谓。

然而,一位正派人谈什么事最最愉快呢?

答案是:谈自己的时候。

好吧,我也来谈谈自己。

二

先生们,无论你们是否愿意听,我现在都要对你们讲一讲,我为何甚至成不了一只昆虫。我要郑重地告诉你们,我曾有许多次想要成为一只昆虫。然而,甚至连这件事也未能做到。先生们,我向你们起誓,过多的意识就是一种病,一种真正的、十足的病。对于人的日常生活来说,具有普通人的意识就已足够了,也就是说,只需要具有我们这个倒霉的19世纪中一个文明人意识的二分之一、四分之一就足够了,而且,这位文明人还极其不幸地居住在彼得堡这整个地球上最最远离实际、最有预谋的城市里(城市通常分为有预谋的和没有预谋的)。比如,有了那些所谓直来直去的人们和活动家们赖以生活的意识,就完全足够了。我敢打赌说,你们一定以为,我写下这一切是出于炫耀,意在讽刺活动家们,而且是出于卑劣的炫耀,我像我那位军官把军刀弄得铿锵作响一样。但是,先生们,有谁会炫耀自己的病态,并借此而耍威风呢?

不过,我又怎么啦?大家都在这么做嘛,大家都在炫耀自己的病态,而我也许比大家做得更厉害。我们不要争论;我的反驳是荒谬的。但是我仍然坚信,不仅过多的意识是病,甚至任何意识都是病。我坚信这一点。对此我们暂且不谈。请你们给我解释一下这样一个问题:为什么会有这种情形,就在我最能意识到我们常说的"一切美与崇高"[1]的所有微妙之处时。是的,恰好在这样的时刻,像是故意似的,我偏偏意识不到,反而做出了那样一些不光彩的事情,那样一些……好吧,一句话,就是那样一些也许人人都在做的事情,可轮到我做这些事的时候,像是故意似的,却偏偏是在我最清楚地意识到完全不该去做的时候,这是为什么呢?我越是意识到善和所有这一切"美与崇高",便越深地陷入我的泥潭,越是难以自拔。但是主要的问题却在于,在我身上这一切似乎并不是偶然发生的,而倒像是理应如此的。似乎这便是我最正常的状态,而绝不是疾病,不是过

---

[1] 这一概念源出 18 世纪的一些美学著作,如伯克《关于崇高与美两种观念根源的哲学探讨》(1756)、康德的《简论崇高与美的感情》(1764)等,在俄国 1840 至 1860 年间对"纯艺术"美学的再评价之后,有人开始对这一概念持某种讽刺态度。——译注

失，因此，我最终便丧失了与这一过失作斗争的欲望。其结果，我几乎相信（也许真的相信）这也许就是我的正常状态。而在开头，在起初，我曾在这样的斗争中经受过多少痛苦啊！我不相信别人也遇到过这种情况，因此，我终生将这一点藏在内心，当作一个秘密。我曾感到羞愧（也许，甚至现在也仍感羞愧）；我羞愧到了这样的程度，以至于能感受到某种隐秘的、反常的、有点下流的快感；这快感就是，在某个最令人厌恶的彼得堡之夜回到自己的角落，往往强烈地意识到今天又做了件卑鄙的事情；而做过的事情又是无论如何也难以挽回的，这时，心里便会暗自因这一点而对自己咬牙切齿，责骂自己，折磨自己，直到那痛苦最终转变成了某种可耻的、该诅咒的乐趣，最后，它竟变成了明显的、真正的快感！是的，变成了快感，变成了快感！我坚信这一点。我之所以说了出来，是因为我想确切地知道：别人是否也有这样的快感呢？我来给你们解释：这里的快感，恰恰来自对自己的屈辱之过于鲜明的意识：这恰恰是由于，你自己已经感觉到你已撞在南墙上了；这很糟糕，但除此之外别无他法；你已别无出路，你永远也变不成另外一种人；而且，即使还有时间和信念可以变成别的什么，你自己也许不想再变了；即使想变，也什么都做不成了，因为事实上，也许本来就没什么可变的。归根结底，主要的一点就是，发生这一切都是由于过分强烈的意识之正常的和基本的规律，由于直接源自这些规律的一种惯性，因此，这里不仅没什么可变的，而且简直就毫无办法。强烈意识的结果，比如说就会是这样的：是的，一个恶棍，当他自己感觉到他真的是一个恶棍的时候，对他来说这似乎就成了一种安慰。但是，够了……唉，胡说八道了一大通，又解释清楚了什么问题呢？……怎么解释这一快感呢？我还是要解释清楚！我要刨根问底！正是为此我才拿起笔来……

比如说，我是非常自尊的。我生性多疑，气量很小，像驼子或矮人那样。但事实上，我也常有这样的时刻，如果有人给了我一记耳光，我也许竟会因此而感到高兴。我是认真说的：也许我能由此获得某种快感，自然，这是一种绝望的快感，可是就在这绝望之中，常常会有最强烈的快感，尤其是在你非常强烈地意识到自己毫无出路的时候。挨了这记耳光，你立即就会受到一种意识的压迫，像是被碾成了一团油膏。主要的是，无论怎样琢磨，结果是我在所有方面都成了第一个罪人，最最难堪的是，我是无辜的罪人，可以说是出于自然规律而成了罪人。我之所以有罪，首先是因为我比周围所有人都聪明些（我常常认为自己比周围所有人都聪明，有时候，你们信吗，我甚至会因此而感到惭愧。至少，我一生都侧目旁视，从来不敢正眼看人）。我之所以有罪，最后还因为，即使说我心胸豁达，那么也只是由于意识到了这豁达大度的无用，我承受了更多的痛苦。要知道，我也许因为自己的豁达而无法做出任何事情：我不能宽恕，因为那欺负我的人也许是遵循自然规律来揍我的，而自然规律是不能宽恕的；我不能忘记，因为，即使是自然规律，也终究是令人感到屈辱的。最后，即使我想变得心胸十分狭隘，反而想去报复欺负我的人，那我也无法以任何方式对任何人进行报复，因为即便能够去做，我也许依然难以下定决心去做什么。干吗下不了决心呢？关于这一点，我想特别说上两句。

三

比如说，那些能够替自己复仇的人和那些一般来说能够捍卫自己的人，情况又是怎样的呢？我们假设，一旦他们被报复的感情所控制，那么这时在他们整个身心中，除了这一感情之外便再无他物。这样的先生会像一头发疯的公牛一样低下犄角，向目标直冲过去，除非有堵墙能绊住他。(顺便说一句，在一堵墙面前，这样的先生们，也就是那些直来直去的人和活动家们，是会心悦诚服的。对于他们来说，墙可不是一种借口，比如说，可不像对于我们这些耽于思考、因而无所作为的人这样；墙可不是走回头路的托词，我们的兄弟通常自己也不相信这种托词，但总是会因有这一托词而感到非常高兴。不，他们会诚心诚意地服输的。对于他们来说，墙具有某种慰藉作用，是道德所允许的，是终极的，也许甚至是某种神秘的东西……不过，关于墙我们下文再谈。)好吧，我且将这样一种直来直去的人当作实在的、正常的人，大自然这位温情的母亲亲切地将这样的人生在大地，就是想看到这样的他。对于这样的人我羡慕之极。他是愚蠢的，在这一点上我不与你们争论，但也许一个正常的人就应该是愚蠢的，你们知道为什么吗？也许，这甚至是非常美妙的。我尤其坚信这种可以说值得怀疑的事，因为如果拿一个正常人的对立面，亦即一个有强烈意识的人来说，当然这人不是出自大自然怀抱，而是来自蒸馏瓶(这已近乎神秘主义了，先生们，但是对此我也怀疑)，那么这个蒸馏瓶的人有时也会在其对立面的面前服输，他会带着他全部的强烈意识，心甘情愿地承认自己是一只耗子，而非一个人。即使它具有强烈的意识,可毕竟还是一只耗子,而对立面却是人,因此……如此等等。但主要的一点是他自己,要知道,是他承认自己是一只耗子;并没有任何人要求他这样做;而这可是重要的一点。现在,让我们来看一看这只耗子的作为吧。比如说,我们假设,它也遭受了屈辱(它几乎总是遭受屈辱的),它也想报复。它心头积聚起的仇恨,也许比 l'homme de la nature et de la verite[1] 身上的还要多。他欲对欺负他的人以恶还恶,这一恶劣的、卑鄙的愿望在他的心中燃烧,也许比 l'homme de la nature et de la verite 心中燃烧得还要炽烈,因为,l'homme de la nature el de la verite 生来愚蠢,以为自己的报复纯粹是正义的行为;而耗子由于强烈意识的结果,在这里却否定正义。最后到了行动的时候,到了复仇的时候,不幸的耗子,除了它初始弄出的污秽之外,又在其周围弄出表现为问题和怀疑形式的其他许多污秽;从一个问题又引发出许多没有解决的问题,在它周围会不由自主地聚集起某种祸水,某种难闻的垃圾。在这些祸水和垃圾里面全是这耗子的疑虑和激动不安,最后还有那些直来直去的活动家们吐向它的唾沫,那些活动家们庄严地站在四周,装成法官和独裁者的样子,亮开嗓门,冲着它哈哈大笑。当然,对于这一切,耗子只能挥挥爪子,面带连它自己也不相信的、假装蔑视的微笑,羞愧地逃进自己的洞穴。在那里,在自己又脏又臭的地下室里,我们这只蒙受屈辱、挨了打、受到嘲笑的耗子,立即沉浸在冷酷的、恶毒的、而主要是无休无止的仇恨之中。他将一连 40 年记住自己的屈辱,连那些最细小、

---

[1] 法文:"自然的和真实的人";这是卢梭提出的概念。——译注

最耻辱的细节也牢记不忘，而且，每次他还要自己添加一些更为耻辱的细节，用自己的想象来恶毒地嘲弄、刺激自己。他将为自己的想象而感到羞愧，但是他仍然记着一切，清点一切，为自己杜撰出一些子虚乌有的事，并借口说这些事是可能发生的，因而他什么都不原谅。看来，他就要开始报复了，但却是断断续续地、零敲碎打地、偷偷摸摸地、躲躲闪闪地进行，他既不相信其复仇行动的正义，也不相信其复仇行动的成功，他事先就知道，由于所有那些报复的尝试，他自己将比那受报复的人还要痛苦百倍，而那个被报复的人则可能一点儿也不恼怒。在濒死的时候，他仍然记得所有这一切，以及在这段时间里变本加厉的感受……但是，也正是在这冷漠的、可憎的半绝望和半信仰之中，在这由于痛苦而将自己活活埋进地下室达40年之久的自觉的行为中，在这竭力编造却仍然有些可疑的绝境之中，在这刻骨铭心、未能满足的愿望的鸩毒里，在已做出永恒决定、旋又反悔的所有这些摇摆不定的冷热病中，——正是在这里，蕴含着我所说的那种奇特快感的琼浆。这一快感非常微妙，有时很难为意识所捕捉，以至于目光稍嫌短浅的人，甚或那些神经坚强的人，都毫不理解。"也许，"你们会咧嘴大笑着补充道，"从来没有挨过耳光的人，也理解不了。"你们这是在有礼貌地向我暗示，我一生中或许也挨过耳光，因此我说起来像是很内行。我敢打赌，你们肯定是这样想的。但是，别担心，先生们，我没有挨过耳光，虽说我对此是无所谓的，随你们怎么想好了。我一生中也很少扇别人耳光，为此我或许还有些遗憾呢。但是够了，关于你们极感兴趣的这个话题，我一个字也不再多说了。

我现在要平心静气地继续谈论那些神经坚强、不理解快感之微妙的人们。比如说，在有些情况下，这些先生们虽然也会像公牛般亮开嗓门吼叫，虽然这样做或许可以给他们带来最崇高的荣誉，但是正如我已经说过的那样，一旦面临不可能性，他们还是会立即妥协的。不可能性，是指一堵石墙吗？是什么石墙呢？当然，是自然规律，是自然科学的结论，是数学，比如说，要有人向你证明，你是由猴子变来的[1]，那你也别皱眉头，全盘接受好了。再有人向你证明说，事实上，你自己身上的一滴油脂会比十万个你这样的人还要珍贵，那些所谓的美德、义务及其他一些谬论和偏见，最终都将迎刃而解。对此，你也全盘接受好了，没什么说的，因为二乘二等于四。这是数学。你们试着来反驳吧。

"得了吧，"有人会向你们喊道，"这是无法反驳的，因为二乘二就等于四！大自然不会征询你们的意见；大自然可不管你们的愿望，也不管你们是否喜欢其规律。你们却不得不接受大自然的本来面貌，因此，也得接受它的一切结论。墙就是墙……"上帝呀，当我由于某种原因而不喜欢这些规律和二乘二等于四的时候，这些自然规律和算术又于我何干呢？当然，如果我真的无力，我是不会用脑袋去撞开石墙的，但我也不会仅仅因为面临石墙感到没有足够的力气而善罢甘休。

这样一堵石墙仿佛真的是一种安慰，真的能令人心平气和，仅仅因为它就是二乘二等于四。哦，这可真是荒谬透顶啊！最好呢，

---

[1] 这是陀思妥耶夫斯基对达尔文《物种起源》(1859)一书的嘲笑，该书俄译本出版于1864年，当时曾在俄国报刊引起激烈争论。——译注

是能理解这一切,意识到这一切,意识到所有不可能和所有石墙;如果你们讨厌妥协,那就不要和任何一种不可能、任何一堵石墙妥协;要通过最必然的逻辑组合引出关于一个永恒主题的最令人恶心的结论,那就是甚至连那堵石墙的存在,仿佛也是你自己的罪过,虽说你显然完全无罪,于是,你默默无语,无力地咬牙切齿,懒洋洋地、消极地发呆,幻想着就是要出口恶气,结果却没有可发泄的对象;找不到对象,也许永远也找不到。可这里是偷梁换柱,是颠倒是非,是招摇撞骗,这简直是浑水一潭,——不知是何物,不知是何人,但是,尽管混沌不清,黑白颠倒,你们仍然会感到痛苦,你们越是茫然无知,也就越是痛苦。

四

"哈,哈,哈!这么说,您从牙疼里也能找到快感啦!"你们会笑着喊道。

"那又怎样?牙疼中也是有快感的,"我会回答,"我的牙疼了整整一个月;我知道,这里有快感。在这种时候,当然,人们不是在默默地发狠,而是在呻吟;但是,这不是痛痛快快的呻吟,而是满怀恶意的呻吟,问题的全部就在于这恶意之中。正是在这呻吟中表达出了受难者的快感;如果他没有从牙疼中获得快感,他也许是不会呻吟的。"这是一个很好的例子,先生们,我要对此加以发挥。这些呻吟首先表明:对于我们的意识而言,你们的疼痛是不体面的,无目的的;这又表明:大自然有其全部规律性,对于这规律性,你们当然要啐上几口,但你们毕竟会因这一规律而吃苦头,而大自然却不会。这还表明:你们意识到你们没有找到敌人,而疼痛却是实在的;你们也意识到,无论你们有多少位瓦根海姆[1],你们仍完全是你们牙齿的奴隶;只要有人愿意,你们的牙就不会再疼了,要是他不愿意,你们的牙就还得疼上三个月;最后,如果你们老是不赞同、仍要反抗的话,那么,你们用来自我安慰的方式就只有抽自己一顿或用拳头更猛地砸你们的那堵墙,此外就别无他法了。这不,由于这些血腥的屈辱,由于这些不知来自何人的嘲弄,终于出现了快感,有时,这种快感竟然近乎性高潮。我请求你们,先生们,什么时候来听听19世纪一位有教养的人因为牙疼受罪而发出的呻吟,这已是他犯病的第二天或第三天,他已经不再像头一天那样呻吟了,也就是说,他的呻吟已不仅仅是因为牙疼;他已经不像一个粗鲁的农夫那样呻吟了,他的呻吟倒像一个受进步和欧洲文明所感染的人,像一个如今常说的那种"脱离了根基和人民本原"的人。他的呻吟变得有些可恶、卑鄙而又狠毒,白天黑夜地连续不断。他自己也知道,这些呻吟不会给他带来任何好处;他比所有人都更清楚地知道,他不过是在徒然地折磨或刺激自己和别人;他知道,甚至连他拼命地对之呻吟的人们以及他的整个家庭,都已经在厌恶地听他呻吟,他们一点儿也不相信他,他们心里都明白,他本可以换一种方式,呻吟得简单一些,不带花腔,不怪里怪气,他们认为,他是在故意地、恶毒地捣乱。瞧,在所有这些意识和耻辱中,正包含着快感。"据说,我打扰了你们,我伤了你们的

---

[1] 据说在19世纪60年代的彼得堡共有8位名叫"瓦根海姆"的牙医。——译注

心，我不让全家人睡觉。那么，就请你们别睡了，就请你们每一分钟都感觉到我的牙在疼吧。对于你们来说，我如今已不是我从前曾想充当的英雄，而只是一个卑鄙的人，一个 chenapan[1]。就这么着吧！我很高兴你们看透了我。听着我那些下流的呻吟，你们觉得恶心？那就恶心去吧；我这就给你们哼出一段更恶心的花腔来……"现在你们明白了吗，先生们？不，看来，要理解这一快感的全部微妙，还需大大提高智力和领悟力！你们在笑？我很高兴。先生们，我的玩笑自然不佳，有好有坏，乱糟糟的，自相矛盾。但要知道，这是因为我不尊重自己，难道一个有意识的人能够多多少少地尊重自己吗？

五

但是难道、难道一个甚至试图在自己的屈辱感中寻找快感的人，也能多多少少地尊重自己吗？我此刻这样说，并非出于某种有些肉麻的忏悔，而且总的说来，我根本就讨厌说什么："请您原谅，神父，我今后决不这样了。"这并非因为我不会这么说，恰恰相反，也许正因为我太善于这么说了，到了什么程度呢？时常，在我毫无过错的情况下，我却偏偏得这么说。这是最糟的事情。每逢此时，我还从内心受到感动，我还会悔过、流泪，自然，还要生自己的气，虽说完全不是假装出来的。好像心灵被玷污了……在这里，甚至连自然规律也不能去责怪了，虽说还是自然规律一直在不断地欺辱我，欺辱我整整一生，回忆起这一切心情很糟糕，而且当时原本就很糟糕。要知

---

[1] 法文："恶棍"。——译注

道，在那一分钟之后，我便常常已经在气愤地想，所有这一切都是谎言，谎言，是讨厌的、矫揉造作的谎言，也就是说，所有这些忏悔，所有这些感动，所有这些改过自新的誓言，都是谎言。你们会问，我干吗要糟蹋自己、折磨自己呢？答案是：因为袖手闲坐非常无聊；于是，我便来个装腔作势。的确是这样的。你们最好关注一下自己，先生们，那样的话，你们就会明白的确是这样的。我曾给自己臆想出一些奇遇，编造出一种生活，只是为了找个方式混日子。我有好多次，嗯，比如说，心里委屈起来，而且是无缘无故的，成心自找的；要知道，有的时候你自己也清楚，你会毫无缘由地感到委屈，你是在装腔作势，可末了竟真的感到自己确实受了委屈。不知为何，我一生都热衷于炮制这样的玩笑，于是，最终我竟难以控制自己了。另一回，我曾想强迫自己去恋爱，甚至强迫过两次。结果我受到恋情的折磨，先生们，我对你们说的是实话。在灵魂深处，我并不相信这是在受罪，还有一丝嘲笑掠过，但是我毕竟是在受罪，而且还是真正的、名副其实的受罪；我满怀忌妒，难以自控……这一切都由于无聊，先生们，一切都由于无聊；是惰性在压迫人。要知道，意识产生的直接、合理的结果就是惰性，也就是说，是有意识地袖手静坐，无所事事。这一点前面我已经说到了。我再重复一遍，认认真真地重复一遍：所有那些直来直去的人，那些活动家们，之所以喜欢活动，就是因为他们愚蠢笨拙，目光短浅。这一点当如何解释呢？是这样：由于目光短浅，他们将近期的和次要的原因当成了初始的原因，这样一来，他们便能比他人更快、更轻易地确信他们已经找到了自己事业那不容置疑的根据，于是感到心安理得；这是最关键的一点。要知道，要开始行动，就必须事先完全心安理得，不能有任何疑虑。然而，像我这样的人，怎么才能使自己心安理得呢？我所凭借的初始原因何在呢？根据何在呢？我从哪儿才能找到它们呢？我便思考起来，可是，我的每一个初始的原因都会立即引出另一个更为初始的原因来，就这样逐一引申，以至无穷。这正是每个意识和思维的本质所在。也许，这又是自然规律。结果究竟是什么呢？还是老一套。请你们回想一下我前不久关于报复所说的话（或许你们不曾留意）。我说过：一个人去复仇，因为他认为这是正义。这就是说，他找到了初始的原因，找到了根据，即正义。于是，他在方方面面都很心安理得，由于在确信自己正在进行一桩正当的、正义的事业，他便坦然地、顺利地去复仇了。可我却不认为这是正义的，也不认为其中有任何美德可言，因此，如果说我也开始报复的话，那就仅仅是出于怨恨了。怨恨自然能压倒一切，压倒我的一切疑虑，也许，正因为怨恨不是原因，所以它才完全成功地充当了初始原因。但是，假如我连怨恨也没有（前不久我就是从这一点谈起的），那又怎么办呢？由于这些该死的意识规律，我的怨恨处于化学分解之中。瞧，对象在挥发，理由在汽化，罪魁祸首找不到了，欺辱不再是欺辱，而成为天命，变成了某种类似牙疼的感觉，牙疼时谁都没错，因此，剩下的仍然是那条老路——往墙上撞得更凶一些吧。也可以置之不理，因为找不着初始的原因。还是试一试盲目地沉浸于自己的感觉，不加思考，不问初始原因，一时抛开意识；可以去恨，可以去爱，只要不是袖手静坐就行。那么到后天，这是最后的期限，你就将因为明知故犯地欺骗自己而开始蔑视自己。其结果就是：只有泡沫和惰性。噢，先生们，要知道，我一生什么都开始不了,也什么都完成不了,或许正因为如此,我才自视为聪明人。就算、就算我是个饶舌鬼吧,一个无害而又令人厌恶的饶舌鬼,和我们大家一样。不过,如果每个聪明人直接的、唯一的使命就是饶舌,也就是有意地、喋喋不休地说废话,那又有什么办法呢?

六

哦,但愿我仅仅是由于懒惰而什么都没做。上帝呀,那我就会尊重自己了。我之所以会尊重自己,是因为我至少在自己身上还能够拥有懒惰;因为我的身上至少还有一种能让我自信的、似乎是良好的品质。人若问起:这是个什么人?便可答道:一个懒汉;要知道,能听到别人这么说起自己,一定是极其愉快的。这就是说,我得到了正面的肯定,这就是说,关于我是有话可说的。"懒汉!"要知道,这也是一个头衔,一种使命,这也是一种出息啊。你们别笑话,就是这样的。这样我便有权成为一家头等俱乐部的成员,便可以无休无止地以尊重自己为乐事。我认识一位先生,他毕生都以自己善于品味拉斐酒而自豪。他将此视为自己的真正长处,也从来没有怀疑过自己。他死的时候,他的良心不仅坦然,而且还洋洋自得,他是对的。因此,我也会为自己选择一个行当:我可以做一个懒汉和饕餮,但不是一个简简单单的懒汉和饕餮,而是一位对一切美和崇高怀有同情心的懒汉和饕餮。你们觉得如何?我早这样幻想了。在我40岁时,这一"美与崇高"狠狠地撞到了我的后脑勺;但这是我40岁时的事,而那时——哦,那时就会利用一切机会,先往自己的酒杯里滴上几滴眼泪，然后再为一切美与崇高的事物把酒喝干。那时，我会将世上的一切都变为美与崇高；我会在最丑恶、最无可怀疑的肮脏之中找出美与崇高。我会变得眼泪汪汪，像一块湿海绵。比如，一位画家画了幅"盖伊"的画[1]，我就立即要为这位画出了"盖伊"的画家的健康干杯，因为我热爱一切美与崇高的事物。一位作者写了《随您的便》一文[2]，我就立即要为"随便什么人"的健康干上一杯，因为我热爱一切"美与崇高的事物"。为此，我要别人尊重自己，我将折磨那不尊重我的人，心情坦然地生活着，洋洋自得地死去，——这才是美妙，绝顶的美妙啊！那样，我便会长成那么一个大肚皮，堆出那么一个三层肉的下巴，给自己隆起那么一个通红的酒糟鼻来，为的是让每个遇见我的人都会看着我说："真棒！这才是地道的正面人物呢！"先生们，随你们怎么说，要知道，在我们这个否定的时代，能听到这种评语的确是令人非常愉快的呀。

七

然而，所有这一切都是金色的幻想。哦，请问诸位，是谁第一个声明，是谁第一个宣称，说一个人是因为不知道自己真正的利益才去做坏事的？又是谁说的，如果启发他，让他发现自己真正的、正

---

[1] 指俄国画家盖伊（1831—1894）的画作《最后的晚餐》，该画1863年展出后引起争论，萨尔蒂科夫-谢德林等撰文肯定，而陀思妥耶夫斯基却持相反意见。——译注

[2] 此文刊于《现代人》杂志1863年第7期，作者是萨尔蒂科夫-谢德林。——译注

常的利益,他便会立即停止干坏事,摇身一变成为一个善良而高尚的人,因为一旦受到启发,知道自己的真正利益所在,他就会在善行之中发现自己的利益,而众所周知,谁也不会明知故犯地违背自己的利益而行动,于是可以说,他就必然会开始行善?哦,幼稚的人哪!哦,纯洁无邪的孩子!首先,有史以来的这几千年里,究竟何时人只为自己的利益才行动呢?不是有千百万个事实在证明,人们是明知利害的,也就是说,他们完全清楚自己的真正利益所在,却将这些利益放在次要位置,而奔向另一条道路,去冒险,去撞大运,没有任何人、任何东西强迫他们这样做,他们似乎只是不愿去走已然指明的道路,而是顽固地、任性地要闯出另一条艰难的、荒谬的路,他们几乎是在黑暗里摸索着这条道路。对这千千万万的事实又该如何解释呢?要知道,这就是说,对于他们来讲,这种顽固和任性的确是更为愉快的事情,胜过各种各样的利益……利益!什么是利益?你们能否担保,你们对什么是人的利益能作出准确无误的定义吗?人的利益有时不仅可能,甚至一定表现为:在某种场合希望自己处于不利而非有利的地位,如果发生这种情况,那又如何是好呢?如果这样的话,只要一旦出现这种情况,那么所有的规则都将荡然无存。你们是怎么想的呢,有这种情况吗?你们在笑;笑吧,先生们,但是要请你们回答:人的利益是否都计算得完全精确呢?有没有那些不仅未归入,而且也无法归入任何一种分类的利益呢?因为,你们,先生们,据我所知,你们那张写着人的利益的清单,不过是你们从统计数字和经济学公式中得出的平均数而已。要知道,你们所说的利益,就是幸福、财富、自由、安宁,等等,等等;因此,一个人,比如说他要公然地、明知故犯地违反这整张清单,在你们看来,嗯,对,当然在我看来也是一样,他就是一位蒙昧主义者或者一个彻头彻尾的疯子,不是这样吗?但奇怪的是:所有这些统计学家、智者和人类的热爱者们在计算人的利益时,为什么总会忽略一种利益呢?甚至在计算时,他们并没有把这种利益合理地包括进去,而整个计算的成败却正取决于这一点。如果抓住了这一利益,径直把它列入清单,倒也不算大错。但头疼的是,这一深奥莫测的利益却难以归于任何一种分类,难以列入任何一份清单。比如说,我有位朋友……哦,先生们!他也是你们的朋友啊;而且对谁,无论对谁他都是朋友!只要一着手做事,这位先生便会立即夸夸其谈而又清清楚楚地向你们说明,他正好需要怎样遵循理性和真理的规律来行事。不仅如此,他还会怀着激动和狂热对你们谈起真正的、正常人的利益;他会带着嘲笑指责那些目光短浅的蠢人,说他们既不明白自己的利益,也不明白美德的真正意义;可刚过片刻,没有任何突如其来的外在缘由,正是由于一种比其他所有利益都更为强大的内心原因,他会转向完全另一方面,也就是说,他会公然站出来反对自己原先所宣称的东西:他既反对理性的规律,又反对个人的利益,唉,一句话,反对一切……我得事先声明,我的这个朋友是一个集合形象,因此很难仅仅责怪他一个人。问题就在这里,先生们,是不是真的存在某种东西,它对于几乎所有人来说都比他们那些最好的利益更加珍贵,或者(为了不违背逻辑)存在着一种最为有益的利益(这正是我们刚刚说到的被漏掉的那一种利益),它比所有其他利益都更为重要、更为有益;如果需要的话,一个人会为了这一利益而奋起反对所有规律,也就是反对理性、荣誉、安宁、幸福,一句话,会去反对所有这些美好的、有益的东西,仅仅为了得到这一初始的、最有益的利益,这利益对于他来说胜过一切。

"可那毕竟也是利益呀。"你们打断了我的话。对不起,我们还将解释,问题不在于文字游戏,而在于这一利益之所以出色,正因为它打破了我们的所有分类,打破了人类的热爱者为了人类的幸福而构建出的所有体系,它不断地加以破坏。一句话,它在妨碍一切。但是,在向你们道出这一利益之前,我想不惜自己的名誉大胆地宣称,所有这些美好的体系,所有这些向人类解释其真正、正常利益的理论(解释的目的在于使人类必须努力获得这些利益,从而便会立即变得善良和高尚),——所有这些理论目前在我看来,都不过是一种逻辑斯蒂[1]!是的,不过是一种逻辑斯蒂!要知道,肯定这种借助人类自身利益的体系来更新整个人类的理论,在我看来,几乎就等于……比如说,跟在巴克尔的后面断言,人由于文明而变得温和了,因此逐渐变得不嗜血、不好战了。[2]从逻辑上说,他似乎能得出这一结论。但是,人过分热衷于体系和抽象的结论,就会甘愿有意歪曲真理,甘愿视而不见,充耳不闻,一味地为自己的逻辑辩护。我之所以以此为例,是因为这个例子非常鲜明。请你们举目环顾四周:血流

---

[1] 又称数学逻辑或数理逻辑,或称符号逻辑。最早提出数学逻辑思想的是德国哲学家莱布尼茨(1646—1716);1847年英国数学家、逻辑学家布尔(1815—1864)发表《逻辑的数学分析》后,数理逻辑研究正式开始。数理逻辑即用数学方法研究逻辑问题。——译注

[2] 亨利·巴克尔(1821—1862),英国历史学家、实证社会学家,他在《英国文明史》(1857—1861)中认为,文明的发展将导致民族间战争的终止。——译注

成河，而且如香槟酒一般流得欢畅。这便是巴克尔也曾生活其中的、我们整个的19世纪，这便是拿破仑——那个伟大的拿破仑和当代的拿破仑。[1]这便是北美——一个永恒的联邦。[2]最后，这便是具有讽刺意义的石勒苏益格－荷尔斯泰因[3]……怎么谈得上文明使我们变得温和了呢？文明不过是在人的身上培养出多重复杂的感觉……别无其他。而通过这一多重复杂性的发展，人甚至还会落到在血腥中寻找快感的地步。要知道，这样的事已经在人的身上发生过。你们是否曾经注意到，那些最嗜血成性的人却几乎无一例外都是最文明的先生们，所有那些形形色色的阿蒂拉们和斯坚卡·拉辛们[4]，有时都无法与他们相比，如果说他们并不像阿蒂拉和斯坚卡·拉辛那样显眼，那只是因为他们太常见、太普通了，大家已经司空见惯了。如果说人没有因为文明而变得更嗜血，那么至少他在嗜血时也大概会比从前更坏、更丑恶。以往，人视流血为正义，心安理得地去消灭那该被消灭的人；而如今，虽然我们也认为流血是丑恶的勾当，可我们却仍在干这勾当，甚至比从前干得还要多。哪种情况更坏呢？你们自己去评

---

1 分别指法国皇帝拿破仑一世（1769—1821）和拿破仑二世（1811—1832），他们两人在位时都曾多次发动战争。——译注
2 指1861—1865年间的美国南北战争。——译注
3 石勒苏益格原为公国，与荷尔斯泰因伯爵的领地原为两个地区。1386年荷尔斯泰因伯爵将两地统一，1460年它同丹麦合并为君主国。此处指1863—1864年间普鲁士与奥地利同为争夺这一地区而进行的战争，战后该地区曾分属普鲁士与奥地利，最后在1949年后成为联邦德国的一个州。——译注
4 阿蒂拉（？—53），匈奴王，曾率军远征拜占庭，入侵巴尔干、高卢等地；斯坚卡·拉辛，即斯捷潘·拉辛（？—1671），顿河哥萨克，1667至1671年间的俄国农民起义领袖。——译注

判吧。据说,克娄巴特拉[1](请原谅我举了一个罗马史上的例子)喜欢用金针去扎女奴的乳房,并在她们的叫喊和痛苦的抽搐中获得快感。你们会说,这些事都发生在相对而言的野蛮时代;你们会说,如今仍然是野蛮时代,因为(同样是相对而言)如今还有人挨针扎;你们会说,人如今虽然已学会了观察,有时能比野蛮时代看得更清楚一些,可是,他还远远没有学会像理性和科学所指引的那样去行动。但你们毕竟完全相信,当某些陈旧、恶劣的习惯完全消失的时候,当正常的理智和科学完全改造并正确地指引人的天性的时候,人是一定能够学会的。你们坚信,到那时,人自己也不再会自愿地犯错误,也可以说,他便会不由自主地不再让自己的意志与自己的正常利益相互脱节。不只如此:你们还会说,到那时,科学本身将教导人(虽然在我看来这已是奢望),无论意志或任性,在人的身上实际上都不存在,而且也从未存在过,人自己不过是某种类似钢琴琴键或管风琴琴栓的东西。你们还会说,除此以外,世界上还存在着一些自然规律;因此,无论人做什么,都根本不是按照他的意愿进行的,而是自然而然地遵循自然规律进行的。所以,只要发现这些自然规律,人便用不着去为自己的行为负责了,他便能非常轻松地生活了。那时候,自然而然地,人的所有行为都可依照这些规律计算出来,用数学的方式,像对数表一样,数到十万零八千,然后载入历书;或者比这更好,将会出现某些善意的出版物,就像如今的百科词典一样,在其中,一切都得到了精确的计算和定义,于是,世界上便再也不会有意外的行

---

[1] 克娄巴特拉(公元前69—前30),古埃及女皇。——译注

为和事情了。

那时——这都是你们说的——将出现新的经济关系，它们完全是现成的，同样经过数学的精确计算，于是在一刹那之间，形形色色的问题都将消失，这只是因为已然能够得出形形色色的答案。到那时，水晶宫便将建立起来。[1]到那时……好吧，一句话，到那时，幸福鸟就将展翅飞来。当然，无论如何也不能担保（这已是我说的了），到那时，比如说，就再也不会感到乏味透顶（到那时一切都将是根据图表计算好了的，那还有什么事情可做呢），然而，一切都将极其合乎理智。当然，出于乏味无聊，有什么事儿想不出来呢！要知道，金针就是由于无聊才用来扎人的，但这一切好像都无关紧要。糟糕的是（这又是我说的），到那时，恐怕金针还是能让人开心呢。因为人是愚蠢的，极其愚蠢。也就是说，人即便完全不愚蠢，也是忘恩负义的，难以找到例外。因为，比如说，在普遍地合乎理智的未来，突然无缘无故地冒出一位什么绅士，他生着一张并不高贵的面孔，确切些说，是一张顽固落后的、嘲笑的面孔，他两手叉腰，对我们大家说道：怎么样，先生们，我们是否来把这理智整个儿地一脚踢开，唯一的目的就是让所有这些对数表都见鬼去，让我们重新按照我们愚蠢的意志来生活！——如果出现这样的事情，我是丝毫也不会感到吃惊的。这完全没什么，但令人气恼的是，总能找到一批追随者——人的秉性就是这样。而所有这一切都源自那最无根据的原因，这一原因或许根本不值一提。这正是因为，一个人，无论何时何

---

[1] 陀思妥耶夫斯基游历欧洲时曾参观伦敦水晶宫。在车尔尼雪夫斯基的小说《怎么办？》中"薇拉的第四个梦"里也曾出现水晶宫的形象。——译注

地,无论他是何许人,都喜欢如他所希望的那样去行动,而绝对不想按照理智和利益所吩咐的去行动;他想要的可能违反自己的利益,有时甚至就应该这样(这已是我的观念)。自身的、随意的、自由的意愿,自身的、即便是最野蛮的任性,自己的、有时甚至达到疯狂的想象——这一切便是那个被遗漏的、最有利益的利益,正是它不适于纳入任何一种分类,而总是使所有的体系和理论解体。所有这些智者们说什么,人需要具有某种正常的、某种高尚的意愿,这是从何谈起呢?他们说什么,人必定需要合理的、有益的意愿,这又是从何谈起呢?人需要的只是一种独立的意愿,而无论这一独立性的代价多高,无论这一独立性会导致什么结果。可是,鬼才知道这一愿望是什么……

八

"哈,哈,哈!要知道,这个意愿,如果您想知道的话,也许实际上是没有的!"你们哈哈大笑着打断了我的话,"如今,科学已经可以精确地解剖人了,所以我们也已知道,意愿和所谓的自由意志不是别的,而是……"

"等一下,先生们,连我自己也本想这样开始说的。我承认,我甚至胆怯了。我刚才就想喊出声来,说鬼知道意愿是取决于什么,它是什么,也许要谢天谢地,我又想起了科学……于是便没说下去。而就在这时,你们却说了起来。要知道,其实,嗯,要是人们什么时候真的找到了我们所有意愿和任性的公式,也就是说,知道它们取决于什么，它们遵循什么样的规律产生，它们如何发展，它们在不同的情况下趋向何方，等等，等等，也就是说，找到了一个真正的数学公式，要是这样的话，人也许马上就不会再有意愿了，而且，也许一定不会再有了。按表格提出意愿有什么意思呢？不仅如此，他还会立即由一个人变成管风琴的琴栓或诸如此类的东西；因为，一个没有愿望、没有意志、没有意愿的人，不是管风琴上的琴栓又能是什么呢？你们怎么想？我们来计算一下可能性，看这样的事情会不会发生？"

"嗯……"你们解释说，"我们的意愿大部分是错误的，原因在于我们对我们的利益所持的看法是错误的。我们之所以有时要听那种彻头彻尾的胡言乱语，是我们由于愚蠢，竟在这些胡言乱语中看到了一条能获得某种预期利益的捷径。那么，当这一切都在纸上得到了解释和计算（这是非常可能的，因为先就认定有些自然规律是永远不能认识的，那太令人厌恶，也毫无意义），那时，当然就不会再有所谓的愿望了。要知道，如果意愿什么时候与理性完全撞车，那么我们就只能进行推理，而不能指望什么了。因为，比如说不可能在保持理性的同时又指望无意义的东西，并因此有意地违反理性，有意地想给自己带来危害……由于所有的意愿和推理都真的能够计算出来，因为人们迟早会发现所谓的我们自由意志的规律，这样一来，也许真的可以建立起某种类似表格的东西，那我们也就真的可以按照这张表格提出意愿了。假如什么时候有人为我计算出来，并且证明，如果我向某个人做出了一个侮辱的手势，那恰是因为我不能不这么做，我还非得伸出某个指头来比画，倘若如此，我身上还能剩得下什么自由的份儿呢？更何况，如果我还是一位学者，并曾在某处修过科学课程。要知道，这样的话，我便能够提前30年计算出我的整个一生。总而言之，如果事情真是这样的话，我们便将没有什么可做的了，反正不得不接受一切。而且总的说来，我们就要不怕厌倦地对自己重复说，肯定在某一时刻、某种环境中，大自然不会来请示我们；我们应当接受本来面目的大自然，而不是我们想象出来的大自然，如果我们真的渴求拥有表格和历书，而且……哪怕是渴求拥有蒸馏瓶，那也没什么可说的，就得接受蒸馏瓶！否则的话，用不着我们，蒸馏瓶自己也会来的……"

"是啊，这正是我的难处哇！先生们，请你们原谅我的一番玄论；都怪这在地下室中度过的40年！请允许我来想象一下吧。要知道，先生们，理性是好东西，这是无可争议的，但理性却只是理性，它只能满足人的理性能力，而意愿却是整个生活的表现，就是说，它是人的整个生活的表现，包括理性和所有伤脑筋的事情在内。即便我们的生活在这一表现中时常显得很糟，但它毕竟还是生活，而不仅仅是开方求得的平方根。比如说我吧，十分自然地想活着，为的是满足我所有的生活能力，而不仅仅是为了满足我的理性能力，即不是为了去满足我整个生活能力中的那二十分之一。理性能知道什么？理性知道它已经知道的东西（对于有的东西，理性可能永远也无法知道；这尽管不是一种安慰，但为什么不把它说出来呢？），而人的本性是能调动其所有能力，整个地活动着的，不管是有意识地或是无意识地，即便是在说谎，它也是在生活着的。先生们，我怀疑你们正在面带遗憾地看着我；你们反复对我说，一个有高度文化修养的人，总之，一个未来的人，不可能有意想要什么不利于自己的东西，这像数学一样清楚。我完全赞同，这的确就是数学。但是，我却要向你们重复一百遍，只有一种情形，只有在一种情形下，人才会有意地、自觉地渴望那甚至是有害的、愚蠢的，甚至是愚蠢之极的东西，这便是，为了有权利去渴望那甚至是愚蠢之极的东西，而不愿受到约束，只能渴望聪明的东西。要知道，这是愚蠢之极的，这是自己的任性，事实上，先生们，在地球上的万物之中，这也许是对于我们的兄弟而言最为有益的东西，在某些情形下尤其如此。而其中，比一切利益都更为有益的东西，甚至有可能出现在这样的情形之下，即当它给我们带来了明显的危害，并与我们的理性有关利益所得出的最为缜密的结论相矛盾的时候，——因为，这样至少能为我们保全最主要、最珍贵的东西，亦即我们的人格和我们的个性。有些人会肯定地说，对于人来讲，这的确是最为珍贵的；当然，如果愿意的话，意愿是可以与理性融为一体的，尤其是当它不是被滥用，而是被适度运用的时候；这是有益的，有时甚至是值得称道的。但是，经常地，甚至在大多数时间内，意愿都是与理性完全地、执拗地相矛盾的，而且……而且……你们是否知道，这也是有益的，有时甚至是非常值得称道的？先生们，我们假设人并不愚蠢（事实上，无论如何不该说人是这样的，哪怕只由于这样一个理由，即如果人是愚蠢的，那么还有什么是聪明的呢？），但是，如果说人并不愚蠢，那么他也仍是极其忘恩负义的！绝对地忘恩负义。我甚至认为，对人的最好定义就是：一种两条腿的忘恩负义的生物。但这还不是全部；这还不是人的主要缺点；人的最主要的缺点，就是那始终一贯的品行不端，这种恶劣品行始终一贯,从洪水时代直至人类命运中的石勒苏益格-荷尔斯泰因时期。品行不端,因此也就是不明智;因为,人们早就已知的是,不明智并非源于其他,而是来自品行不端。请你们来看一看人类的历史吧,你们会看到什么呢?壮丽吗?也许,可以说是壮丽的,比如说,仅仅罗得岛上的那尊雕像就好生了得![1]无怪乎阿纳耶夫斯基[2]先生证实说,一些人认为这尊雕像是人类双手的产物,而另一些人则断言它是大自然本身的造物;绚烂多彩吗?也许可以说是绚烂多彩的;只要将所有时代、所有民族文武官员的礼服研究一番,就好生了得,而若去研究文官制服,就肯定会累得趴下,没有一位史学家能受得了。单调乏味吗?也许可以说是单调乏味的;人们打呀,打呀,现在在打,从前打过,将来还要打,——你们会赞同说,这甚至过于单调乏味了。一句话,一切,一切可能在混乱的大脑中冒出来的想法,都可用来谈论全世界的历史。唯一不能说的就是明智,亦即不能说历史是明智的。第一个字没出口,你们便打住了。在这里,甚至常会遇见这样的情形:要知道,在生活中经常会出现那样一些有道德、有理性的人,那样一些智者和人类的热爱者,他们为自己立下宗旨:一生都要尽可能品行端正,而又明智,也就是说,要用自己来照亮他人,为的就是向他人证明,在这个世界上的确可以过品行端正、合乎理性的生活。结果如何呢?众所周知,许多有此爱好的人,或迟或早,在生命行将结束时都背叛了自己,闹出一些趣闻逸事,有时

---

[1] 爱琴海中的罗得岛上有一尊太阳神赫利俄斯的铜像,建于公元前292—前280年,高30多米,为世界七大奇迹之一,公元前225年因地震倒塌。——译注
[2] 阿纳耶夫斯基,当时一位不太出名的作家。——译注

甚至是最最不体面的趣闻逸事。现在我请问诸位：对于人，这一被赋予如此奇怪品质的生物，又能指望什么呢？你们就是向他倾注所有尘世间的幸福，就是让他从头到脚完全沉浸在幸福之中，像是整个没在水里，只有些吐出的气泡冒出幸福的表面；就是让他经济上十分宽裕，使他除了睡觉、吃甜饼和为世界历史的不断发展而操心之外，完全不用再做任何事情，——即使这样，他也还是那样的人，仍会仅仅由于忘恩负义，仅仅为了诽谤而对你们干出卑鄙的勾当。他甚至会拿甜饼来冒险，有意做出最为有害的胡作非为，最不合算的荒谬行径，仅仅为了在这正确的理智之中掺进其有害的幻想成分。他要坚持自己那些古怪离奇的幻想，那些极其庸俗的蠢事，仅仅为了向自己证实（似乎这非常必要），人毕竟是人，而不是钢琴上的琴键，尽管自然规律亲手在那些琴键上弹奏，但也有可能弹得人们除了历书再也不能指望别的什么。而且，更有甚者：即便人真的变成了琴键，即便用自然科学和数学方法向他论证了这一点，他也不会醒悟，仅仅出于忘恩负义，他就会有意做出相反的举动；说实在的，他只是为了固执己见。当他缺乏手段时，他就会制造出破坏和混乱，杜撰出各种各样的苦难，以此固执己见！他满世界散布诅咒，因为只有人才会诅咒（这是人区别于其他动物的最主要的特权），要知道，他也许单凭诅咒就能达到自己的目的，也就是说，他真的确信他是人，而不是琴键。如果你们说，混乱呀，黑暗呀，诅咒呀，这一切都可以根据表格计算出来，那么单凭预先可以计算，也就能防止这一切，理性便会占上风，——可如果这样，在这种情况下，人就会故意变成疯子，为的是不要理性而能坚持己见！我相信这一点，我能对此负责，因为人类的所有问题看来的确就在于：人在持续不断地向自己证明他是人，而不是琴栓！虽说是现身说法，但他却在证明；虽说方式是原始的，但他却在证明。这样一来，他怎么能不做坏事，怎么能不夸口说这样的事情还不曾有过，怎么能不说，现在鬼才知道意愿究竟是怎么来的……"

你们会对我叫嚷（如果说我还能博得你们叫嚷的话），说并没有任何人来剥夺我的意志，说人们不过是设法使我的意志能够自愿地与我的正常利益、自然规律和算术相吻合。

"唉，先生们，当事情已经弄到了表格和算术的地步，当普遍只讲二乘二等于四的时候，还有什么自己的意志呢？就是没有我的意志，二乘二也等于四。难道那也算自己的意志吗！"

九

先生们，我当然是在开玩笑，我自己也知道我的玩笑开得并不成功，但是，并不能把一切都看成玩笑。我也许是在咬牙切齿地开玩笑。先生们，有些问题令我苦恼；请你们为我解答。比如说，你们想使人抛弃旧的习惯，并按照科学和健全思想的需要来矫正其意志。但是，你们怎么知道，人不仅可能，而且需要做这样的改造呢？你们是从哪儿得出结论，认为人类的意愿应当做那样的矫正呢？一句话，你们怎么知道这样的矫正真能给人带来益处呢？还有，如果说到底，你们为何如此坚定地相信，不背离那些为理智的论据和算术所保障的、真正的、正常的利益，对人来说就真的永远有益呢，而且这对全人类来说就是一条规律呢？要知道，这暂时还只是你们的假设。我们假设这是一条逻辑的规律，但也许根本算不上是人类的规律。你们，先生们，没谁认为我是个疯子吧？请允许我说明一下。我同意，人是一种动物，是一种主要具有创造性的动物，他注定要自觉地追求一个目标，要从事工程技艺，也就是说他会永远不断地为自己开辟道路，而不管朝着什么方向。然而，他时而也想朝旁边弯一下，但这也许正因为注定要由他来打通这条道路，也许还因为，一位直来直去的活动家无论多么愚蠢，终究偶尔会想到，道路几乎永远得朝着什么方向延续下去的，主要的问题并不在于道路通向何方，而在于要让道路直通下去，要让品行端止的孩子别轻视工程技艺而沉湎于那有害的游手好闲，众所周知，游手好闲可是万恶之源。人喜欢创造，喜欢开辟道路，这是无可争议的。但是，他为何同样酷爱破坏和混乱呢？这一点你们倒说说看！但关于这点，我本人也想特别地申说两句。人之所以喜欢破坏和混乱（要知道，这是无可争议的，他有时非常地喜欢，确实如此），也许是因为，他自己本能地害怕达到目的，害怕建完他所建造的大厦？你们怎会知道，他也许只是在远处，而绝非在其附近喜欢那大厦；也许，他只是喜欢建造这座大厦，而不是在其中居住，此后他会把大厦送给 aux animaux domestiques[1]，送给蚂蚁、绵羊等等，等等。蚂蚁的趣味则是完全别样的。它们有一座与此类似的、奇异的、永远不会被摧毁的大厦——蚁冢。

1　法语：“家畜”。——译注

可敬的蚂蚁们以蚁冢开始，大概也以蚁冢告终，这使它们以始终不渝和积极认真赢得了巨大声誉。但是，人却是一种轻浮的、不体面的生物，也许他就像棋手那样，喜欢的只是达到目的的过程，而不是目的本身。而且，有谁知道呢（没法儿担保），也许人类在地球上所追求的全部目的仅仅就在于抵达目的之过程的这一持续性，换句话说，就在于生活本身，而不在于目的，自然，这一目的不是别的，就是二乘二等于四，也就是说，是一个公式，但是要知道，先生们，二乘二等于四已经不是生活，而是死亡的开端。至少，人不知为何总有些害怕这二乘二等于四，我现在也还害怕。我们假设，人的所作所为只是为了寻求这个二乘二等于四，他漂洋过海，在这一寻求中牺牲生活，可他不知为何又害怕找到，害怕真的找到。因为他感到，他一旦找到，就再没有什么可寻求的了。工人们在结束工作后，至少可以领到钱，接着上酒馆，然后进警察局——这便是一周的活动。而人又能去向何方呢？至少，每次，当他达到诸如此类的目的时，在他身上都可以发现某种难堪的表情。他喜欢达到目的的过程，却不完全喜欢达到目的，这当然是非常可笑的。一句话，人的秉性是滑稽的；在所有这一切之中，显然包含着一种双关的俏皮话。然而，二乘二等于四毕竟是一个极其讨厌的东西。二乘二等于四，这在我看来只不过是蛮不讲理。二乘二等于四洋洋自得地双手叉腰，挡住你们的去路，啐着唾沫。我同意，二乘二等于四是十分美妙的东西；但是，假如要赞扬一切，那么二乘二等于五有时也是个非常可爱的小东西呢。

　　为什么你们如此坚定、如此庄严地确信，只有一种正常的、正面的东西呢？一句话，只有幸福才于人有益吗？在利益问题上，理智不会出错吗？要知道，也许人所喜欢的并不仅仅是幸福？也许，他也完全同样地喜欢苦难？也许，对他来说，苦难和幸福完全是同样有益的？人有时会非常地爱苦难，爱之成癖，这是事实。这是用不着去查阅世界史的；只要您是一个人，只要曾经稍稍地生活过，问问自己也就可以了。至于我个人的意见，那就是：仅仅爱幸福甚至有些不体面。不论是好是坏，反正有时破坏一种什么东西也是非常愉快的。这里我并不是在维护苦难，也不是在维护幸福。我是在维护……维护自己的任性，维护那在我需要的时候能为我提供保障的东西。比如说，轻松喜剧中就不允许有苦难，这我是知道的，在水晶宫中苦难也是不可思议的：苦难就是怀疑，就是否定，如果在水晶宫中还会产生怀疑，这还叫什么水晶宫呢？可我同时相信，人永远不会拒绝真正的苦难，也就是说，永远不会拒绝破坏和混乱，因为苦难便是意识产生的唯一原因。虽然我在一开始就说了，我认为意识是人最大的不幸，但是我知道，人喜欢意识，他不愿用任何的快乐来替换意识。比如说，意识就无限地高于二乘二。承认了二乘二之后，当然就不会留下什么东西，不仅无事可做，甚至连可以认知的东西也没有了。到那时，可做的一切，就是堵塞自己的五官，沉湎于潜思默想。而在意识的过程中，虽说也可能有同样的结果，也就是说也可能无事可做，但是至少有时还是可以责备一下自己的，而这毕竟能使人振作。即便是落后，毕竟胜过无所作为。

十

你们相信那座永远不能摧毁的水晶宫大厦,亦即那种既不能偷偷向它伸舌头,也不能暗暗地向它做侮辱性手势的东西。可我却害怕这样的大厦,也许因为它是水晶的,是永远不能摧毁的,也许因为甚至不能偷偷地向它伸舌头。

你们知道吗?如果没有那座宫殿而有个鸡窝,而天上正好下起了雨,我也许会钻进鸡窝避雨的,但是,我却不会因感激鸡窝而将它视为宫殿。你们在笑,你们甚至说,在这种情况下,鸡窝和宫殿是一码事。我回答:是一码事,如果活着仅仅是为了不被雨淋湿的话。

但是,如果我同执己见地认为,人们活着并不仅仅为了这个;如果我认为,人们活着,但不仅仅以此为目的,要生活的话,就应该生活在宫殿里,那又该怎么办呢?这是我的意愿,这是我的愿望。你们只有改变了我的愿望,才能将它从我的脑中铲除。好的,请你们来改变我吧,用其他东西来诱惑我,给我另一个理想吧。而暂时,我还不会将鸡窝当作宫殿,就算水晶宫大厦是一种幻想的海市蜃楼吧。按照自然规律它是不应存在的。就算我把它臆想出来,仅仅是由于我自己的愚蠢,由于我们这一代人的某些陈旧的和非理性的习惯。但是,它该不该存在,和我又有什么关系呢?如果说它存在于我的愿望之中,或者更确切地说,它存在于我的愿望存在的时候,还不都是一码事吗?也许,你们又笑了?笑吧!我能承受所有的嘲笑,反正我不会在我想吃东西的时候说我的肚子是饱的;反正我知道,我不会只因为它是按照自然规律而存在的,而且是真的存在着,便满足于折中，满足于不断循环的"零"。我不会将一座大房子——它的房间都按千年的合同租给贫穷的房客，还可以挂上牙科医生瓦根海姆的招牌以备万一——视为自己至高无上的愿望。请你们毁掉我的愿望，抹去我的理想，给我指出什么更好的东西来吧，那样的话，我就会跟你们走。也许你们会说，不值得同我打交道；若是这样，我也可以用同样的话回敬你们，我们在严肃地谈论，而你们却不愿理睬我，那我也不会卑躬屈节的。我有自己的地下室。

但是只要我还活着，还有愿望——那么，哪怕我给那座大房子添上一小块砖，就让我的手烂掉好了！尽管刚才我亲口否定了水晶宫大厦，仅仅是因为不能向它吐舌头，可我这样说，压根儿不是因为我那么喜欢伸出我的舌头。也许，我所恼火的只是，在你们的所有建筑物中，至今还找不到一座能让人不冲它吐舌头的。反之，只要能盖成那幢让我自己永远也不想再向其吐舌头的建筑物，那么，即使仅仅出于感激之情，我也会把自己的舌头完全割掉。而如果盖不出这样的建筑，只能满足于那些房子，这又关我什么事呢？为什么我生来就会有这种愿望呢？难道我生来仅仅是为了引出这样的结论，说我的整个生存都只是一种欺骗？难道全部目的就在于此？我不信。

此外，你们要知道，我坚信必须对我们这位住地下室的兄弟严加管制。他虽然能够闷声不响地在地下室里待上40年，但是，他一旦来到光天化日之下，张口说话，那他就会说呀，说呀，说个不停……

十一

归根结底,先生们,最好还是什么都不做!最好是自觉的懒惰!所以说,地下室万岁!我虽然说过,我非常非常羡慕正常人,但是,以我看见他们的那情况而论,我可不愿做他们那样的人(虽说我仍在不停地羡慕他们。不,不,地下室终归是更有益些!)在那里,至少可以……唉!要知道,我这也是在撒谎!我撒谎,因为我自己像二乘二得四一样地知道,绝不是地下室好,而完全是别的什么地方,是一种我所渴望的、却无论如何也找不到的地方!让地下室见鬼去吧!

如果在我此刻所写的这些东西中,我自己能够随便相信些什么,那也好了。我向你们起誓,先生们,在我此刻匆匆写出的东西中,我连一个字都不信!也就是说,我似乎也相信,但与此同时,不知为什么,我又感到并且怀疑自己是在蹩脚地撒谎。

"那么您为何要写这一切呢?"你们对我说。

"假如我让你们无所事事地待上40年,40年之后我去地下室看你们,看你们会变成什么模样?难道可以让一个人无所事事地单独待上40年吗?"

"真不害羞,真恬不知耻!"也许,你们会依然不屑地摇着脑袋对我说,"您渴望生活,并用一团混乱的逻辑来解答生活问题。您的行为多么讨厌,多么粗鲁,但同时您又是多么地害怕啊!您胡言乱语,并由此感到满足;您说粗鲁的话,自己却又在不断地因为这样的粗话感到害怕,并请求别人原谅。您要人相信您什么也不怕,与此同时,您却在奉承我们的意见。您要人相信您在咬牙切齿，与此同时，您却在说俏皮话逗我们发笑。您知道，您的那些俏皮话并不高明，但是，您却显然因其文采而扬扬得意。您也许真的受过苦难，但是，您却丝毫也不尊重您的苦难。您有些真理，可是缺乏高尚的品德；您出于极其渺小的虚荣心，炫耀您的真理，使得您的真理蒙受耻辱，将您的真理带向市场……您真的想说点什么，但是由于忧虑，您又隐藏了您最后的话，因为您没有决心和盘托出，却胆怯得厚颜无耻，您夸耀自己的意识，可您却一直在摇摆不定，因为您的头脑虽然在活动，您的心灵却被放荡行为所腐蚀了，而没有纯洁的心灵，就不会有充分的、正确的意识！您身上有多少令人厌恶的东西，您是那样纠缠不休，您是那样装腔作势！谎言，谎言，全是谎言！"

当然，你们所有这些话，都是我此刻自己编出来的。这也同样出自地下室。在那里一连40年，我一直在透过缝隙偷听你们的这些话。我自己编造出这些话，但也只能编造出这样的话。这是毫不奇怪的，这些话已经牢记在心，并具有了文学的形式……

但是，难道、难道你们真的会如此轻信，真的以为我会将所有这些发表出来，并供你们阅读吗？我现在还面临一个问题，即需要说明：实际上，我为何要称你们为"先生们"呢，为何要像真的对待读者一样对待你们呢？我存心道出的那些自白是不会发表出来的，是不会让别人读到的。至少，我没有那样的决心，也不认为有这种必要。但你们要知道：有一个幻想突然来到我的脑海中，我无论如何都想要实现它。事情是这样：

每个人的回忆中都有这样一些东西，它们不能向众人公开，而只能向朋友袒露。另有一些东西，就是对朋友也不会公开，而只有对自己坦诚，并且讳莫如深。最后，还有一些东西，甚至害怕对自己公开，而这样的东西在每一个体面的人那里都积累得相当多。情况甚至是这样：一个人越是体面，他积累的这类东西就越多。至少，我自己就是不久前才决心回忆我先前那些奇遇的，而在此前，我总是回避它们，甚至还有点惴惴不安。而此刻，当我不仅在回忆，甚至还决定做出笔录的时候，此刻，我正想体验一下：有可能完全做到坦白吗，即便是面对自己？有可能不怕全部真相吗？我要顺便指出：海涅断言，真实的自传几乎是不可能的，人在谈到自己的时候肯定会撒谎。他认为，比如卢梭在他的《忏悔录》中就无疑对自己撒了谎，甚至是出于虚荣而有意撒的谎。我相信海涅是对的；我非常清楚地懂得，有时，仅仅出于虚荣，就可能给自己扣上整套整套的罪名，我甚至还能非常清楚地认识到这种虚荣可能是什么性质的。然而，海涅评判的是那种在公众面前忏悔的人，而我却只是为自己一个人写作的，我要一劳永逸地声明，如果说我的写作仿佛是为读者的，那么这也仅仅是为了摆摆样子，因为这样我便可以更轻松地写下去。这是一个形式，一个空洞的形式，我永远也不会有读者。我已经声明过了……

在编辑我的手记时，我无论如何也不想受到拘束。我将不安排什么顺序和体系。我想起什么就写什么。

好吧，举个例子。你们可能会抠字眼儿，可能会问我：如果说您真的不考虑读者，那么现在您干吗还要在纸上对自己做这样一些交代，说您不会安排什么顺序和体系、您想起什么就写什么等等之类的话呢？您为何要解释呢？您为何要道歉呢？

"你看怪不怪！"我回答。

这里可是一门很大的心理学问。也许因为我只是一个胆小鬼。也许因为我有意想象自己的面前有公众，使我自己在书写手记的时候规矩一些，原因可以有上千个。

但是，问题又来了：我自己究竟为何想要写作呢？如果不是为了公众，那么本可以将一切都记在脑中，而用不着写到纸上呀？

是这样的：写在纸上要显得庄重一些。在这里，有某种感人的东西，能更多地评判自我，增添些文采。此外，也许由于书写手记，我真的获得了解脱。比如说，此刻，一个不久之前的回忆沉沉地压在我的心头，还在几天前，我就清晰地忆起了它，从那时起，它便像一个烦人的、不愿离去的音乐主题一样留在我的心中。然而，应当摆脱它。这样的回忆我有数百个；但是，有时从这上百个回忆中会凸现某一个，压在我的心头。不知怎的，我相信，如果我将它记录下来，便可摆脱它。为什么不试一试呢？

最后，还有一个原因：我很无聊，我经常什么也不做。书写手记却真的似乎是一件工作。据说，由于工作，人会变得善良和诚实。这至少是一个机会。

此刻正在下雪，雪几乎是潮湿的、昏黄的、肮脏的。昨天也下了雪，这几天都在下雪。我感到，由于湿雪，我回忆起了那段至今一直困扰着我的逸事。下面便是这篇由湿雪引起的故事。

（摘自《陀思妥耶夫斯基全集》之《地下室手记（中短篇小说卷）》，河北教育出版社2010年版）

第八部 俄国文学史（节选）

俄国文学史（节选）

> 译者按语

　　德米特里·斯维亚托波尔克‑米尔斯基（Дмитрий Святополк‑Мирский，1890—1939），俄国文学史家、批评家和文艺学家，同时也是重要的俄国政论作家和社会活动家，他同时用俄、英两种语言著书撰文，是二十世纪二三十年代西欧和苏联文学界、知识界极为活跃的人物之一。他的英俄文著作主要有《俄国抒情诗选》(1924)、《现代俄国文学》(1925)、《普希金》(1926)、《当代俄国文学（1881—1925）》(1926)、《俄国文学史》(1927)、《俄国史》(1928)、《俄国社会史》(1931)、《列宁传》(1931)、《知识分子》(1933)和《英国新诗选》(1937)等。米尔斯基的《俄国文学史》(*A History of Russian Literature — From the Earlist Times to the Death of Dostoyevsky*)用英语写成，上、下两卷于1926、1927年出版后成为英语世界俄国文学研究的奠基之作，被纳博科夫誉为"用包括俄语在内的所有语言写就的最好一部俄国文学史"。这里选译的是该书中关于陀思妥耶夫斯基的两段文字，分别为该书上卷第六章第二节和第八章第二节。

陀思妥耶夫斯基的早期创作

新流派的第一个成就即陀思妥耶夫斯基的小说处女作《穷人》。在这部小说以及陀思妥耶夫斯基的其他早期小说 (至 1849 年) 中,新现实主义与果戈理之关联尤为醒目。考虑到这一点,自陀思妥耶夫斯基起逐一考察现实主义作家便较为合适。另一方面,陀思妥耶夫斯基的后期创作,即始自《地下室手记》、止于《卡拉马佐夫兄弟》的那一伟大系列,远远超越其时代,与其后的文学发展融为一体,很晚才回归公众的阅读视野,因此,它们很难放在诸如阿克萨科夫和冈察洛夫等人的作品之前进行论述。因此,在一部俄国文学通史中可将陀思妥耶夫斯基一分为二,使这一分期变得更为清晰的一个事实,即陀思妥耶夫斯基的文学生涯中由于 1849 年受审和流放而出现的一段长期停滞。他获释后的作品将在下一章讨论,该章所论小说家之创作重心均处于 1861 年之后。

费奥多尔·米哈伊洛维奇·陀思妥耶夫斯基 1821 年 10 月 30 日生于莫斯科,其父为该城一所大医院的医生。陀思妥耶夫斯基一家原籍俄国西南部 (沃伦地区),可能本为贵族。这一姓氏在 17 世纪文献中常被提及。这一家族中没有信奉罗马天主教的成员均成为神父,如伟大作家的祖父。其母为莫斯科一商贾之女。因此,陀思妥耶夫斯基同时拥有乌克兰血统和莫斯科公国血统。陀思妥耶夫斯基大夫相当富裕,他用挣来的钱购得一处庄园,但他并未成为农奴主,因为那处庄园"无人居住"。费奥多尔和哥哥米哈伊尔 (后来两人曾合办杂志) 很早便迷上阅读,他同样很早便崇拜普希金。兄弟俩就读于莫斯科一家私人学校,1837年,费奥多尔前往彼得堡,进入军事工程学校。他在军校学习四年,对工程学并无太大兴趣,反而更热衷文学和阅读,他自军校写给哥哥米哈伊尔的书信充满文学热情。1841年他获得军衔,但仍在军校学习一年,毕业后在工程部谋得一个位置。作为五年军校生活之报偿,他必须在军中服役两年。服役期限一到,他没再耽搁,便于1844年退伍。陀思妥耶夫斯基并非穷人,其父留下一份不大的家产,但他不善做事,亦不懂节俭,因此常常捉襟见肘。退伍时他便立志献身文学,并在1844—1845年之交的冬季写出《穷人》。格里戈罗维奇,新流派中一位刚开始写作的小说家,建议陀思妥耶夫斯基带这部小说去见涅克拉索夫,后者正筹划出版一份文学合集。涅克拉索夫读了小说后欣喜万分,便携稿拜访别林斯基。"新的果戈理诞生了!"他在冲进批评家的房间时如此高喊。"你的果戈理像蘑菇一样多吗?"别林斯基应道,可当他接过小说,从头到尾读了一遍,其印象与涅克拉索夫如出一辙。别林斯基约见陀思妥耶夫斯基,将其所有激情全都倾注于这位年轻小说家,他感叹:"您知道您写出什么样的作品来了吗?"30年后,陀思妥耶夫斯基仍记得这一切,并称之为他一生中最幸福的一天。《穷人》被收入涅克拉索夫的《彼得堡作品集》,于1846年1月面世。它得到别林斯基和其他批评家高度评价,被友善地归入新流派,在读者中间同样大获成功。陀思妥耶夫斯基似乎很难承受其成功,有些飘飘然,关于他的傲慢自负留有许多可笑传闻。巨大的成功并未持续太久。与《穷人》同年面世的其第二部小说《双重人》,所激起的反响便相当冷淡。陀思妥耶夫斯基与别林斯基及其友人的关系也开始变糟。他因其第一部小说而生的自负情绪变得更为强烈，因为别林斯基及其友人对他之后的创作深感失望。他遭到屠格涅夫的嘲笑挖苦，这中止了两人间的经常往来。他的作品继续发表，但很少博得赞许。陀思妥耶夫斯基虽然与进步文学圈友谊不再，却仍是一位激进派和西方派。他是彼得拉舍夫斯基社会主义小组成员，该小组成员聚集起来，目的在于阅读傅立叶，讨论社会主义问题，抨击现存体制。政府对1848年革命作出的反应对于彼得拉舍夫斯基小组成员而言是致命的，他们于1849年4月全体被捕。陀思妥耶夫斯基被关进彼得保罗要塞，坐牢八个月，等待军事法庭调查案件，对这些"密谋者"的命运作出裁决。判决最终作出。陀思妥耶夫斯基的罪名为："参与犯罪计划，传播杂志编辑别林斯基（致果戈理）的信件，该信充满反对东正教会和最高当局的无礼之词，该犯还试图与他人一同写作反政府文章，并以私下印刷之方式进行传播。"他被判处八年苦役刑期。此刑期后被皇帝本人减为四年，陀思妥耶夫斯基刑满后还得以列兵身份在军中服役。然而，判决结果并未被正常告之犯人，取而代之的是一场恶意导演的残忍悲喜剧：当着犯人的面宣读对他们的死刑判决，行刑的枪手们也均已就位，直到第一组犯人被绑上柱子，真正的判决才被公布。所有犯人当然均对死刑判决信以为真，其中一人因此精神失常。这一日令陀思妥耶夫斯基终生难忘：他在其作品中曾两次提及此事，一为《白痴》，一为1873年的《作家日记》。此事发生在1849年12月22日。两天后，陀思妥耶夫斯基即被流放至西伯利亚，他将在那里服完刑期。他自文学界消失，时间长达九年。

　　陀思妥耶夫斯基的早期创作受累于其后期小说之伟大。我们很难意识到,《地下室手记》和《群魔》的作者即源于《穷人》以及其后几部作品。他的早期作品中很少看到堪与斯维德里加洛夫、基里洛夫或老卡拉马佐夫等形象媲美的杰出创造。就此而言,将青年陀思妥耶夫斯基视为一位与《白痴》作者迥然不同的作家似也不无道理。较之于后来的陀思妥耶夫斯基,青年陀思妥耶夫斯基无疑是位较小的作家,但他绝不是小作家,而是一位具有突出个性的作家,在其同时代人中占据重要地位。

使青年陀思妥耶夫斯基有别于四五十年代其他小说家的一个主要特征,即他与果戈理尤为接近。与其他作家不同,他像果戈理一样十分关注风格。他的风格亦如果戈理,紧张而又饱满,虽说并不永远准确无误。与其他现实主义作家一样,他在《穷人》中亦试图超越果戈理纯嘲讽的自然主义,其途径便是在其中加入同情和人道情感成分。但是,当其他作家尝试在荒诞和感伤这两个极端之间走中间路线时,陀思妥耶夫斯基的解决之道却更得果戈理之真传,更像是《外套》的传统之继承,他试图将极端荒诞的自然主义与紧张的感伤情绪合为一体,两种成分天衣无缝,却又未曾丧失各自特性。就这一意义而言,陀思妥耶夫斯基是果戈理地道、合格的门徒。不过,《穷人》的内容却非果戈理式。这里没有对生活之庸俗的憎恶,而是对饱受蹂躏、近乎兽类、可笑却依然高贵的人类之深切同情。《穷人》是20世纪40年代"仁慈"文学之巅峰,亦为构成陀思妥耶夫斯基后来那些伟大小说之醒目特征的悲悯态度之先声。此为一部书信体小说,写信的一方是一位结局不幸的年轻姑娘,另一方为她那位较她年长的朋友:政府小官员马卡尔·杰武什金。小说篇幅很长,对风格的关注更加强化读者的这种感觉。其风格并不像果戈理的风格那样完美无缺,引人入胜,但这是一部结构谨慎而又智慧的艺术作品,其中所有细节均服务于整体的综合效果。

他的第二篇小说是《双重人》,其副题为《长诗》(与《死魂灵》的副题一致,此词在俄语中意为"史诗""叙事诗"),这也源自果戈理,但这部小说的独创性更强。故事描写一位政府小职员,他担心另一位同事窃取其个性,因而惴惴不安,并最终发疯。小说叙事非常复杂,充满近乎《尤利西斯》式的伟大细节,风格上极富语音和节奏表现力。这是一篇令人痛苦、几乎不忍卒读的读物。读者的神经被绷紧至极点。带着这种后被米哈伊洛夫斯基归纳为其典型特征的残酷,陀思妥耶夫斯基持久地、令人信服地描写戈利亚德金先生在人性受辱时的内心痛苦。但是,这篇小说尽管使人痛苦,令人不快,可它却能抓住读者,让读者非一口气读完不可。《双重人》虽属于或许非法的残酷文学(尽管它试图幽默,却依然残酷,或更确切地说,它之残酷恰恰由于它试图幽默),却仍为一部完美艺术品。与这部作品关联密切的,即陀思妥耶夫斯基更为奇特、更加疯狂的第三篇小说《普罗哈尔钦先生》(1847),这个故事语无伦次,某些地方蓄意写得晦涩难懂,它叙述一个吝啬鬼之死,他积攒起大笔家产,却一直委身于肮脏恶心的贫民窟。

在陀思妥耶夫斯基创作第一时期的其他作品中,最为突出者为《女房东》(1848)和《涅朵奇卡·涅兹瓦诺娃》(1849)。前者是一个让人意外的浪漫故事,其对话用高昂的雄辩风格写成,遣词造句上模仿民间诗歌,很容易使人想起果戈理的《可怕的复仇》。这篇故事不如前三部小说连贯完美，但在其中却可更确切地预感到后来的陀思妥耶夫斯基。这部小说的女主人公，似乎是那些伟大小说中恶魔附身的女性们之先声。但就风格和结构而言它却鲜有新意，因为它过于依赖果戈理、霍夫曼和巴尔扎克。《涅朵奇卡·涅兹瓦诺娃》的构思规模超过之前任何一部小说，其写作被陀思妥耶夫斯基的被捕和受审所打断。这是一个十分有力、颇为神秘的片段，其中充满的滞重紧张感，《白痴》和《卡拉马佐夫兄弟》的读者会觉得似曾相识，这一效果主要借助于一些极易辨析的简单手法。其童年和少女时代成为这篇小说描写对象的女主人公，是一位贫穷音乐家与前妻所生之女，后在富裕家庭长大，此为陀思妥耶夫斯基那些高傲女性中的第一位，是杜尼娅（《罪与罚》）、阿格拉娅（《白痴》）和卡捷琳娜·伊万诺夫娜（《卡拉马佐夫兄弟》）等人的先驱。

陀思妥耶夫斯基（1849 年之后）

自 1850 年 3 月至 1854 年 3 月，陀思妥耶夫斯基在鄂木斯克的监狱中服苦役。在这段时间，他除《圣经》外无任何书籍可读，且从未有过片刻独处。这些年间，他经历了一场深重的宗教危机：他放弃他年轻时激进的社会理想，开始转向俄国民众的宗教，也就是说，他不仅开始信仰民众之信仰，而且其信仰正源自民众之信仰。另一方面，这四年苦役严重损害了他的健康，他的癫痫症日益严重，发作得越来越频繁。

刑期结束后,他被转为列兵,遣至驻扎在额尔齐斯河畔塞米巴拉金斯克的一个步兵营。18个月后(1855年10月),他被恢复军官衔。他如今可以自由写作,接收信件,重新开始文学创作。1856年,在逗留库兹涅茨克期间,他与寡妇伊萨耶娃结婚,他这第一次婚姻并不幸福。他在西伯利亚一直待到1859年。这五年间,除一些短篇小说外,他还写作了中篇《斯捷潘奇科沃村》,小说面世于1859年,与此同时,他开始写作《死屋手记》。1859年,他获准返回俄国的欧洲部分。同年稍后,他终获赦免,来到彼得堡。

他的到来恰逢伟大的改革运动,他立即被卷入报刊的漩涡。他与其兄米哈伊尔一同创办《时代》杂志,该刊于1861年1月面世。头两年里,除大量文章外,他还在杂志上发表了小说《被侮辱与被损害的》和《死屋手记》。尽管陀思妥耶夫斯基兄弟的立场与任何党派均不吻合,但他们的杂志却大获成功。他们持一种神秘民粹主义立场,他们不主张以西方的进步方式为人民谋幸福,而提倡去汲取人民的理想。他俩视斯特拉霍夫为可贵盟友,他们的另一位盟友格里高利耶夫当时却较少利用价值,因为他已越过其一生中最为混乱无序的阶段。陀思妥耶夫斯基本人也疯狂工作,常常累得精疲力竭。然而,他却因成功和斗争的氛围而振奋不已。1862年,他首次出国旅行,到了英国、法国和德国,并在《冬天记的夏天印象》中记录下他对西方的印象,这部作品刊于《时代》1863年头几期。他在这些文章中抨击、谴责西方不敬神的资产阶级文明,其立场与赫尔岑和斯拉夫派很接近。1863年,如同晴天霹雳,《时代》突遭查封,起因是斯特拉霍夫关于波兰问题的一篇文章,书刊检察官完全误读了此文。误解很快消除，陀思妥耶夫斯基获准继续出刊，自1864年1月起，刊物更名为《时世》重新面世，但查封却给他们造成难以估量的经济损失，让陀思妥耶夫斯基连续八年难以脱身。与此同时，他还遭遇一场比西伯利亚的宗教转变更为深重的危机。1862—1863年间，他与阿波利纳里娅·苏斯洛娃相爱，这是他一生中最重大的罗曼史。《时代》被查封后，他与苏斯洛娃一同出国旅行。正是在这次旅行中，他首次在轮盘赌中输掉大笔钱财。苏斯洛娃太太（后嫁给伟大的作家罗扎诺夫）生性高傲，是一位"地狱般的"女人（陀思妥耶夫斯基的说法），她的残酷和邪恶均深不可测，她似乎让陀思妥耶夫斯基更多地窥见了生活的黑暗面。

《时世》生不逢时。官方的行为使它无法及时地广为人知，它再也未能重获《时代》订阅者的好感。杂志复刊后不久，陀思妥耶夫斯基的妻子去世，几乎与此同时，米哈伊尔·陀思妥耶夫斯基亦病逝。格里高利耶夫于同年秋天的死去，更使这份杂志雪上加霜。陀思妥耶夫斯基发现自己孤身一人，还得抚养哥哥一家人。在英雄般地忙乱了15个月之后，他意识到《时世》已难以为继。杂志停止出版，陀思妥耶夫斯基破了产。正是在这可怖的1864年，陀思妥耶夫斯基写下他所有作品中最为独特的《地下室手记》。

为偿还大笔欠债，他坐下来一本接一本地写作大部头小说。1865—1866年间，他写出《罪与罚》。他将其所有作品的版权以区区3000卢布（1500美元）的可笑价格卖给出版商斯捷洛夫斯基。合同规定，除业已发表的所有作品，陀思妥耶夫斯基还必须在1866年11月向斯捷洛夫斯基提交一部篇幅完整、未曾发表的长篇小说。为完成这一任务，他开始写作《赌徒》，为能按时结束写作，他雇用一名速记秘书，即安娜·格里高利耶夫娜·斯尼特金娜。由于她的有效帮助，《赌徒》按时交付。数月后，他与他的秘书成婚（1867年2月）。

安娜·格里高利耶夫娜是一位最出众的妻子，仰仗她的献身精神和精明持家（以及陀思妥耶夫斯基的巨大创造力），陀思妥耶夫斯基最终摆脱债务，得以在相对轻松的环境里度过其一生的最后十年。但是，他们婚后最初几年却充满磨难和煎熬。婚后不久，陀思妥耶夫斯基便不得不离开俄国，在境外躲了四年，以免落入债主之手。1867年，他再度沉湎豪赌，这使他的处境愈加恶化。只是后来，凭借他刻苦迅捷的大部头小说写作，凭借安娜·格里高利耶夫娜的相助，他才渐渐重新站稳脚跟，并于1871年回到俄国。自《时代》被查封至他结束四年境外流浪返回俄国的这几年，无论就作品的数量还是质量而言，均为他一生中收获最丰的时期。《地下室手记》（1864）、《罪与罚》（1866）、《赌徒》（1866）、《白痴》（1869）、《永远的丈夫》（1870）以及《群魔》（1871），均写于这一时期，《大罪人传》亦构思于这一时期，其中便含有《卡拉马佐夫兄弟》的萌芽。

返回彼得堡后，陀思妥耶夫斯基夫妇并未立即摆脱一切困境，但他们的生活毕竟有所好转。他们自费印刷的《群魔》单行本（1873）获得成功。同年，陀思妥耶夫斯基在梅谢尔斯基公爵主办的周刊《公民》任编辑，这使他获得一份固定收入。1876年，他开始出版《作家日记》，发行量相当可观。陀思妥耶夫斯基的政治理念如今与时代更为合拍，其影响不断扩大，他感觉到周围更多同情。他的知名度在他去世前一年达到高点，《卡拉马佐夫兄弟》在这一年面世。

他于1880年6月8日在莫斯科普希金纪念碑揭幕典礼上的著名致辞，是其声誉之顶峰。这篇致辞激起了俄国文学史中从未有过的疯狂热情。

无论就心理层面还是历史层面而言，陀思妥耶夫斯基均为一个异常复杂的人物，我们不仅需要去区分他一生的不同时期以及他思想的不同倾向，而且还要区分他个性的不同层面。其更高层面，或更确切地说是其更深层面，仅体现于他始自《地下室手记》的最后17年间的文学作品。其较低层面，或更确切地说是其较浅层面，则存在于其所有作品，但在其报刊文章和1864年前的文学作品中尤为醒目。更为深刻的、本质的陀思妥耶夫斯基，是整个人类思想史中最有影响、最为不祥的人物之一，是终极思想求索领域最为大胆、最具破坏性的探险活动之一。而表面的陀思妥耶夫斯基则是其所处时代的人物，与亚历山大二世时代的许多俄国小说家和出版人亦无二致，并不总能高人一头，就思想而言，他亦有许多势均力敌的对手，无论如何，他均难以被置于赫尔岑、格里高利耶夫或列昂季耶夫之外，或被置于他们之上。另一个陀思妥耶夫斯基，本质的陀思妥耶夫斯基，就其精神体验之深刻、复杂和丰富而言，在整个俄国文学中仅有两位可能的对手，即罗扎诺夫和当然的托尔斯泰，后者来在世上，似乎恰是为了成为陀思妥耶夫斯基的对立面。

对托尔斯泰和陀思妥耶夫斯基进行比较，这在许多年间始终是俄国和外国批评家们热衷的讨论话题。关于前者的贵族本质和后者的平民本质，关于前者撒旦般的高傲和后者基督徒般的恭顺，关于前者的自然主义和后者的精神性，均已谈论很多。更无必要说明，大约自1900年起，这种比较便始终是偏向陀思妥耶夫斯基的。俄国所有的"现代派"思潮均断定，陀思妥耶夫斯基的精神与托尔斯泰的精神针锋相对。除了社会地位和所受教育之差异外，他们两人间的主要不同仍在于，托尔斯泰是个清教徒，而陀思妥耶夫斯基是位象征主义者。这就是说，对于陀思妥耶夫斯基而言，一切相对价值均与绝对价值相关，其正面或负面意义均源自它们反映更高价值时所采取的方式。对于托尔斯泰来说，绝对和相对是两个互不相关的世界，相对本身即为恶。因此，托尔斯泰貌视人类历史毫无意义的多样性，而陀思妥耶夫斯基的思想则具有高度历史感，这使他得以置身于俄国崇高思想的主流，堪与恰达耶夫、斯拉夫派、赫尔岑、格里高利耶夫、列昂季耶夫和索洛维约夫比肩。陀思妥耶夫斯基是他们中的一员，因为他的思想始终具有历史感。即便在他最纯粹的精神表达形式中，他所关注的问题亦非静止不变的永恒法则，而为宇宙超力量在人类历史中上演的戏剧。历史和人类文化的一切事实，对于陀思妥耶夫斯基而言均别具深意，具有正面或负面的特定价值。他的思想之伟大的复杂性、流动性和多面性正由此而来，与托尔斯泰几何般严谨的、线性的思想方式构成对比。托尔斯泰（尽管他对生活细节十分敏感）在其道德哲学中，无论是在高层次的《忏悔录》还是在低层次的反对酗酒、主张素食的文章里，均是一位欧几里得，或一位道德巨人。陀思妥耶夫斯基所面对的则是流动价值之难以捉摸的微积分。也正是因此，斯特拉霍夫才十分乐意地称托尔斯泰"纯洁"，而陀思妥耶夫斯基显然可称之为"不纯洁"。陀思妥耶夫斯基所面对的从来不是稳固的实体，而为流动的过程，这些过程常常表现为瓦解和腐烂。

在更具生活和历史意义的层面上指出这一点亦很重要，即托尔斯泰是一位贵族，且在文化上根植于俄国贵族阶层古老的法式文明和18世纪文明（在其文学同时代人中绝无仅有），而陀思妥耶夫斯基则是一位地地道道的平民和民主派，他属于那一造就出别林斯基、涅克拉索夫和格里高利耶夫的历史和社会阵营，此即原因之一，使他缺乏任何外在或内在的优美典雅，这与节制、约束和端庄的缺失一同，与过量的反常腼腆一同，构成其整个创作的典型特征。

陀思妥耶夫斯基后期几部大部头小说均为思想小说。这些小说的思想无法独立于艺术观念，思想无法自故事抽取，故事亦无法完全摆脱思想。可这却不适用于他的中期小说，即1857—1863年间的小说，这些小说在很多方面均更像其早期创作（1845—1849）之继续，而非其后期创作之先声。陀思妥耶夫斯基1857—1863年间的创作与其早期创作一样，均属肤浅层面，其意识的更深层面尚未在其间显露。不过，这一时期的小说依然有别于他40年代的创作，它们摆脱了果戈理的直接影响，摆脱了《穷人》和《双重人》对风格的紧张关注。这一时期的主要作品为《斯捷潘奇科沃村及其居民》（加内特女士译为《家庭朋友》）、《被侮辱与被损害的》（1861）和《死屋手记》（1861—1862）。在这三部小说中，《被侮辱与被损害的》就风格和调性而言与法国社会怜悯主题的浪漫主义小说以及狄更斯后期较少幽默的长篇小说密切相关。怜悯的宗教带着时常近乎奇情剧的感伤，在其中获得最为纯粹的体现，它尚未被后一时期那些更为深刻的问题所冲淡。小说的情节复杂曲折，已具有《罪与罚》和《白痴》那种充满悬念、神经紧绷、令人窒息的紧张,但是,其后期小说所充斥的智性激情尚未达到白热化的程度。

《斯捷潘奇科沃村》同样缺乏真正陀思妥耶夫斯基的智性激情和丰富多彩,但它在其他方面却是陀思妥耶夫斯基最为典型的作品之一。他所有大部头小说,其结构与其说是叙述性的,莫如说是戏剧化的,它们无须在结构上做任何重大修改,便可轻而易举地转化为剧作。在陀思妥耶夫斯基所有作品中,《斯捷潘奇科沃村》戏剧性最强(它起初是作为一部剧作来构思的),只不过它的篇幅当然过大,不宜于剧院演出。这部小说的有趣之处还在于,它体现了米哈伊洛夫斯基所言的陀思妥耶夫斯基之"残酷"。其情节是让人难以忍受的心理凌辱,施虐者是虚伪的寄生虫福马·奥皮斯金,被凌辱者则是他的房东罗斯塔涅夫上校。弱智者的恭顺使得上校甘于受虐,并允许奥皮斯金虐待他身边的所有朋友和仆人,乖戾的福马变着花样对其牺牲者进行心理侮辱,读来让人感到一种难以忍受的、近乎肉体的痛感。福马·奥皮斯金是一个怪诞形象,体现着荒谬卑劣、无端无责、最终亦无欢无乐的恶,他与萨尔蒂科夫笔下的波尔菲利·戈洛夫廖夫和索洛古勃笔下的彼列多诺夫一同,构成一架或许会让外国文学望尘莫及的三套马车。《斯捷潘奇科沃村》被构思成一个幽默喜剧故事,带有某种讽刺意味(讽刺对象显然是在《与友人书信选》中展示自我的果戈理),但必须承认,虽然幽默元素昭然若揭,但只有特殊修养的读者方能理解其可笑之处。

在这一时期最为典型的短篇小说《一件糟糕的事情》(1862)中,同样的"残酷"甚至体现得更为充分,在这篇小说中,陀思妥耶夫斯基以堪与《双重人》媲美的细节描写展示被侮辱的自我意识所感受的痛苦,这感受者是位高官,他未经邀请便闯入其属下一位小官吏的婚礼,在婚礼上肆意妄为,酩酊大醉,让穷困的小官吏不堪重负。

《死屋手记》与这些故事有所不同,陀思妥耶夫斯基在世时,《死屋手记》始终是他最为著名、最被认可的一部书。该书记述一名知识阶层出身的罪犯在西伯利亚监狱中度过的苦役生活,它主要以作者的自传素材为基础。与陀思妥耶夫斯基1864年前的其他作品一样,《死屋手记》亦无他后期那种复杂深刻的体验,其最终的主旨即人道的、乐观的同情。即便对最无可救药犯人之道德堕落的展示,也不会让人丧失对人类天性的信赖。这更像是一声抗议,抗议的对象是无效的惩罚。尽管其中不乏恐怖肮脏、卑鄙堕落的犯罪细节和残酷场景,《死屋手记》归根结底仍为一部明朗欢快之书,充满"高涨的激情",与乐观的社会理想主义时代十分吻合。全书之主题,即有文化的罪犯与普通民众这两者间悲剧性的疏远,甚至在刑满获释时,叙述者仍觉得自己是被抛弃者世界中的一个被抛弃者。被剥夺一切外在的社会特权,与数百名普通俄国人共处于同样环境,可他依然发现,他为他们所拒绝,他将永远被他们所摈弃,而原因仅为这样一个事实,即他属于那一脱离了民众之理想的知识阶层。这一思想使《死屋手记》与陀思妥耶夫斯基的报刊文章密切相连。

陀思妥耶夫斯基的非虚构文字分属两个主要时期:1861—1865年间发表在《时代》和《时世》上的文章,以及1873—1881年间发表在《作家日记》上的文章。总体而言,他的政治哲学可定义为民主斯拉夫主义或神秘民粹主义。他既与格里高利耶夫和斯拉夫派持相同看法，亦与赫尔岑和民粹派有近似观点。其主要观点为：俄国知识社会的救赎之路只能是重建与民众的联系，接受民众的宗教理想，亦即接受东正教。

整体地看，他60年代的文字中具有民主派和民粹派因素，但70年代，在不断增强的革命社会主义影响下，其政论中的民族主义和保守主义成分开始占据优势。不过就整体而言，陀思妥耶夫斯基的政论文章或多或少仍是首尾一致的。他的宗教为东正教，因为，此即俄国民众之宗教，俄国民众的使命，即借助基督教信仰的重新确立来拯救世界。对于他而言，基督教与其说是纯洁和救赎的宗教，莫如说是仁爱和同情的宗教。所有这一切，显然与格里高利耶夫的思想和学说相关，后者曾将恭顺视为俄国带给世界的实质性讯息。陀思妥耶夫斯基的敌人为无神论的激进主义者和社会主义者，以及西方无神论文明的一切邪恶势力。基督教俄国终将战胜不敬神的西方，此即他的政治和历史信念。攻克君士坦丁堡，即为他的规划中一个不可或缺的象征性事件，它论证了俄罗斯民族的宇宙使命。

他的《普希金演说》则有些别具一格，更明显地倾向左派，在其非虚构文字中，这篇演说最为著名，极有影响。在这里，他颂扬普希金的"全人类性"美德，这是一种能被所有民族、所有文明所理解的禀赋。这是俄罗斯人民的主要特征。全人类的联合，这便是俄国传递给世界的讯息，俄国面对世界所肩负的使命，这也构成了第三国际的奇特先声。在同一篇演说中，与其先前文字大有不同，他对"俄国漫游者"赞赏有加，他用这一概念暗指革命者及其前驱。他在他们身上发现了对宗教般信念的向往,这一向往仅为无神论社会主义的诱惑所短暂遮蔽。而且,在评述《茨冈人》时,他更表述了某种神秘无政府主义的理论,宣称一切暴力和惩罚均为邪恶,如此一来,他便出人意料地预先道出了托尔斯泰的勿以暴力抗恶学说。《普希金演说》在很大程度上调和了激进派与陀思妥耶夫斯基的关系。

这篇演说还体现了政论家陀思妥耶夫斯基最迷人的特征之一,即他硕大的激情和激赏能力。这些情感绝大部分献给了普希金,但他又怀着同样的激情谈起拉辛。世上很少有如此高贵的品质,能像陀思妥耶夫斯基在悼念涅克拉索夫时那样,温情地回忆其文学和政治敌人。

陀思妥耶夫斯基政论文字的风格虽然非常富有个性,但它像当时所有报刊文章一样也是松散的,无定形的。散文作家陀思妥耶夫斯基的个人缺陷在于某种神经质的刺耳调性,每当他在小说中亲自出面发言时,便会出现这一调性。

其长篇小说中的对话,其在作品中借小说人物之口道出的独白,亦体现着作者本人所具的神经质般的紧张和被激怒的(或许也是激怒人的)"终结性"。他们均狂躁不安,似乎被一阵孤注一掷的精神激情和焦虑之风所席卷,源自其潜意识的最深处。尽管陀思妥耶夫斯基的所有人物均近似女性,可他笔下人物的对话和个性化独白却无与伦比,具有神奇的个性化技巧。相对局促狭小的陀思妥耶夫斯基人物世界,却充满丰富多彩的个性。

在陀思妥耶夫斯基晚期所有文学作品中(自《地下室手记》至《卡拉马佐夫兄弟》),思想观念和艺术观念这两者无法区分,它们相互交织。如我前文所言，这些小说均为思想小说，其中人物尽管生机勃勃，富有个性，却毕竟仅为一些被思想电流所充电的原子。有人说陀思妥耶夫斯基"能感觉到思想"，一如他人能感觉到冷热和疼痛。这使他有别于其他所有小说作者，因为只有某些伟大的宗教思想家，如圣徒保罗、圣奥古斯丁、帕斯卡尔和尼采，方具备此种"感觉思想"之能力。

陀思妥耶夫斯基是一位心理小说家，其主要表现手法即分析，在这一方面，他与托尔斯泰是孪生兄弟和竞争对手。但是，他的分析对象和分析方法均迥异于托尔斯泰。托尔斯泰解剖生活层面上的灵魂，他探究思维的生理基础、意志的潜意识过程以及个人行为的解剖学。当他接近更高的精神感受，这些感受便会成为外在之物，与生活分处不同层面。它们不是多维的，它们完全相悖于正常的体验流。陀思妥耶夫斯基则相反，他恰恰面对此类心灵层面，在这里，思想和意志与更高的精神存在始终相互接触，正常的体验流始终为终极、绝对的价值所左右，为从不减弱的精神强风所吹拂。比较一下托尔斯泰和陀思妥耶夫斯基两人面对同样一种羞怯情感的态度，亦很有趣。他们两人都非常害羞，但是，托尔斯泰的羞怯是一种纯粹的社会感悟，一种自觉难堪的感觉，这种感觉源自他的外貌，源自这一外貌给他希望取悦的那些人留下的印象。因此，随着托尔斯泰社会独立性的增强，其社会抱负的消隐，这一主题便在托尔斯泰那里销声匿迹。而在陀思妥耶夫斯基身上，羞怯之折磨即为一个人类个体终极、绝对的价值之折磨，这一个体为其他人类个体所伤害，所侮辱，得不到他们承认。陀思妥耶夫斯基的"残酷"在对受伤、痛苦的人类尊严的分析中觅得一片十分开阔的天地。托尔斯泰的羞怯要么是社会性的，要么销声匿迹；陀思妥耶夫斯基的羞怯却是形而上的和宗教性的，它永难消失。这再度令人想起前文所言之托尔斯泰的"纯洁"和陀思妥耶夫斯基的"不纯洁"：托尔斯泰能够克服其一切人格缺陷，成为一位面对永恒的"裸人"；陀思妥耶夫斯基的精神则在"相对现实"的象征之网中结成一团乱麻。因此，托尔斯泰会在后期谴责现实主义的多余细节，认为它们并不包含实质性内容，而陀思妥耶夫斯基则始终无法逾越时间的界限。

陀思妥耶夫斯基的分析手法亦与托尔斯泰不同。他不是解剖，而是重构。托尔斯泰的问题永远是为什么，而陀思妥耶夫斯基的问题则始终为是什么。这使他能在许多长篇小说中避免直接分析情感，而是根据其人物的行为和言语来揭示他们的内心生活。因为，他们的所作所言必然体现他们的本质。这是一种象征主义态度，它相信相对（行为举止）和绝对（个性）之间必然具有真正的关联，而对于托尔斯泰的"清教徒式"思维而言，举止行为不过是一层面纱，罩在灵魂的单维度内核之上。

就创作年代而言，《地下室手记》是我们所见陀思妥耶夫斯基最早的"成熟"之作，它已含有陀思妥耶夫斯基的本质自我。它不应被视为一部纯粹简单的文学作品，在这部作品中，哲学大于文学。似乎应将它与陀思妥耶夫斯基的政论文字联系起来看，且并不因为它体现了陀思妥耶夫斯基个性更为深刻、更为重要的精神层面。这部著作在陀思妥耶夫斯基的创作中占据一个核心位置。在这里，他深刻的悲剧直觉得到最纯粹、最残酷的表达。它超越艺术和文学，属于人类伟大的神秘发现。相信人类个性及其自由的至高价值,相信精神世界之非理性的、宗教的、悲剧性的基础,相信这一基础高于理智,高于善恶之区分(最终相信一切神秘宗教),这一信念以悖论的、出人意料的、完全自然的形式被表达出来。《地下室手记》在陀思妥耶夫斯基创作中的核心地位,最初由尼采和罗扎诺夫指出(尼采的意见最近刚刚为人所知)。它在陀思妥耶夫斯基最伟大的阐释者舍斯托夫的文字中亦占据核心地位。自文学角度看,这是陀思妥耶夫斯基最具独创性的小说,虽说亦为最令人不快、最为"残酷"之作品。正是以《地下室手记》为例,米哈伊洛夫斯基演示了他的命题,即残酷就是陀思妥耶夫斯基的本质特征。那些还不够强壮、因而无法抵御这一残酷的人,或那些还不够纯洁、因而难以不被毒害的人,最好不要阅读此书。这是一剂剧毒药,不去碰它才最为安全。

与《地下室手记》密切相关的是《一个荒唐人之梦》,这部作品同样用独白形式写成,同样属于哲学,至少同属哲学和文学,它被收入1876年的《作家日记》。在这份杂志性的《作家日记》所收的其他文学作品片段中,《温顺的女人》是一出纯心理性质的戏剧对白,而《噼噼啪啪》则是在公共墓地里腐烂的死人们之间的对话,这是一幅恐怖阴森的讽刺画面,展现的是第二次,也是最后一次死亡。

其他几部小说,如《赌徒》《永远的丈夫》和《少年》,则并非与四部大型长篇意义相等的哲理小说:《赌徒》之有趣在于,它对赌徒心理的描写显然是一种自我揭露,它给出的波琳娜是陀思妥耶夫斯基塑造的最出色形象之一,陀思妥耶夫斯基偏爱此类带有恶魔气质的高傲女性,这一形象似与生活中的阿波利纳里娅·苏斯洛娃有关。

《永远的丈夫》属于他最为"残酷"的作品,小说的中心是一种无法治愈的精神伤害,一位丈夫的人格尊严受到他妻子情人的侮辱,他也对侮辱者实施了精心、缓慢的报复(对自己和他人均是折磨)。在陀思妥耶夫斯基的所有作品中,《少年》(1875)与杂志性质的《作家日记》关联最紧,其思想性却弱于他的四本大部头小说。

《罪与罚》(1866)、《白痴》(1869)、《群魔》(1871)和《卡拉马佐夫兄弟》(1880)这四部伟大小说,构成一个相互关联的系列。它们毫无二致,均拥有戏剧化结构、悲剧感观念和哲理性内涵,它们均为异常复杂的整体,这不仅是指情节被难以分割地植入哲学,而且是说,我们在《地下室手记》中了解到的那个纯粹、实质的陀思妥耶夫斯基已与《作家日记》中这一更为政论化的陀思妥耶夫斯基水乳交融地混为一体。因此,这些小说至少可能拥有三种不同的阅读方式。第一种为其同时代人的阅读方式,即将这些小说与1865—1880年间俄国公共生活和社会生活的现实问题联系在一起。第二种方式是将它们视为一种"新基督教"的渐进显现,在四大长篇的最后两部中,这一"新基督教"借助佐西马和阿廖沙·卡拉马佐夫的形象获得其终极体现。第三种方式是将这几部小说与《地下室手记》,与陀思妥耶夫斯基精神体验的悲剧性内核联系起来。最后,我们的同时代人如今又发现第四种阅读方式,即不去关注这些小说的哲学内涵,而视它们为情节离奇的纯小说。

陀思妥耶夫斯基那些持第一种读法的同时代人认为他是一位天赋巨大的作家,但趣味有问题,艺术修养不足,但他对普遍关注的问题有其独特看法,极具使其人物栩栩如生之能力。他趣味的缺失,他对现实生活的荒诞歪曲，他不善于营造阅读效果，这均使他们感觉遗憾，但是，他们却惊羡他对病态人格类型的洞悉，以及他强大的变态心理分析能力。他们如若为保守派，便将他描绘的虚无主义者肖像当作真实画面；他们如若为激进派，则会感到伤悲，一位因为政治殉难而变得崇高的人居然会沦落到与肮脏的反动派结盟。

接下来的一代陀思妥耶夫斯基读者将他的小说当作一种新基督教之启示，在这些小说中，善与恶的终极问题得到讨论，并获得非常清晰的答案，就总体而言给出一种十分完整的精神基督教新学说。拉斯科尔尼科夫"脱离上帝"、声张个性的尝试以悲剧告终，梅什金公爵圣徒般的痴愚，《群魔》中无神论社会主义的可怕画面，尤其是"纯洁的"阿廖沙·卡拉马佐夫形象和圣徒佐西马的布道，均被视为一种新的终极宗教形式之确切启示。对于陀思妥耶夫斯基的这一态度在本世纪初年占据统治地位，如今在老一代人中仍有大量拥趸。对于他们而言，陀思妥耶夫斯基是一种新的、崇高的"宇宙和谐"之先知，这一和谐超越并抚慰人类的一切纷争和悲剧。

但事实却在于（这里也蕴含着陀思妥耶夫斯基作为一个精神现象的特殊意义），陀思妥耶夫斯基的悲剧是无可救药的悲剧，既无法被消解，亦无法被抚慰。他的和谐和他的解决方案较之他的冲突和他的悲剧，始终处于更低或更浅层面。理解陀思妥耶夫斯基，便要认同其悲剧的无可救药，而不要因为他更小自我的种种花招而试图逃避它们。比如，他的基督教便非常可疑。难以忽略这样一个事实，即这对他而言并非最终解决方案，这并未抵达他心灵的最深处，这或多或少为一种表面的精神构成，将它等同于真正的基督教是危险的。

不过，此类问题对于本书而言过于复杂，过于重大，也过于富有争议，因此只能点到为止。

陀思妥耶夫斯基小说的思想特征便足以使他有别于俄国现实主义流派的其他作家，它们显然迥异于屠格涅夫或冈察洛夫的社会问题小说，价值取向亦不相同。在陀思妥耶夫斯基这里，哲理的素材和文学的素材完全融为一体，对话也从来不是不相干的因素，因为它们是小说（一如托尔斯泰小说中的分析或屠格涅夫小说中的氛围）。在陀思妥耶夫斯基的直接影响下，象征主义流派小说家亦写作此类小说，但他们中间仅安德烈·别雷成功赢得独特性和创造性。

使陀思妥耶夫斯基有别于其他现实主义作家的另一特征，即他对煽情手法和复杂阴谋的偏爱。在这一点上，他是巴尔扎克、法国感觉派作家和狄更斯的真正门徒。他的小说无论蕴含多少思想和哲理，实质上依然为充满秘密和悬念的小说。他完全掌握此类小说之技巧，他用以延长悬念和秘密的小说手法五花八门。每位读者均记得老卡拉马佐夫那桩最终亦未暴露的凶杀秘密，以及预审员波尔费利与拉斯科尔尼科夫玩的那场猫鼠游戏。《白痴》中还有一个典型手法，即对第一、第二部之间梅什金公爵、罗戈任和纳斯塔西娅·菲利波芙娜在莫斯科生活情形的省略，虽说对他们后来的关系也有一些看似漫不经心的玄秘暗指。借助一系列小技法营造一种几乎一触即发的紧张氛围，陀思妥耶夫斯基每部小说的每位读者均熟悉这些方法，它们很容易被归结为一个共同原则。从文学的观点来看，思想因素和煽情因素的结合是陀思妥耶夫斯基"成熟的手法"之最显著特征。

就其对现实生活问题的关注而言，就其对受难小人物的"仁慈"同情而言，首先，就其对环境的选择、对具体的现实主义细节的把握，尤其是对人物语言的提炼而言，陀思妥耶夫斯基属于现实主义流派。但若将他的小说视为亚历山大二世时期俄国生活之反映，或许是个错误，这不仅因为，将现实主义小说视为生活之反映通常便是危险的，而且还由于，陀思妥耶夫斯基实质上较其他任何一位作家都更少对生活的忠实。阿克萨科夫、屠格涅夫、冈察洛夫和托尔斯泰至少做过诚心实意的尝试，企图再现他们眼中的俄国生活。陀思妥耶夫斯基却不曾有此类尝试。他诉诸的是精神实质，是他自己无限丰富的精神体验之流露。他不过给这些精神体验和精神实质披上一件当代生活的现实主义外衣，将它们与俄国生活的当代事实联系在一起。但是，较之于果戈理笔下典型守财奴的真实肖像泼留什金，陀思妥耶夫斯基的"群魔"未必是20世纪60年代恐怖主义者们更为真实的留影。这些均为作者自我的外在化。它们潜在的"先知"意义和普遍意义正源于此。它们与当时的俄国生活显然不处于同一层面。《群魔》虽是一部描写恐怖主义阴谋的小说，但其内容与当时现实中的恐怖主义运动相去甚远。陀思妥耶夫斯基的俄国并非亚历山大二世时期的真实俄国，一如《呼啸山庄》中的人物并非19世纪初真实的西莱丁人。陀思妥耶夫斯基的小说与当时的现实相关，是当时现实的象征，但它们却属另一类型之存在。

使陀思妥耶夫斯基的小说构成一个实质性整体的是人物性格，在这一方面，他忠实于俄国小说的写作传统，即将小说家首先视为人物性格的塑造者。他的人物同时充满神秘内涵和象征意义，具有很强的个性色彩。就塑造个性化人物的能力而言，陀思妥耶夫斯基是堪与托尔斯泰比肩的大师。但是，这种独特性的实质却不一致：托尔斯泰的人物是一张张脸庞，是肉体和血液，是我们熟悉的男人和女人，与真实生活中的人们一样普普通通，各不相同；陀思妥耶夫斯基的人物却是一颗颗灵魂，是精神。甚至在那些纵欲淫荡的罪人身上，他们肉欲的自我亦非他们的躯体和他们的神经，而是他们躯体和他们肉欲的精神实质。肉体，真实的、物质的肉体，在陀思妥耶夫斯基的世界中是缺席的，但是思想和肉体的精神却无处不在，正因为如此，在他的世界里，精神才会遭到立足于精神基础的肉体之攻击。这类肉体的精神提取物是陀思妥耶夫斯基最可怕、最惊人的创造，无人能写出堪与老卡拉马佐夫不纯洁的崇高相比拟的东西。

　　陀思妥耶夫斯基的肖像画廊琳琅满目，多姿多彩。无法一一列举这些肖像或对他们进行概括，因为他们之生动、真实和复杂均超出常规，他们的数量也过于庞大。他们生活在每一本大部头小说中（也同样生活在篇幅小一些的小说中），其生活奇异病态，是非物质化的，是可怕的人面恶魔，或恐怖的真实鬼魂，带着他们的"疲惫心态"（即 надрыв，此词之含义有些近似弗洛伊德的"情结"）和伤口，他们的丰盈精神和紧张个性，他们的羞怯和骄傲（尤其是那些"骄傲的女性"），以及他们关于善恶的认知，这是一个受苦受难的、永远无法获得安宁的族群。在这些小说中，人物最为丰富者或为《群魔》，它至少包含三类首屈一指的人物形象：恐怖、怪诞、空虚的主人公形象斯塔夫罗金；"纯洁的"无神论者基里洛夫，他或许是除《地下室手记》外陀思妥耶夫斯基最为深刻的创造;以及同样恐怖的"小恶魔"彼得·维尔赫文斯基,这是一个卑鄙内行的阴谋者、谄媚者、说教者和杀人凶手。这三个人物便足以证明,他们塑造者的创造力在人间无人堪比。

尽管陀思妥耶夫斯基作为一位政论作家很有影响,他也始终被视为一位非常杰出的小说家(但主要是指《穷人》和《死屋手记》之成就),但他在生前却未能获得足够承认。这也很自然:他的心智是"预言性的",历史地看并不属于他所处的年代,而属于大革命之前的时代。他是最高层面上的俄国灵魂之精神瓦解的第一个、也是最伟大的征兆,这种精神瓦解最终导致俄罗斯帝国的解体。

他的文学影响在其生前和80年代无足轻重,仅局限于怜悯和同情主题某种程度的复兴,以及少数几位二流小说家某种描写病态心理的时尚。纯就文学层面而言,其影响后来亦不大。很少几位作家能被称为他严格意义上的文学继承人。然而,作为一个完整现象的陀思妥耶夫斯基,其影响却难以估量。革命前的一代人,尤其是生于1865—1880年间(亦即陀思妥耶夫斯基第一部大小说和最后一部大小说之间,这是一个奇异的巧合)的一代人,全都为他的思想和心态所浸染。自那时起,年轻一代对他渐趋冷淡。他之伟大并未遭受质疑,他的读者没有减少,关于他的评论也依然如故,或许,近五年间涌现的关于陀思妥耶夫斯基的著作和文章,其数量超过之前任何一个五年。但是,我们的肌体对于他的毒药已具免疫力,我们已能吸收并排出这种毒药。我们当代人对于陀思妥耶夫斯基的最典型态度,即将他视为一位擅长惊险题材的非常有趣的小说家。如今的年轻人几乎将他与大仲马相提并论,这一态度自然是对其实质个性一种非常有限的体验,但这也不值得伤悲,因为,真实的陀思妥耶夫斯基就是一种只能被病入膏肓的精神肌体所轻易吸收的食物。

(摘自《俄国文学史》,人民出版社 2013 年版)

第九部

战利品

战利品

> **译者按语**

约瑟夫·布罗茨基（Joseph Brodsky，1940—1996）生于列宁格勒一犹太人家庭，中学辍学，20世纪60年代开始写诗，1964年因"不劳而获罪"被流放，1972年流亡境外，在美国大学任教，1977年加入美国籍，1986年获诺贝尔文学奖。其主要作品有诗集《献给约翰·邓恩的大哀歌》(1967)、《旷野中的停留》(1970)、《美好时代的终结》(1977)、《在英国》(1977)、《话语的部分》(1977)、《罗马哀歌》(1982)、《乌拉尼亚》(1987)和《等等》(1996)，散文集《小于一》(1986)、《悲伤与理智》(1995)和《水印》(1992)等。布罗茨基的散文文笔精致，意境深邃，被誉为"大散文"或"诗散文"，在世界范围内颇受欢迎。他的散文集《小于一》获1986年全美图书评论奖，《悲伤与理智》出版后曾位列畅销书排行榜前列。《悲伤与理智》中译出版后，也曾入围深圳读书月年度十大好书（2015）和中国国家图书馆文津图书奖（2016）。《战利品》（"Spoils of War"）一文作于1986年，首发巴黎《时尚》杂志（*Vogue*）。本文译自英文版《悲伤与理智》（*On Greif and Reason*）一书。

一

太初有肉。[1]更确切地说,太初有二战,有我故乡城的被围困,有那场大饥荒,它夺走的生命超过殒于炸弹、炮弹和子弹的人之总和。在围困战[2]快结束时,有了来自美国的牛肉罐头。我觉得好像是"斯威夫特牌"的,虽说我的记忆可能有误。我初次尝到这罐头的滋味时,年方四岁。

这或许是我们在很长一段时间里第一次吃肉。然而,我记得更牢的却并非那肉的滋味,而是罐头的形状。高高的方形铁盒,一侧附有一个钥匙状的开罐器,这些罐头显示出某些不同的机械原则,某种不同的整体感受。那把开罐钥匙卷起一圈细细的金属铁皮,罐头便被打开,对于一位俄国儿童来说这不啻一个发现,因为我们之前只知道用刀来开罐头。整个国家还靠钉子、锤头、螺母和螺栓支撑,我们的生活也多半仍以此为基础。因此,始终无人能向我解释这些罐头的密封方式。甚至直到如今,我也未能完全搞清楚。我当时总是目不转睛地看着妈妈开罐头,只见她摘下开罐器,掰开小小的铁舌头,把铁舌头穿进开罐器上的小孔,然后一圈又一圈地转动开罐器,神奇极了。

在这些罐头的内涵早已被消化排泄之后的许多年,这些高高的、四角圆滑(就像银幕!)的罐头盒,这些两侧印有外文字母的深红或

---

[1] 这是作者对《圣经·约翰福音》之首句"太初有道"的戏仿。——译注
[2] 指第二次世界大战期间的"列宁格勒围困战",它自 1941 年 7 月 10 日至 1944 年 8 月 9 日共持续 900 天。——译注

褐色的罐头盒，仍旧摆在许多人家的书架和窗台上，有些被当作审美对象，有些被当作储物筒，可以用来放置铅笔、改锥、胶卷、钉子等杂物。它们也时常被用作花瓶。

我们后来再也没见到这些罐头，无论是它们胶冻状的内涵还是其外形。它们的价值与时俱增，最终成了儿童贸易中越来越稀罕的东西。这样一个罐头盒可以换得一把德国刺刀、一根水兵腰带或一个放大镜。它们锋利的边缘（当罐头盒被打开之后）曾割破我们许多人的手指。不过，我在三年级时已骄傲地拥有了两个这样的罐头盒。

二

如果说有谁能自战争获益，那便是我们这些孩子们。我们不仅活了下来，而且还获得大量可供浪漫想象的素材。除了大仲马和凡尔纳提供的那些普通儿童食粮外，我们还具有一些男孩子们十分热衷的军事装备。我们尤其热衷这些装备，因为我们的国家赢得了战争。

但奇怪的是，较之于我们胜利者红军的装备，敌方的武器却引起了我们更大的兴致。德军飞机的名称，诸如"容克""斯图卡""梅塞施密特"和"福克沃尔夫"等，我们时常挂在嘴边。"施迈瑟式冲锋枪""虎式坦克"和"合成食品"等也是如此。大炮是克虏伯造的，炸弹是法本公司的奉献。孩子的耳朵对非同寻常的奇异声音总是很敏感。我相信，使我们的舌头和意识迷恋这些名称的并非真实的危险感受，而是某种听觉诱惑。尽管我们有足够的理由去仇恨德国人，尽管国家的宣传也始终在强化这一立场，我们通常却不称德国人为"法西斯分子"或"希特勒分子"，而称他们为"德国鬼子"。这或许是因为，我们见到的德国人全都是战俘。

同样，在40年代末于各地建起的战争博物馆里，我们也看到了大量德军装备。这是我们最好的游览项目，远胜过看马戏或看电影，若由我们退伍的父亲领我们前往（我们中间有些人的父亲还健在），则更是如此。奇怪的是，他们很不情愿领我们去，但他们会非常详尽地回答我们的提问，如各种德国机枪的火力或各种炸弹的弹药型号。他们之所以不太情愿，并非因为他们试图远离战争的恐惧以保持宁静的感受，也不是由于他们试图摆脱对死去友人的回忆，摆脱自己因为活了下来而有的负疚感。不，他们只不过看透了我们愚蠢的好奇心，不想对此加以鼓励。

三

我们健在的父亲们，他们每个人自然都存有某些战争纪念品。或是一副望远镜（蔡司牌！），或是一顶带有相应标志的德国潜艇军官军帽，或是一架镶嵌着珠母的手风琴，或是一只银烟盒，或是一台留声机，或是一架相机。在我12岁时，我父亲突然拿出一台短波收音机，让我欣喜若狂。这是一台"飞利浦牌"收音机，它能收到世界各地的电台，从哥本哈根到苏腊巴亚。至少，这台收音机的黄色调台面板上标出了这些城市。

这台"飞利浦"收音机就当时的标准看相当轻便，是一个 10×14 英寸大的褐色塑料匣子，带有上面提及的黄色调台面板和一个用来显示接收信号好坏的绿色信号装置，这装置如猫眼一般，绝对让人着迷。如果我没记错，这台收音机只有六根阴极管，一根两英尺长的普通电线便是它的天线。但这造成一个困难。把天线挑出窗外，这对于警察而言只有一种意思。要把你的收音机连到楼上的公共天线上去，这需要专业人士的帮助，而这专业人士便会反过来对你的收音机表现出不必要的关注。总之，人们不该拥有一台外国收音机。解决方式就是在你房间的天花板上弄出一个蛛网般的装置，我就是这么做的。当然，我无法利用这种装置收听到布拉迪斯拉法电台，更遑论德里电台。不过，我当时既不懂捷克语也不懂印地语。BBC、美国之音和自由欧洲广播电台的俄语节目也受到干扰。不过，还是可以收听到英语、德语、波兰语、匈牙利语、法语和瑞典语的广播节目。这些外语我全都不懂，但这里有美国之音的"爵士乐时间"，其音乐主持人就是世界上最美声的男中低音歌手威利斯·考诺沃！

仰仗这台褐色的、像旧皮鞋一般锃亮的"飞利浦"收音机，我第一次听到英语，第一次踏进爵士乐的万神殿。在我们12岁的时候，挂在我们嘴边的那些德国名称开始渐渐地被这样一些人名所替代，如路易斯·阿姆斯特朗、杜克·埃林顿、艾拉·菲兹杰拉德、克里夫特·布朗、斯德内·贝切特、迪安戈·瑞因哈德和查理·帕克。我记得，甚至连我们的步态都发生了某种变化：我们高度俄国化骨骼的各个关节也开始"摇摆"起来。看来，在我们这一代人中间，我并非唯一懂得如何很好使用那两英尺普通电线的人。

透过收音机背面那六个对称的孔洞，在收音机阴极管闪烁的微光中，在由焊点、电阻和阴极管（这些东西像语言一样难以理解，在不断生成新的意义）构成的迷宫中，我认为我看到了欧洲。收音机的内部看上去永远像一座夜间的城市，到处都是斑斓的灯火。当我在32岁时真的来到维也纳，我立即觉得，就某种意义而言我似乎很熟悉这个地方。至少，在维也纳沉入梦乡的最初几个夜晚，我都能清晰地感觉到，似有一只远在俄国的无形之手拧上了开关。

这是一台很结实的机器。一天，见我终日沉湎于各种广播频道，父亲怒火中烧，把收音机摔在地板上，收音机散架了，但它仍能收听节目。我不敢把它拿到专门的收音机修理铺去，而试图利用胶水和胶带等各种手段来竭尽所能地修复这道如同奥得河－尼斯河界线[1]的裂痕。但是自此时起，这台收音机的存在状态始终是结构松散的两个笨重部分。当阴极管坏了，这台收音机便寿终正寝，尽管有一两次，我曾私下在朋友和熟人那里找到替代配件。即便它成了一个哑巴盒子，也依然留在我们家，与我们这个家庭共存亡。60年代末，人人都买了拉脱维亚产的"斯皮多拉牌"收音机，这收音机带有一根拉杆天线，内部装有许多晶体管。诚然，这种收音机的接收效果更佳，携带也更方便。不过，我有一次在修理铺看到它被打开的背板。我所能说的就是，其内部看上去像是一张地图（公路、铁路、河流和支流）。它不像是任何一块具体区域，甚至也不像是里加[2]。

---

1 德国和波兰间的边界线。——译注
2 里加是拉脱维亚的首都。——译注

四

但最重要的战利品当然还是电影！电影有很多，它们大多是战前的好莱坞产品，在其中出镜的有埃罗尔·弗林、奥丽维娅·德哈维兰、泰龙·鲍威尔、约翰尼·维斯穆勒等人（我们在20年后方才弄清）。这些影片讲述的大多是海盗、伊丽莎白一世、黎塞留等等，与现实毫无干系。最接近我们时代的影片，即由罗伯特·泰勒和费雯丽主演的《魂断蓝桥》。由于我们的政府不愿支付电影版税，因此影片开头通常并不提供剧组人员名单，也不显示剧中人物或演员的姓名。影片放映通常是这样开始的。灯光渐暗，银幕上会出现这样一行黑底白字：本片系伟大卫国战争期间的战利品。这行字会在银幕上闪烁一两分钟，然后电影便开始放映。一只手持一支蜡烛，映亮一张羊皮纸，纸上出现一行俄文字：罗亚尔海盗，或是船长血，或是罗宾汉。之后或许会出现几行交代故事时间和地点的解释文字，同样是俄语，但常写成花体字。这自然是一种偷窃，可坐在观众席上的我们却毫不在意。因为我们一边阅读字幕，一边追踪剧情，正忙得不可开交呢。

这样或许更好。银幕上没有剧中人物及其扮演者的姓名，这反而能使这些影片获得某种民间文学般的匿名性，具有某种普适性的味道。它们更能影响我们，控制我们，胜过那些新现实主义作家或"新浪潮"的所有产品。没有剧组人员的名单，这也使这些影片呼应了那个时代的典型特征，当时是50年代初，即斯大林统治的最后几年。我敢说，仅仅那一组《人猿泰山》影片即已为解构斯大林体制发挥了重大作用，远胜过赫鲁晓夫在二十大上以及二十大之后所作的所有报告。

应该考虑到我们所处的纬度，考虑到我们那些约束公众和个人行为的严谨密实的寒带思维模式，方能理解我们所受到的冲击，当我们看到一位赤身裸体的长发单身男人在茂密的热带雨林中追求一位金发女郎，带着他那只充任桑丘·潘沙[1]之职的黑猩猩以及那根作为交通工具的长藤。外加纽约城的景色（在俄国上映的系列影片中的最后一部），人猿泰山自布鲁克林大桥一跃而下，于是，整整一代人几乎均选择退出，这便是可以理解的了。

第一件事情自然是发型。一刹那间，我们全都留起长发。紧随其后的是喇叭裤。唉，为了说服我们的母亲、姐妹、姨妈把我们那些千篇一律的战后黑色胖腿裤改成当时不为人知的李维斯牌牛仔裤的直腿先驱，我们付出了多少痛苦、计谋和努力啊！但是，我们不屈不挠，而迫害我们的人，即老师、警察、亲戚和邻居等，也同样不屈不挠，他们将我们赶出校园，在大街上逮捕我们，他们嘲笑我们，给我们起了许多绰号。正因为如此，一位在五六十年代长大的男人如今在买裤子时便会感到绝望，他发现所有的裤子都松松垮垮，样式可笑！

五

当然，这些战利品影片中也有某些更重要的东西，比如，其中的

---

[1] 堂吉诃德的随从。——译注

"一人反抗全体"原则便与我们生长其间的社会所弥漫的公共的、集体主义的情感迥然不同。或许正因为如此,这些海盗们和佐罗们才远离我们的现实,在以一种与原计划相反的方式影响我们。我们明知这些影片不过都是娱乐故事,可它们却被我们当成了个人主义的训谕。一部充斥某些文艺复兴时期道具的影片会被一位普通观众视为服装剧,可它在我们看来却是一份关于个人主义之优先权的历史证据。

一部影片若展示了自然场景中的人,便注定具有某种纪实价值。联想到印刷书页,人们会觉得黑白影片更具纪实性。在我们那个封闭的、更确切地说是密封的社会里,我们自这些影片的获得与其说是娱乐不如说是信息。怀着怎样的渴求,我们紧盯着银幕上的塔楼和城堡、地库和沟壕、格栅和密室啊!因为我们有生以来第一次看到这些东西!于是,我们便把这些纸质模型、这些好莱坞的纸板道具全都当作真实的存在,我们关于欧洲、西方、历史以及其他许多东西的概念,在很大程度上始终源自这些画面。以至于我们中的一些人后来被关进监狱后,仍常常向那些从未看过这些战利品影片的狱警和难友转述影片的情节以及他们记住的细节,以此换来微薄酬劳,改善一下自己的伙食。

六

在这些战利品中,人们偶尔也能撞上真正的杰作。比如,我就记得由费雯丽和劳伦斯·奥利弗主演的《汉密尔顿夫人》。我还想提一提当时还很年轻的英格丽·褒曼出演的《煤气灯下》。地下产业很是小心翼翼,有时在公厕或公园里,可以从一位可疑人士的手里买到一张明信片大小的男女演员剧照。一身海盗打扮的埃罗尔·弗林是我最珍贵的收藏,我在许多年间一直试图模仿他高昂的下巴和能独自上挑的左眉。后一个动作我始终未能模仿成功。

在结束这段马屁话之前,请允许我在这里再提及我与阿道夫·希特勒的一个相似之处,即我年轻时对札瑞·朗德尔的迷恋。我仅见过她一次,在那部名叫《走上断头台》的影片中,该片写的是苏格兰女王玛丽一世[1]。我只记住了影片中的一个场景,即她那位年轻侍从头枕着他在劫难逃的女王的美妙大腿。在我看来,她是有史以来出现在银幕上的最美女人,我后来的趣味和偏好尽管相当得体,却依然是她的标准之翻版。若是历数自己那些不成功的罗曼史,奇怪的是,最令我心满意足的居然正是这一段。

朗德尔好像在两三年前死于斯德哥尔摩。此前不久,她推出一张流行歌曲唱片,其中一首题为《诺夫哥罗德的玫瑰》,作曲家名叫罗塔,这一定是尼诺·罗塔。其旋律远胜过《日瓦戈医生》中的拉拉主题,歌词幸好是德语,因此便不用我操心了。演唱者的音色近乎玛琳·黛德丽,但她的演唱技巧却更胜一筹。朗德尔的确在歌唱,而非朗诵。我时常想,德国人听到这样的旋律后便不再会齐步向前迈进了。细想一下,我们这个世纪创造了太多的伤感作品,胜过此前任

---

[1] 布罗茨基曾以玛丽一世为对象写下组诗《献给玛丽·斯图亚特的十二首十四行诗》。——译注

何一个世纪，这个问题或许应该引起我们更多关注。或许，感伤作品应被视为一种认知工具，尤其在面对我们这个世纪巨大的不确定性的时候。因为感伤（schmaltz）的确与痛苦（schmerz）血肉相连，是后者的小弟弟。[1] 我们大家均有更多的理由待在家里，而不愿齐步行军。如若你只能听到那十分伤悲的旋律，那么哪里才是你行军的终点呢？

七

我觉得，我这一代人是战前和战后这些梦工场产品的最忠实观众。我们中的某些人一度成为痴心影迷，但他们迷上电影的原因却或许与我们的西方同龄人有所不同。对于我们而言，电影是我们看到西方的唯一机会。我们对情节自身毫不在意，却关注每个镜头中出现的实物，一条街道或一套房间，男主角汽车里的仪表盘或女主角身着的服装，以及他们活动于其间的空间和场景。我们中的一些人已完全可以确定影片的拍摄地点，有时，仅凭两三幢建筑我们便能区分热那亚和那不勒斯，至少能区分巴黎和罗马。我们把那些城市的地图装进脑海，时常会因让娜·莫罗在这部影片中的地址或让·马莱在另一部影片中的住处而争得不可开交。

---

[1] 布罗茨基在此做了一个文字游戏，schmaltz 是一个进入英语的德语词，原意"油脂"，引申义为"过分的赞誉"和"过分伤感的文艺作品"；schmerz 则意为"痛苦"。——译注

不过，如我之前所述，这一切均发生于稍后的 60 年代末。再后来，我们对电影的兴趣逐渐降低，当我们意识到那些电影导演与我们年龄相仿，他们能告诉给我们的东西也越来越少。此时，我们已成为成熟的图书读者，成为《外国文学》杂志的订阅者，我们去电影院的兴致越来越低，我们意识到，去了解你永远也不可能居住的那些地方是毫无意义的。我再重复一遍，这一切是后来才发生的，当时我们已 30 出头。

八

在我 15 或 16 岁的时候，有一天，我坐在一幢巨大住宅楼围成的院落里，在用铁钉封装一只装满各种地理仪器的木箱，这箱子将被运往（苏联）远东，我自己随后也将去往那里，加入在那里的一支勘察队伍。这是五月初，但天气很热，我汗流满面，感到十分苦闷。突然，自顶楼一个敞开的窗户传出一阵歌声，"A-tisker, a-tasker"，是艾拉·菲兹杰拉德的声音。这是在 1955 年或是 1956 年，地点是俄国列宁格勒郊外肮脏的工业区。我记得，我当时想道：天哪，他们需要出产多少唱片，才能让其中的一张抵达这里，抵达这幢砖石混凝土的绝对虚无之地，置身于烟熏火燎的床单和紫色的短裤之间！我对自己说，这便是资本主义之实质，即借助过剩、借助过分来战胜一切。不是借助中央计划，而是借助霰弹。

九

我之所以熟悉这首歌,部分由于我那台收音机,部分由于 50 年代的每位都市青年均有自己所谓"骨头音乐"收藏。"骨头音乐"即一张 X 光胶片,人们自己在上面刻上某段爵士乐。我始终未能掌握这门刻录手艺,但我相信其步骤并不十分复杂,因为订货一直很稳定,价格也很合理。

这些看上去略显病态的唱片(这可是在核能时代!),其获得方式与那些西方电影明星的咖啡色照片一样,买卖地点是公园、公厕、跳蚤市场或当时著名的"鸡尾酒厅",在"鸡尾酒厅"里,人们可以坐在高高的椅子上,小口抿着泡沫牛奶冰激凌,想象自己已身在西方。

我越是这么想,便越是坚信这就是西方。因为在真理的天平上,想象力的分量就等于、并时而大于现实。就此而言,带着后见之明的便利,我甚至要说,我们当时就是真正的西方人,或许是仅有的西方人。我们本能的个人主义在我们的集体主义社会中时时处处得到激励,我们痛恨任何形式的联合体,无论是党派、街道组织或是当时的家庭,因此,我们变得比美国人还要美国人。如若说美国即西方的边缘,西方的终端,那么我得说,我们就处于距西方海岸一两千英里远的地方。处于太平洋中间。

十

60年代初，当以吊袜带为代表的暗示力量开始从这个世界隐去，当我们发现我们自己正渐渐降低至连裤袜，当外国人为俄国十分廉价却依然浓烈的奴性芬芳所吸引开始大批抵达这里，当我的一位朋友嘴角带着淡淡的讥笑说或许只有历史才会败坏地理的名声，我正在追求的一位姑娘在我过生日时送给我一套像手风琴风箱一样连成一串的威尼斯风光明信片。

她说这套明信片是她奶奶的东西，她奶奶在二战前夕曾短暂前去意大利度蜜月。这套明信片共12张，画面呈咖啡色，印在质量很次的泛黄纸张上。她之所以送我这份礼物，是因为我当时完全沉浸在刚刚读完的亨利·德·雷尼耶[1]的两本书里，这两部小说的场景均为冬季的威尼斯。威尼斯于是便终日挂在我的嘴边。

由于这些明信片是褐色的，印刷质量很差，由于威尼斯所处的纬度，由于那里很少树木，因此便很难确定画面上所呈现的是哪个季节。人们身着的服装也于事无补，因为每个人都穿着长裙、毡帽、礼帽、圆顶帽和深色上衣，均为上一世纪的时尚。色彩的缺失和千篇一律的昏暗色调使我意识到，这是冬天，一年中最真实的季节。

换言之，那些画面所呈现的色调和哀伤氛围与我的故乡城十分相近，这使得这些明信片在我看来更易理解，更为真实。这几乎就像是在阅读亲戚的书信。我一遍又一遍地阅读它们。我读得次数越多，

---

[1] 布罗茨基在与沃尔科夫的谈话中曾称，他在法国作家和诗人雷尼耶（1864—1936）处学会了诗的结构。——译注

便越能清晰地感觉到"西方"一词对我而言究竟意味着什么：冬季大海边一座完美城市，圆柱，拱廊，狭窄的街道，冰冷的大理石阶梯，露出红砖肉体的斑驳粉墙，油灰，被灰尘覆盖了眼睛的小天使，——这便是做好了应对寒冷季节之准备的文明。

看着这些明信片，我在心里暗暗发誓：有朝一日我若能步出国门，一定要在冬季前往威尼斯，我要租一间房，是贴着地面的一楼，不，是贴着水面，我要坐在那里，写上两三首哀歌，在潮湿的地面掐灭我的烟头，那烟头会发出一阵嘶嘶的响声；等钱快要花光的时候，我也不会去购返程票，而要买一把手枪，打穿我的脑袋。这自然是一种颓废的幻想（但你若在20岁时还不颓废，那又待何时呢？）。不过我仍要感谢命运三姐妹，因为她们让我命运中的最好一部分得以实现。[1] 的确，历史始终在不知疲倦地败坏地理的名声。唯一的抵御方式就是成为一个流浪汉，一位游牧者，成为一道阴影，掠过倒映在水晶水面中的那些花边般、瓷器状的廊柱。

十一

一天，我在故乡城一条空荡荡的街道上看到一辆轿车，是辆"雷

---

[1] 布罗茨基后来果然常去威尼斯，并写作了大量以威尼斯为对象的诗文，最终也长眠于该城。——译注

诺2CV"[1]，它停在艾尔米塔什博物馆外一座女人像圆柱的旁边。它看上去就像一只弱不禁风、却又满怀自信的蝴蝶，其翅膀用波纹钢板制成，二战时期的飞机库就用这种钢材搭建，如今的法国警车仍用这种钢板。

我不带任何私心地看着这辆汽车。我当时年仅20，既无汽车也无开车的抱负。要想在当时的俄国拥有一辆轿车，你就得做一个真正的败类，或是败类的孩子，你得是一个党棍、院士或体育明星。即便如此你的轿车也只能是国产货，尽管它们的设计和工艺全是偷来的。

它停在那里，轻盈而又脆弱，完全没有汽车常常会带给人的危险感觉。它看上去不会伤害人，反而极易被人所伤害。我还从未见过如此柔弱的金属制品。它比自一旁走过的某些人更具人性，它那令人赞叹的简洁会令人想起至今仍摆在我家窗台上的那些二战时期的牛肉罐头。它没有任何秘密可言。我想钻进车里，飞驰而去，倒不是因为我想移居国外，而是因为一旦置身车中，便像是穿上一件上衣，不，是穿上一件雨衣，然后便可出去散步了。它的侧窗泛出微光，就像一位竖着衣领、戴着近视眼镜的人。如若我的记忆没有出错，我在盯着这辆轿车看的时候，心里感觉到的就是幸福。

---

[1] 据布罗茨基俄文版散文集编者称，布罗茨基此处有误，该车型应为"雪铁龙2CV"。——译注

十二

我相信，我接触到的最初几个英文单词就是"His Master's Voice"[1]，因为我们一般自三年级开始学英文，当时大约十岁，而我父亲自远东服役归来时我才八岁。对于我父亲而言，战争是在中国结束的，但他带回的东西却大多是日本货而非中国货，因为日本最终战败了。或者说，当时的情形似乎如此。他带回的东西主要是唱片。它们被装在厚实但精致的硬纸盒里，盒上写有金色的日文字母，有的封套上绘有一位衣着很少的少女，她正在陪一位身穿礼服的绅士跳舞。每个盒子里装有一打乌黑锃亮的唱片，它们贴有金红相间和金黑相间的标签，在厚厚的封套里隐约可辨。它们大多是"His Master's Voice"和"Columbia"[2]的产品，尽管后一个公司的发音要简单一些，可该公司的唱片上只有文字，于是那只若有所思的小狗便占了上风。这只狗的存在居然影响到了我的音乐选择。其结果，我在十来岁时就熟悉恩里科·卡鲁索和蒂托·斯基帕，胜过我对狐步舞和探戈舞的了解，这些舞蹈在我们那里同样看不到，我其实是很偏爱这些舞蹈的。这些唱片里还有斯托科夫斯基和托斯卡尼尼指挥的各种序曲和经典杰作，有玛丽安·安德森演唱的《圣母颂》，还有完整的《卡门》和《罗恩格林》，我想不起后两部歌剧的演唱者了，但我记得我母亲对他们的表演赞不绝口。实际上，这套唱片包含了战前

---

1 意为"它主人的声音"，为一家英国唱片连锁销售公司，标识是一只听留声机的小狗，简称HMV。——译注
2 即"哥伦比亚公司"。——译注

欧洲中产阶级的所有音乐食粮,它们很晚才抵达我们这里,或许因此才让我们感觉双倍甜蜜。它们就是由这只若有所思的小狗带给你的,更确切地说,是它用嘴巴叼来的。我至少花费了十年时间来搞清"His Master's Voice"是什么意思:一只狗在倾听它主人的声音。我起先以为这只狗在听它自己吠声的录音,因为我不知为何把留声机的扬声器也当成了话筒,由于狗通常都跑在主人的前面,因此我整个童年时期一直认为这个标签的意思就是:这条小狗发出声音,预告他的主人即将到来。不管怎样,这只小狗反正跑遍了整个世界,因为我父亲是在关东军溃败之后于上海找到这些唱片的。毫无疑问,它们是从一个出人意料的方向抵达我的现实的,我记得我不止一次做过这样的梦:一列长长的火车,其车轮就是一张张饰有"His Master's Voise"和"Columbia"字样的乌黑锃亮的唱片,列车在铁轨上缓缓前行,轨道上刻有这样一些字:"台湾""朱德"……这些都是铁路车站的站名吗?目的地大约就是我们那台有一层褐色皮套的留声机,我微不足道的自我在转动留声机上的镀铬铁手柄。椅子的后背上搭着我父亲那件深蓝色的、带有金色肩章的海军服,衣架上挂着我母亲那只缩起尾巴的银狐,空中有一行字:"Una furtiva lagrima."[1]

---

[1] 意大利语,即"一颗偷偷洒下的眼泪",意大利作曲家多尼采蒂的歌剧《爱情灵药》中的一段男高音咏叹调。——译注

十三

要么就是"La Comparsita"[1]，这是我心目中本世纪最伟大的音乐作品。在听了这段探戈之后，无论是你的国家的凯旋曲还是你个人的凯旋曲，全都失去了意义。我一直没学会跳舞，因为我既有些害羞又的确笨手笨脚，然而我却能一连数小时听着这些拨弦乐，当身边没人，我还会动起来。如同许多民间乐调，"La Comparsita"也是一种悲歌，在战争快结束时，悲歌旋律听起来要比非洲舞乐更为贴切一些。没人愿意加速，人人渴望节制。因为人人都能朦胧地感觉到自己究竟在追求什么。你可以将这样一个事实归咎于我们休眠的爱欲天性，即我们十分渴求那些尚未过时的东西，如残存下来的德国宝马车和欧宝车的黑漆挡板，同样锃亮的美国帕卡德车以及像熊一样的斯图贝克车，后者的挡风玻璃像眯缝着的眼睛，后轮共有四只轮胎，这是底特律对我们国家能吞噬一切的泥泞作出的回答。孩子总想超越自己的实际年龄，既然你已无法把自己想象成一位祖国的捍卫者，因为真正的捍卫者身边到处都是，那么，你就会想象自己飘进一段莫名其妙的外国历史，降落在一辆仪表盘上布满各种珐琅按钮的宽大的黑色林肯车上，身边是一位铂金级的金发女郎，你探向她那套着丝袜、沉入漆皮坐垫的双膝。其实，只要一个膝盖或许就够了。有时，只要摸一摸光滑的挡板就够了。对你们说这话的人，他的出生地曾遭到德国空军的狂轰滥炸，差点儿被从地球上抹去，他属于这样

---

[1] 即《探戈舞曲》。——译注

一些人，他们在八岁时才第一次吃到白面包（如果这种说法在你们听来太具外国腔，那么就可以说，他们在32岁时才第一次喝到可口可乐）。因此，请把这归咎于那休眠的爱欲，并请在黄页电话簿上查明给白痴颁发证书的处所。

十四

有过一个很好的美国暖壶，军装绿色，流线型的塑料外壳，内胆是镜子般的镀汞玻璃，它属于我的叔叔，被我在1951年给摔破了。瓶胆内部是一个变幻无穷的光学漩涡，我会一直盯着其中的层层倒影看。这大约就是我打破暖壶的原因，我失手将它摔在地板上。还有我父亲那把同样是美国货的手电筒，也是从中国带回来的，我们很快就用光了手电筒里的电池，但是它那纯净明亮的反光镜却远远胜过我的瞳孔，在我的学生时代一直令我迷恋不已。最后，当铁锈开始侵蚀它的边缘和按钮，我拆开电筒，加上两片放大镜片，把这个光滑的圆筒变成了一副什么东西也看不清的望远镜。还有一只英国军用指南针，是我父亲从一位在劫难逃的英国水兵手里得来的，我父亲在摩尔曼斯克附近遇见他们的船队。这指南针的表盘是磷光的，躲在被子里可以看清其刻度。由于表盘上的拉丁字母看上去像是数字，我总是觉得我在表盘上读到的方位不仅准确无误，而且绝对无疑。或许正因为如此，最初获得的方位才令人无法接受。最后，还有我父亲那双棉军靴，我如今已记不清其产地（美国？中国？但肯定不是德国)。这是一双淡黄色的高勒鹿皮鞋,衬里在我看来像是一团羊毛。它被摆在双人床前,更像是两颗炮弹而非一双鞋子,虽然那咖啡色的鞋带从未系上,因为我父亲从不穿它出门,只将它当拖鞋穿;这双鞋要是被穿出去,它和它的主人都会受到特别关注。就像那个时代的多数衣着一样,鞋子也应该是黑色、深灰(靴子)的,最好是褐色的。我觉得,在20世纪20年代之前,甚至直到30年代之前,俄国还保持着某些与西方相近的生活用品和生活习惯。但是之后,一切都突然中止。甚至在我们发展受阻时爆发的那场战争,也未能使我们摆脱这一窘境。那双黄色棉靴尽管穿起来十分舒适,在我们的大街上仍会讨人嫌。另一方面,这也使这两只狮子一般[1]的怪物存活得更久,我长大之后,它便成了父亲与我相互争夺的对象。战争结束35年之后,那双鞋子依然完好无损,仍旧是我们的争论话题,争论谁更有权穿它。最终获胜的是父亲,因为在他去世的时候,我离那双鞋所在的地方十分遥远。

十五

我们最喜欢的旗帜是英国国旗;我们最喜欢的香烟牌子是"骆驼";我们最喜欢的酒是"必富达"。我们的选择标准显然不是内容而是形式。我们情有可原,因为我们对内容知之甚少,因为我们的境

---

[1] 布罗茨基在这里用的是一个汉语和英语结合在一起的词汇"shizi-like"。——译注

遇和运气并不能称之为选择。此外，我们不会认错英国国旗，更不会认错"骆驼"商标。至于"必富达"杜松子酒，我的一位朋友从来访的外国人那里得到一瓶，他发现，我们如此热衷他们精心设计出来的商标，或许就是因为我们完全没有此类东西。我点头表示赞同。他于是把手伸进一堆杂志，从里面抽出一张纸来，我记得好像是《生活》杂志的封面。画面上是一艘航行在大洋中的航空母舰的上层甲板。身穿白色军服的水兵们站在甲板上，抬头看着上面，或许是在看正在给他们拍照的那架飞机或直升机。他们排成一个队形。从空中看去，这个队形就是 $E=MC^2$。"好看吧？"我的朋友问道。"不错，"我说，"在哪儿拍的？""太平洋上的什么地方，"他说，"管它呢！"

十六

让我们关掉灯光，或是紧闭双眼。我们看到了什么？一艘美国航母航行在太平洋中央。我在甲板上挥手。或是在驾驶一辆"雷诺2CV"。或是置身艾拉唱的《绿黄篮子》的旋律中，等等，等等。因为人就是人所爱的东西。他之所以爱那东西，因为他就是那东西的一部分。不仅仅是人。物也一样。我记得一阵轰鸣，当时列宁格勒新开了一家自助洗衣店，鬼才知道那些洗衣机是从哪儿进口的，当我把自己最先拥有的蓝色牛仔裤扔进洗衣机，它立马发出了轰鸣声。这轰鸣声中有认知的喜悦，排队的人全都能听见。因此，让我们紧闭着眼睛承认：我们意识到了西方的某些东西，我们意识到了文明中的某些东西，就像是面对我们自己的文明，甚至比在家中获得的意识还要多。此外，我们已做好为这份情感买单的准备，价钱相当高，即我们的余生。代价自然不低。可是便宜没好货。无须再说，在那些年代，我们余下的生活便是我们曾经拥有的一切。

1986 年

（摘自《悲伤与理智》，上海译文出版社 2015 年版）

第十部 复活（节选）

复活(节选)

> **译者按语**

列夫·托尔斯泰（Лев Толстой，1828—1910），俄国最伟大的作家之一，19世纪俄国批判现实主义文学的最杰出代表。他出身贵族，生于图拉的亚斯纳亚·波利亚纳庄园，父母很早离世。1844年，托尔斯泰进入喀山大学学习东方语言，后辍学返回亚斯纳亚·波利亚纳庄园，1851年随兄长前往高加索、塞瓦斯托波尔等地从军，同时开始写作。19世纪50年代起，他的自传体小说《童年·少年·青年》和战争题材小说集《塞瓦斯托波尔故事》相继面世，其中细腻而又深刻的心理描写和精确而又磅礴的再现震动当时文坛，为他之后创作奠定了坚实基础。19世纪下半期，托尔斯泰的三部史诗巨著《战争与和平》(1865—1869)、《安娜·卡列尼娜》(1873—1877)和《复活》(Воскресение，1889—1899)相继面世，它们不仅为托尔斯泰赢得了全球声誉，也使俄国现实主义文学达到了世界文学的巅峰。晚年，托尔斯泰宣扬"托尔斯泰主义"，为摆脱贵族生活造成的束缚，他于

1910年10月离家出走，11月7日病逝于铁路小站阿斯塔波沃。《复活》是托尔斯泰晚年思想的集大成者，甚至是他一生创作的总结。这里节选的是《复活》第二部第四十、四十一和四十二节。在重译此书时，译者更多地考虑对原作调性的传达。

四十

三等座的大车厢被太阳烤了一整天,现在又坐满了人,里面热得让人喘不过气来,聂赫留多夫因此并未走进车厢,而留在车厢连接处。可这里也很闷人,直到列车驶出鳞次栉比的楼房区,有穿堂风吹来,聂赫留多夫才敞开心扉吸了一口气。"是的,是被他们害死的。"他在心里重复了一遍他对姐姐说过的话。他的脑海里十分清晰地浮现出这一天的所有见闻,印象最深的是第二个死去犯人那张俊美的脸庞,以及他唇边的笑容、额头的严肃神情和被剃得发青的脑袋下方不大不小、轮廓分明的耳朵。"最可怕的是,他被害死了,却无人知道是谁害死了他。可是他被害死了。他和其他所有犯人一样,是依照马斯连尼科夫的命令被带出来的。马斯连尼科夫似乎只下达了一道平平常常的命令,用他潦草的笔迹在一份带有印刷体抬头的纸上签下他的名字,他自然无论如何也不会觉得他有责任。为犯人检查身体的监狱大夫更不会觉得他有责任,他认真履行自己的职责,把病弱犯人挑了出来,他无论如何也没料到天气如此酷热,犯人们这么晚才被带出来,而且还挤作一团。典狱长呢?……可典狱长只不过在执行命令,在某一天押走多少苦役犯和流放犯,押走多少男犯和女犯。押解队队长也不应负责,其职责即清点人数,在某处接收多少人,然后到某地如数交出这些人,他像往常一样按部就班地押解这批犯人,无论如何也没料到,像聂赫留多夫所见的两位死者这般身强体壮的人,怎么会支撑不住,倒地死去。无人有过失,却有人被害死,且凶手正是这些对几位囚犯的死亡不负任何责任的人。"

"情况之所以如此，"聂赫留多夫想道，"是因为所有这些人，省长、典狱长、派出所所长和警察，都认为世上存在着这样的规矩，不一定非得用人道的态度去对待人。所有这些人，马斯连尼科夫也好，典狱长也好，押解队队长也好，如果他们不是省长、典狱长和军官，他们会考虑20遍，在如此热的天气里是否可以递解犯人，是否应该让犯人挤作一团，途中是否应该休息20次，看到有人虚脱，喘不过气来，是否应该把他带出人群，带到荫凉处，给他喝点水，让他歇一会，当不幸发生，也应表现出同情。他们并未这样做，甚至不让别人这样做，这仅仅因为他们没把那些人当人看，他们看到的并非他们对人的责任，而是职务及其要求，他们认为职务的要求高于人道态度的要求。问题就在这里。"聂赫留多夫想道，"如果承认有什么东西能比仁爱之情更为重要，即便片刻地承认，即便在某种特殊场合承认，那就足以干出任何伤害人的事情，同时认为自己没有任何过错。"

聂赫留多夫陷入沉思，竟未发现天气已变，太阳被近前一片低低的乱云所覆盖，自西边的地平线飘来一堆浅灰色的乌云，远处的田地和森林上方已现出落雨拉出的斜线。乌云投下潮湿的水气。闪电不时划破乌云，火车的轰鸣声越来越与隆隆的雷声混为一体。乌云越来越近，倾斜的雨丝被风吹打着，落在车厢连接处的平台和聂赫留多夫的大衣上。他迈到平台的另一边，呼吸着潮湿的新鲜空气和久旱逢雨的土地散发出的庄稼气息，看着眼前飞速闪过的花园、森林、金黄的黑麦地、尚且泛绿的燕麦地和黑色的土豆地垄沟，土豆已开出深绿色的花朵。一切都像被抹了一层油漆，绿的更绿，黄的更黄，黑的更黑。

"下吧,下吧!"聂赫留多夫说道,欣喜地看着期待甘露的田野、花园和菜地。

大雨只下了一小会儿。一部分乌云变成雨水落下来,一部分乌云飘走了,最后一阵垂直的、细密的雨点打在潮湿的土地上。太阳又露出脸来,一切都在闪亮,东方的地平线上方现出一道彩虹,彩虹并不太高,却很耀眼,紫色最为浓重,彩虹的一端若隐若现。

"是啊,我刚才想了些什么?"待大自然的种种变幻告一段落,火车驶入一道两边都是高坡的沟壑,聂赫留多夫问自己,"是的,我想到,所有这些人,包括典狱长、押解人员和各种公职人员,大多是温顺善良之人,他们之所以变得如此恶毒,盖因他们担任了公职。"他想起马斯连尼科夫在听他谈起监狱里的情形时所表现出的冷漠,也想起典狱长的严厉和押解队队长的残忍,后者不准体弱者上大车,对在火车上痛苦不堪的产妇熟视无睹。"所有这些人显然都是铁石心肠,没有最起码的同情心,这只是因为他们担任了公职。作为公职人员的他们,仁爱之情难以渗入他们的心灵,一如雨水难以渗入铺满石块的土地。"聂赫留多夫看着铺满彩色石块的斜坡,雨水未能渗入地下,而呈一道道溪水流淌下来,他心里想道,"或许,这陡坡必须铺上石头,可是看到这寸草不生的土地毕竟让人伤心,它原本也像坡顶的土地一样,能长出粮食、青草、灌木和树木。人也这样,"聂赫留多夫想道,"或许,这些省长、典狱长和警察都不可或缺,可是看到这些人丧失了人类最主要的品质,即相互友爱和相互怜悯,毕竟令人恐怖。"

"问题在于,"聂赫留多夫想道,"这些人将不是法律的东西视为法律,却不将上帝置于人心中的亘古不变、不可或缺的法则视为法则。正因为如此,我和这些人在一起时便感觉特别难受。"聂赫留多夫想道,"我就是害怕他们。的确,这些人很可怕。比强盗更可怕。强盗毕竟还有恻隐之心,这些人却不会怜悯,全无同情心,一如这些寸草不知的石头。他们的可怕之处就在这里。都说农民起义首领普加乔夫、拉辛可怕。这些人却可怕一千倍。"他继续想道,"如果提出一个心理学问题,即如何让我们这个时代的人,让这些基督徒、人道的人和善良的人干下最可怕的恶行,却不觉得自己有罪,那么答案只有一个,就是保持现状,就是让这些人去做省长、典狱长、军官和警察,也就是说,首先要他们坚信,有一种被称作国家职务的事务,在做这件事时可以像对待物一样对待人,不用对人持有人性的、兄弟般的态度;其次,让这些担任国家公职的人构成一个整体,这样一来便不会有人单独承担他们残忍待人的各种行为所导致的后果。没有这些前提,我们这个时代就不可能出现如我今天所见的这些可怕事件。问题在于,有些人认为在某些情形下可以不以爱心待人,其实这样的情形是不存在的。可以不以爱心待物,比如可以不带仁爱之心砍树、做砖和打铁,但对待人却不能没有爱心,就像对待蜜蜂不能没有谨慎。蜜蜂有此天性。如果你对待蜜蜂不够谨慎,便会使蜜蜂和你自己都受到伤害。对待人也是这样。不可能不是这样,因为人与人之间的友爱是人类生活的基本法则。的确,人无法强迫自己去爱,一如他不能强迫自己去工作,但并不能由此得出结论,认为人可以不以爱心待人,尤其在他被人寄予厚望的时候。你若没有爱人之心,就老老实实地坐着,"聂赫留多夫想到,他指的是自己,"随意对待自己,对待物,但独独不能随意对待他人。只有在想吃东西的时候吃东西,方才有益而无害,同样,只有在具有爱心的时候与人交往,方才无害又有益。只要纵容自己不以爱心待人,就像自己昨天对待姐夫那样,那么,如我今天所见的那种面对他人的残忍和野蛮便会无边无际,给自己带来的痛苦也会无边无际,我通过自己的生活已深知这一点。是的,是的,是这样的,"聂赫留多夫想道,"这很好,太好了!"他一遍遍地对自己说,体验到了双重快乐:清凉替换了令人痛苦的暑热;他思虑已久的一个问题得到了极其清晰的解答。

四十一

聂赫留多夫乘坐的这节车厢有一半座位空着。乘客中有仆人、手艺人、工人、屠夫、犹太人、店员、妇女、工人的妻子,还有一名士兵,两位太太,一位很年轻,一位已上了年纪,裸露的手臂上戴着手镯,另有一个神情严肃的先生,他黑色的制帽上有颗帽徽。所有这些人均已在座位上坐定,他们静静地坐着,有的嗑瓜子,有的抽烟,有的在与身边的人兴致勃勃地聊天。

塔拉斯满脸幸福地坐在过道右侧,给聂赫留多夫留出一个座位,他正起劲地与坐在对面的人聊天,那人体格健壮,敞着粗呢上衣,聂赫留多夫后来听说此人是个园丁,要去某地干活。聂赫留多夫还没走到塔拉斯那里,便在过道上停住脚步,站在一位相貌可敬的白胡子老人身边,老人身穿土布上衣,正与一个农民打扮的年轻女子说话。女子身边坐着一个七八岁的小女孩，她的腿还够不着地面，垂在半空，她穿一件崭新的裙子，近乎白色的浅色头发扎成小辫，她在不停地嗑瓜子。老人转身看了聂赫留多夫一眼，把他拖在光滑座椅上的衣摆拢了拢，亲热地说道：

"您请坐。"

聂赫留多夫道了谢，坐在老人指定的位置。聂赫留多夫刚坐下，那女子便继续讲起她那个被打断的故事。她讲的是她丈夫在城里如何接待她，她现在是离开丈夫返回乡下。

"我谢肉节去过，这不，上帝保佑，又去了一趟，"她说道，"这不，上帝保佑，圣诞节还要去一趟。"

"这是好事，"老人说道，看了看聂赫留多夫，"应该常去看看，要不然，年轻人住在城里会学坏的。"

"不会的，大爷，我那位可不是这种人。他就像个姑娘家，不会干那些蠢事。他的钱全都寄回家了，一分也不少。他就喜欢我们这闺女，喜欢得没话说。"女子笑着说道。

小女孩一边吐着瓜子皮，一边听母亲说话，她用安静聪明的目光看着老人和聂赫留多夫的脸，似在佐证母亲的话。

"他是个聪明人，这就更好了。"老人说道，"他不馋这个吧？"他又添了一句，用目光指了指坐在过道对面的一对夫妻，他俩显然是工人。

那边的工人丈夫抓起一瓶酒，仰着脑袋，瓶口对着嘴巴喝了起来，妻子手拿套在酒瓶外面的小布袋，目不转睛地看着丈夫。

"不，我那位不喝酒，也不抽烟，"与老人聊天的女子利用这个机会又一次夸奖起自己的丈夫,"大爷,他这样的人天下少有啊。他就是这种人。"她转身对聂赫留多夫说道。

"这就更好了。"一直盯着那个喝酒工人看的老人又说了一遍。

那工人喝了几口,然后把酒瓶递给妻子。妻子接过酒瓶,笑着摇摇头,也把瓶口对准了自己的嘴巴。工人觉察到聂赫留多夫和老人的目光,便冲他俩说道:

"怎么啦,老爷?我们喝点酒有什么?我们是怎么干活的,没人看见,我们喝点酒,倒是都看见了。挣钱喝酒,再给老婆喝两口。没别的意思。"

"是的,是的。"聂赫留多夫说道,他不知该如何作答。

"是吗,老爷?我老婆是个靠得住的女人!我对老婆很满意,因为她心疼我。我说得对吗,马芙拉?"

"喂,你拿着。我不想喝了。"妻子把酒瓶递给丈夫,说道,"你又在胡扯。"她又说。

"瞧,就这个样,"工人继续说道,"一会儿好好的,一会儿呱呱乱叫,就像没上油的大车。马芙拉,我说得对吗?"

马芙拉笑着,带着醉态摆了摆手。

"瞧,又来了……"

"就这个样,这会儿好好的,可一到时候,等她倔起来,她干出来的事连想都想不到……我说的是实话。老爷,请您原谅我。我喝了点酒,瞧,有什么法子呢……"工人说道,然后把脑袋放在面带微笑的妻子的膝盖上,睡起觉来。

聂赫留多夫与老人一起坐了一会儿,老人向他讲了自己的身世,说他是个砌炉匠，干了53年活，一辈子砌的炉子数也数不清，如今想歇一歇，可是一直没空。他在城里待了一阵，给几个孩子找事情做，现在是回乡下探望家人。听完老人的故事，聂赫留多夫起身走向塔拉斯给他留出的座位。

"老爷，您请坐。我们把袋子挪到这边来。"坐在塔拉斯对面的园丁仰头看了看聂赫留多夫，亲热地说道。

"就像俗话说的那样，虽然受挤，却不受气。"满脸微笑的塔拉斯用歌唱般的声音说道，他用有力的大手提起他那七八十斤重的行李袋，放到窗边，就像拿起一根羽毛，"座位多的是，要不就得站着，就得钻到椅子下面去。这多安稳。要不就得吵架！"他说道，满脸善意和热情。

塔拉斯说他自己在不喝酒的时候没话，一旦喝了酒便妙语连珠，口若悬河。的确，清醒状态下的塔拉斯大多沉默不语，一旦喝了酒就特别能说，不过他很少喝酒，只在特殊场合才喝。他的酒后之言既多又好，朴实真诚，更是温情，他那双善良的天蓝色眼睛和始终挂在嘴角的愉快笑容都在传递这样的温情。

今天，他正处于这一状态。聂赫留多夫的走近暂时打断了他的话头。但等他放好行李袋，像先前那样坐下来，把两只能干活的有力大手放在膝盖上，便又看着园丁的眼睛，继续讲起自己的故事。他对这位新相识详尽地谈了他妻子的事，谈到她为何被流放，他如今为何要随她去西伯利亚。

聂赫留多夫从未听说此事的细节，因此很仔细地听着。他从半中听起，故事已讲到下毒，家里人知道这是费多西娅干的。

"我这说的是自己的伤心事,"塔拉斯说道,朋友般对聂赫留多夫推心置腹,"碰到一个好心人,就聊了起来,我就讲了我的事。"

"好的,好的。"聂赫留多夫说。

"瞧,就这样,我的老哥,事情就弄清楚了。我妈拿起那块饼,她说:'我去找警察。'我爸是个通情达理的老头,他说:'等一等,老婆子,这姑娘还是个孩子,自己都不晓得她在干什么,应该可怜可怜她。她兴许会明白过来的。'可有什么法子,我妈什么话都听不进去。她说:'我们留下她,她就会把我们像毒死蟑螂那样全都毒死。'我的老哥,她就去找了警察。警察马上跑到我们家……立马找到了证人。"

"那你当时什么情况呢?"园丁问。

"我呀,我的老哥,肚子里翻江倒海,一个劲儿吐,五脏六腑都翻过来了,什么话也说不出来。老爸立马套上大车,拉上费多西娅去了警察局,从警察局又去见侦查员。她呀,我的老哥,一开头就全都招认了,便对侦查员一五一十全都说了。说她怎样弄到砒霜,怎样擀的面饼。侦查员问:'你为什么要做这种事呢?'她说:'因为我讨厌他。我宁愿去西伯利亚,也不愿和他过',她这里的'他'说的就是我,"塔拉斯笑着说道,"就是说,她全都招认了。当然,她进了大牢,老爸一个人回来了。这时到了农忙季节,家里只有妈妈一位妇女,她身体又不好。家里人想,看能不能把她保回来。老爸就去找一个当官的,不行,又去找第二个。他一连找了五位当官的。本来不想再找了,可是遇见一个人,在衙门当差,这个人机灵得很,打着灯笼都难找见。他说:'给我五卢布,我把她保出来。'后来说好给三卢布。没办法呀,老哥,我把她织的布抵押出去,给了那人三卢布。他马上写了一份文件,"塔拉斯拖长声音,似乎他说的是开枪的事情,"一下子就写好了。我当时也能起床了,就自己赶车到城里去接她。我来到城里,老哥。把大车在客栈里一停,我就拿上文件去了监狱。'你有什么事?'我就说了是怎么回事,说我家女主人关在你们这里。他问:'有文件吗?'我马上递上文件。他扫了一眼,说道:'等一下。'我就坐在板凳上。太阳已经偏西。一位长官走出门来,他说:'你就是瓦尔古绍夫?''我是。''把人领走吧。'他说。大门立马打开。他们把她领了出来,她穿着自家的衣服,挺合身的。'我们走吧。''你是走路来的?''不是,我赶马车来的。'我们来到客栈,结了房钱,套上马,把剩下的干草垫在大车上,再铺一层麻布。她坐上去,扎好头巾。我们就走了。她没说话,我也没说话。我们快到家的时候她才说:'妈妈好吗?'我说:'很好。''爸爸好吗?''很好。'她说:'塔拉斯,原谅我做了蠢事。我自己也不知道我干了什么。'我说:'不用多说了,我早就原谅你了。'我没再说什么。我们回到家里,她立马跪在妈妈面前。妈妈说:'上帝饶恕你。'爸爸打声招呼,说道:'别提那些旧话了。好好过日子吧。眼下没工夫说闲话,该去割麦子了。斯克罗德内后面那几亩上过肥的地,托上帝的福,黑麦长得真不错,下不去镰刀,缠在一起倒在地上。麦子该割了。你和塔拉斯明天就去割麦子吧。'从那一刻起,老哥,她就干起活来。她干起活来的劲头,简直吓人。我们当时租了四五十亩地,托上帝的福,黑麦和燕麦都长得出奇的好。我割麦子,她打捆,有时也两人一起割。我干活很麻利,什么活儿都能对付,可她什么活儿都干得比我还麻利。她又能干又年轻,正是好时候。她干起活来,老哥,简直不要命,我只好劝她悠着点儿。回到家里,指头肿了,胳膊酸了,该歇一歇了,可她晚饭还没吃完,就跑到草棚去搓第二天一早要用的草绳。瞧这变化!"

"那么,对你也很亲热吧?"园丁问道。

"那还用说,我俩像是粘在了一起,就像一个人。我在想什么,她都知道。妈妈本来一肚子气,可是也说:'我们的费多西娅肯定被别人调包了,完全换了一个人。'有一回我俩赶着两辆大车去拉麦捆,我们坐在前面一辆车上。我说:'费多西娅,你怎么会想到做那种事呢?'她说:'我就是不想和你过了。我当时想,宁愿死,也不想再过下去了。'我说:'那现在呢?'她说:'现在你就装在我心里头。'"塔拉斯停住了,面带欢乐的微笑,惊喜地摇摇头,"刚收完地里的庄稼,我把大麻沤到水里,回到家里,"他等了一会,沉默片刻,"一看,传票来了,要去受审。受审的起因我们早就忘了。"

"一准是恶魔附身,"园丁说,"要不一个人怎么会想到去杀人呢?我们那里也有一个人……"园丁正要开始讲他的故事,火车停了下来。

"准是到站了,"他说,"我们去喝点什么吧。"

谈话中止,聂赫留多夫随园丁走出车厢,来到湿漉漉的木头站台上。

四十二

聂赫留多夫尚未走出车厢,便发现车站的院落里停着几辆豪华马车，车上套着三匹或四匹膘肥体壮的马，马脖子上挂着铃铛；待他走上因为雨水而发暗的潮湿站台，就看见一等车厢旁聚了一群人，其中可见一个身材高大的胖太太，她身披风衣，帽子上插有贵重的羽毛，还有一位高个子年轻人，他两腿细长，穿一身自行车运动服，牵着一只又肥又大的狗，狗脖子上套着一个贵重的项圈。他俩身后站着几个手持雨衣和雨伞的仆人和一位车夫，他们是来接客人的。这一群人，从身材肥胖的太太到用手提长袍下摆的车夫，全都带有镇定自信、生活富足的印记。在这群人周围顿时聚集起一圈十分好奇、崇拜财富的围观者，其中有头戴红色制帽的站长，一名宪兵，一名电报员，一个瘦削的姑娘，这姑娘身着俄式服装，戴着项链，夏日里，每逢火车到达，这姑娘一准现身，此外还有一些男女乘客。

聂赫留多夫认出，那位牵着狗的年轻人就是在上中学的科尔恰金少爷，肥胖的太太就是公爵夫人的姐姐，科尔恰金一家此行的目的地就是她家的庄园。列车长制服上的饰带和脚蹬的靴子闪闪发光，他打开车厢的门，为表示尊敬一直手扶车门，此时，菲利普和围着白围裙的脚夫用可折叠的扶手椅小心翼翼地抬出了脸庞很长的公爵夫人。姐妹俩相互问候，传来几句法文交谈，谈的是公爵夫人是坐轿式马车还是坐敞篷马车，然后，这个队伍便向车站出口走去，走在最后的是那个一头鬈发、手持雨伞和帽盒的侍女。

聂赫留多夫不想看到他们，免得再次告别，于是，他还没走到车站出口便停住脚步，等那队人马过去。公爵夫人和儿子、米西、大夫和侍女走在前面，老公爵和大姨子停在后面，聂赫留多夫虽然离得很远，却听见他俩用法文交谈的只言片语。公爵说的一句话连同其腔调和嗓音,就像常有的情形那样,猛然嵌入聂赫留多夫的记忆。

"Oh! il est du vrai grand monde, du vrai grand monde. (法文:哦!他可是个地道的上等社会人,地道的上等社会人。)"公爵用洪亮自信的声音谈及某人,同时与大姨子一同在毕恭毕敬的列车员和搬运工的伴随下走出车站大门。

就在这时,一群脚穿树皮鞋、背着小皮袄和行李袋的农民工不知从哪儿跑出来,他们自车站的一角走上站台。民工们迈着矫健轻快的步伐走近一等车厢,想走进去,却立即被列车员赶了出来。民工们马不停蹄,他们挤作一团,又赶忙走向旁边一节车厢,已经开始上车,行李袋磕着车厢的拐角和车门,可站在车站出口处的另一个列车员发现他们的企图,便冲他们厉声吆喝。已经上了车的民工马上退出来,又迈着轻快矫健的步伐奔向下一节车厢,这正是聂赫留多夫乘坐的那节车厢。列车员再次拦住他们。他们停下脚步,打算再往前走,可聂赫留多夫告诉他们,这节车厢有空座,让他们上车。他们听了他的话,聂赫留多夫也随他们走进车厢。民工们想找位子坐下来,可那位戴帽徽的先生和两位太太却认为,民工们冒昧进入这节车厢就是对他们个人的侮辱,他们坚决表示反对,并开始驱赶民工。民工有20位左右,有老有少,却全都面色黢黑,饱经风霜,他们显然觉得自己有很大过错,便继续穿过整个车厢,行李袋不时撞在座位、壁板和车门上,他们显然准备一直走到天涯海角,坐在别人吩咐他们坐的任何地方,哪怕坐在钉子上。

"你们往哪儿跑,见鬼!快坐下!"迎面走向他们的另一个列车员高喊。

"Voilà encore des nouvelles!（法文：真是新鲜！）"两位太太中的一位说道，她坚信她标准的法文能引起聂赫留多夫对她的关注。戴手镯的太太则不停地嗅着四周，皱着眉头，说和这些臭烘烘的乡下人坐在一起可真叫人舒服。

民工们却像那些大难不死的人一样，体验到了欣喜和安心，他们停下脚步，纷纷就座，从肩膀上放下沉甸甸的行李袋，塞到座椅下面。

与塔拉斯谈话的园丁坐的并非自己的座位，他返回自己的位子，于是在塔拉斯的旁边和对面便空出三个座位。三位民工坐了下来，可当聂赫留多夫走到他们跟前，他的老爷服饰令民工们深感不安，便站起身来打算离开，聂赫留多夫却请他们留下，自己则坐在过道边座椅的扶手上。

两位民工中的一位年约50，他带着不解、甚至担心与年轻的民工交换一下眼色。聂赫留多夫并未像老爷那样骂他们，驱赶他们，反而给他们让座，这使他俩很惊讶，很窘迫。他俩甚至感到害怕，怕这样一来他们会遇到什么不妙的事情。可待他们发现这里并无任何圈套，聂赫留多夫和塔拉斯的交谈也很家常，他们便安下心来，让一个小伙子坐到行李袋上，要聂赫留多夫坐回自己的座位。起初，坐在聂赫留多夫对面那个上了年纪的民工缩着身子，使劲把自己套着树皮鞋的双脚往后挪，以免碰到老爷，可是后来，他却如此友好地与聂赫留多夫和塔拉斯攀谈起来，讲到他想让聂赫留多夫十分关注的地方，他便手心向上，用手背拍一拍聂赫留多夫的膝盖。他说到他的情况，说到他在泥炭沼泽干活，他们在那儿干了两个半月，现在回家去，每人带回十卢布工钱，因为一部分工钱已经提前预支了。他说，他们的活儿要在齐膝深的水里干，从日出干到日落，中间只有两小时午休时间。

"没干惯的人当然很苦，"他说，"我干惯了，也就不觉得有什么了。不过伙食不错。起初伙食很糟。后来大家生气了，伙食才好起来，干起活来也就轻松了。"

后来他说道，他这样出门干活已持续28年，挣的钱交给家里，起先交给父亲，然后交给哥哥，如今交给管家的侄子，每年挣的五六十卢布里，他自己过日子只花两三卢布，买点烟草和火柴。

"罪过啊，累了也喝点小酒。"他又添了一句，负罪地微笑着。

他又讲起，妇女们在家怎样干了本该男人们干的活计，这次回家前，工头怎样请他们喝了半桶酒，他们中间有个人是怎么死的，他们这次还带着一个病号。他说的那位病号就坐在这节车厢的一个角落里。这是个年纪轻轻的小伙子，他脸色灰白，嘴唇发紫。他显然患了疟疾，此刻正在发作。聂赫留多夫走到他身边，可那小伙子用十分严肃、痛苦的目光看着他，聂赫留多夫也就没有多问，以免打扰他，他建议老人给他买点奎宁，并在纸上写下了药名。他想给点钱，可老民工说不用，他自己有钱。

"唉，我常年出门在外，这样的老爷还从没见过。不撵你走，还给你让座。就是说，老爷也是各种各样的。"他面对塔拉斯给出了结论。

"是啊，一个全新的世界，别样的世界。"聂赫留多夫想道，他看着这些人瘦削却有力的四肢，粗糙的土布衣裳，黢黑的、热情的、饱经风霜的脸庞，觉得自己正置身于这些全新的人的包围中，他们过着真正的、劳动的人类生活，他们怀有严肃的兴趣，他们的生活中有欢乐也有苦难。

"瞧，这才是 le vrai grand monde（法文：地道的上等社会人）。"聂赫留多夫想道，他想起科尔恰金公爵刚才说的那句话，想起科尔恰金一家及其卑微的兴趣所构成的那个悠闲奢华的世界。

于是，他体验到一阵欢乐，就像一位旅行家发现了一个崭新的、未知的、美好的世界。

(摘自《复活》，浙江文艺出版社2018年版)

第十一部
我要收复你(外10首)

我要收复你(外10首)

> **译者按语**

玛丽娜·茨维塔耶娃（Марина Цветаева, 1892—1941）是俄国白银时代最重要的诗人之一，被布罗茨基称为"20世纪第一诗人"。茨维塔耶娃生于莫斯科，她的父亲是莫斯科大学艺术学教授，莫斯科美术博物馆（今莫斯科普希金造型艺术博物馆）的创建人。1910年，刚满18岁的茨维塔耶娃出版第一部诗集《黄昏纪念册》，从此走上诗坛。1916年标志着茨维塔耶娃诗歌创作中一个新阶段的开始，此年编成、但直到1921年方才出版的诗集《里程碑》就是标志她的诗歌成熟的一座"里程碑"。1922年夏，获悉曾为白卫军的丈夫埃夫隆流亡国外，在布拉格上大学，茨维塔耶娃携女流亡，在布拉格及其郊外地区居住三年多。流亡期间，茨维塔耶娃先后出版诗集《致勃洛克》(1922)、《离别集》(1922)、《手艺集》(1923)，长诗《山之诗》(1924)和《终结之诗》(1924)等。1925年10月，出于物质生活等方面考虑，茨维塔耶娃全家迁居巴黎，但在流亡法国的近14年时间里她只写了不到一百首诗作,转而写下许多散文,1928年面世的《俄罗斯之后》是她生前出版的最后一部诗集。1937年,茨维塔耶娃的丈夫埃夫隆因卷入一场由苏联情报机构组织的暗杀行动而秘密逃回苏联,他们的女儿在稍早前也已返回莫斯科。两年之后,生活拮据、又置身非议和敌意的茨维塔耶娃被迫带着儿子格奥尔基返回祖国,可迎接茨维塔耶娃的却是更加严酷的厄运:女儿和丈夫相继被苏联内务部逮捕,女儿坐牢15年,丈夫最终被枪毙。1941年8月31日,因为战争被从莫斯科疏散至鞑靼斯坦小城叶拉布加的茨维塔耶娃,在申请担任作家协会食堂洗碗工的申请也被拒绝之后,在与儿子发生了一场争吵之后,在租住的木屋中自缢。茨维塔耶娃的诗充满奇异的意象、跳跃的节奏和意外的用词,极富张力,对于世界任何语言的译者而言均构成一种严峻的挑战。

我要收复你[1]

我要收复你,从所有土地,所有天空,
因为森林是我的摇篮,坟墓是森林,
因为我站在大地,只用一条腿,
因为我为你歌唱,只有我一人。

我要收复你,从所有时间,所有夜晚,
从所有金色的旗帜,所有宝剑,
我扔掉钥匙,把狗赶下台阶,
因为在尘世的夜我比狗更忠诚。

我要收复你,从所有人,从某个女人,
你不会做别人的夫,我不会做别人的妻,
我要从上帝那里夺回你,住口!——
在最后的争吵,在夜间。

但我暂时还不会为你送终,
哦诅咒!你依然留在你身边:
你的两只翅膀向往天空,
因为世界是你的摇篮,坟墓是世界!

1916 年 8 月 15 日

---

[1] 此诗写给尼古拉·普卢采尔 - 萨尔纳(1881—1945),后者在十月革命前后对茨维塔耶娃帮助很大,两人关系密切。——译注

我想和您一起生活

……我想和您一起生活,
在一座小城,
那里有永恒的黄昏,
有永恒的钟声。
乡村的小旅店里,
古老的钟表
轻响,像时间的水滴。
傍晚,阁楼里时而传出
长笛声,
吹笛的人站在窗口。
窗口有硕大的郁金香。
或许,您甚至没爱过我……

——

房间中央是贴瓷砖的大火炉,
每块瓷砖都是一幅画:
玫瑰,心,舰船。
唯一的窗户上
是雪,雪,雪。

您或许躺着,躺成我爱的模样:

慵懒,漠然,无忧。
时而刺耳地划着
火柴。

香烟忽明忽暗,
烟灰像灰色的短柱,
在烟头处久久颤抖。
您甚至懒得弹掉烟灰,
整支香烟飞进了炉火。

1916年12月10日

诗句生长

诗句生长,像星星像玫瑰,
像家中不需要的美。
对于桂冠和颂词只能回答:
这些东西于我何用?

我们沉睡,透过石板,
花开四瓣的天外来客现身。[1]

---

[1] 茨维塔耶娃的女儿阿丽娅在回忆录中写到,在她们母女一次散步时,阿丽娅采到一枚四瓣叶子的三叶草,她拿给茨维塔耶娃看,茨维塔耶娃把它夹在书中,并写成此诗。——译注

世界,你要明白!梦中的歌手
能破解星星的法则和花朵的公式。

         1918年8月14日

太阳只有一个[1]

太阳只有一个,却走过每一座城,
太阳是我的。我不将它给任何人。

一刹那一道光一个眼神,都永远不给任何人!
愿那些城市在不变的夜中死去!

我要握住它!不让它肆意转圈!
就让我灼伤自己的手臂、双唇和心!

它消失在永恒的夜,我追寻它的痕迹……
太阳是我的!我不把你交给任何人!

           1919年2月

---

1 中国香港导演王家卫曾用此诗意境拍摄了微电影《只有一个太阳》。——译注

给一百年后的你[1]

给你,一百年后出生的你,
我像注定死亡的人,喘口气,
自地下最深处,用我的手
　　给你写诗句:

朋友!别再找我!换了时尚!
连老人们也已把我遗弃。
无法亲吻!我从忘川的水中
　　伸出两只手臂。

我看见你的眼像两堆篝火,
照亮我的坟墓,照亮地狱,
你看见一百年前死去的我,
　　我睡得很死。

我手里的东西已近乎灰尘,
是我的诗!我看见风中的你
在寻找那间屋,我在其中诞生,
　　或在其中死去。

---

[1] 茨维塔耶娃在此诗手稿上写道:"昨天一整天都在想一百年后的他,便给他写了几行诗。诗写成了,他终将到来。"——译注

你遇见那些健在的幸福女人，
我骄傲，我听见你的表态：
"欺世盗名的女人们！你们全死了！
　　只有她还健在！

"我曾服务她像一个志愿者！
我知道一切秘密，她戒指的所在！
你们这些盗墓女贼！你们从她那里
　　窃得这些钻戒！"

哦，我的一百个钻戒！
我痛心，我第一次后悔，
我随意送出那么多戒指，
　　却把你错过！

我也很忧伤，在这个黄昏，
在今日的黄昏，我久久追随
西落的太阳，我是在迎接
　　一百年后的你。

我敢打赌，你会送出诅咒，
送给黑暗坟墓中我那些朋友：

"你们全说好话!却无一人送她
　　粉红的衣裙!"

谁更自私呢?!不,我自私!
没有危险,就不必隐瞒私心,
我曾央求所有人给我写信,
　　供我夜间亲吻。

说出来吗?我说!死亡是假定。
你如今是我最激情的客人,
你会拒绝所有情人的礼物,
　　为了这堆遗骨。

1919年8月

我把这本书托付给风

我把这本书托付给风,
给迎面飞来的鹤。
很久以前,我扯破嗓门,
大声呼喊离别。

我把这本书扔进战火,

像把漂流瓶扔进波谷。

让它流浪吧,像节日的蜡烛,

从一只手到另一只手。

啊,风儿,我忠诚的证人,

请带我去见亲人们,

从北到南,我每夜在梦中

走完这一趟旅程。

1920年2月于莫斯科

我写在青石板上

致谢·埃夫隆

我写在青石板上,

写在褪色的扇面,

写在河滩和海滩的沙土,

用冰刀写在冰面,用戒指写在玻璃——

写在数百岁的树干,

终于,让所有人都懂!

我爱你!爱你!爱你!爱你!

写下,用天上的彩虹。

我多想,每个男人都盛开,
永远陪我!让我爱抚!
随后我却俯身书桌,
把那名字一一涂抹……

可你,却被变心的写者攥在手里!
你像蜂刺扎在我心上!
我不出卖你!在戒指背面!
你在铭文中保全模样!

1920年5月18日

诗人(三首)

一

诗人从远方领来话语。
诗人被话语领向远方。

像星星,像征兆,
像迂回的寓言坑洼密布……
是非之间,他从钟楼起飞,

挂钩骗人……因为彗星的路——

就是诗人的路。散开的
因果链,就是诗人的关系!
额头向上,你们绝望!
日历不预告诗人的月食。

他是重新洗牌的人,
把分量和账目弄混,
他在课堂上发问,
是谁把康德摧毁,

他躺在巴士底的石棺,
像一株美丽的树。
他的足迹已永远变凉,
那趟列车无人能够
赶上……
   因为彗星的路

就是诗人的路:燃烧,却无温度,
收获,却没有培育,
爆炸和摧毁,蜿蜒曲折,
日历不预告你的道路!

1923 年 4 月 8 日

二

世上有些人多余、额外,
从来不入他人的眼帘。
(没能列入你们的名册,
垃圾坑就是他们的家。)

世上有些人空心、受挤,
默不作声:粪肥,
勾住你们绸衣下摆的铁钉!
车轮卷起泥泞!

世上有些人虚幻、无形,
(标记:麻风病人的斑点!)
世上有一些约伯,
约伯会遭人嫉恨,当我们

这些诗人与贱民押韵,
但我们从河岸溢出,
我们与女神们争夺上帝,
与男神们争夺处女!

1923年4月22日

三

我这个盲人和弃儿能做什么,
在每人都有视力和父亲的世界,
沿着诅咒像沿着激情的
土路!在那里,
哭泣被称作伤风!

用肋骨和预见歌唱的我能做什么!
像电线!黝黑!西伯利亚!
走过自己的困惑像走过桥!
带着它们的无足轻重,
在砝码的世界。

我这个歌手和长子能做什么,
在最黑的人也呈灰色的世界!
人们守护灵感,像用暖瓶!
带着这样的无垠,
在度量的世界?!

1923 年 4 月 22 日

我将迟到约定的相会

我将迟到约定的相会。
我将花白着头发来到,
带着附加的春天。
你的约定很高!

我将一年年行走,
奥菲莉娅认定苦芸香![1]
走过众多山峦和平地,
走过众多灵魂和手掌。

大地活得很久!沼泽是血!
每滴血都是一片河湾。
但奥菲莉娅的脸在苦草间浮现,
永远像小溪的对岸。

像她吞噬激情,我却
吞入淤泥!麦穗落入碎石中!
我高高地爱你:
我把自己葬在天空!

1923年6月18日

---

[1] 奥菲莉娅发疯后将百花赠予他人,给自己留下芸香作为悲伤记忆的象征。——译注

请替我致敬俄罗斯的黑麦[1]

请替我致敬俄罗斯的黑麦,
致敬有农妇劳作的田地。
朋友!我的窗外下着雨,
灾难和欣悦落在心底……

你在雨水和灾难的曲调里,
像荷马置身六音步,
递过手来吧,在彼世!
在这里我可腾不出手。

1925年5月7日于布拉格

接骨木

接骨木把整座花园淹没!
接骨木碧绿,碧绿!
比水桶上的霉菌更绿!
这绿色意味夏天的临近!
蔚蓝直抵岁月的尽头!

---

[1] 此诗献给帕斯捷尔纳克。——译注

接骨木比我的眼睛更碧绿!

然后,一夜间,接骨木
鼓泡的颤音映红眼球,
像罗斯托普钦[1]的大火!
蓝天啊,接骨木散落的
麻疹,比一年四季
你身上的麻疹更红,

直到冬季,直到冬季!
小小的浆果孕育出
比毒药还甜的色彩!
红布、火漆和地狱的
混成,珊瑚小项链的闪光,
味道就像凝固的鲜血!

接骨木被处决,被处决!
接骨木把整座花园淹没,
用年轻的血,纯洁的血,
用一根根火红枝条的血,
一切血中最欢乐的血:

---

[1] 罗斯托普钦(1763—1826),拿破仑入侵俄国时期的莫斯科市长,据说是他下令焚毁莫斯科,以断绝法军给养,阻止法军继续进军。——译注

心脏的血,你的血,我的血……

然后,果实的瀑布,
然后,变黑的接骨木。
带有李子一样的黏稠。
在提琴般呻吟的柴门,
在荒芜的房子旁,
一丛孤独的接骨木。

接骨木,我已疯狂,已疯狂,
因为你的项链,接骨木!
草原给红胡子,高加索给格鲁吉亚人,
把窗前我这丛接骨木交给我。
只有这丛接骨木
能代替我的艺术宫……

我的国度的新居民!
因为接骨木的浆果,
因为我红色的童年渴求,
因为树木,因为"接骨木"
这个词(至今每夜如此……),
因为眼睛吸入的毒素……

接骨木血红,血红!
接骨木的利爪占领四周:
我的童年被掌控。
似有一种犯罪激情
在你我之间,接骨木。
我想把世纪的疾病称作

接骨木……

1931年9月11日始于默东

(摘自《茨维塔耶娃诗选》,人民文学出版社2020年版)

刘文飞译著年表

1. 《白雨》(艾特马托夫),学士学位论文,1981年。
2. 《中国翻译家》(叶夫图申科),《世界文学》1986年第1期。
3. 《巴·瓦西里耶夫诗五首》(巴·瓦西里耶夫),《苏联文学》1986年第5期。
4. 《高尔基早期小品文九篇》(高尔基),《俄苏文学》1987年第3期。
5. 《空中的路》(帕斯捷尔纳克),《苏联文学》1987年第6期。
6. 《血泪难忘——布哈林夫人回忆录》(合译),社会科学文献出版社,1988年。
7. 《世纪的路》(普列洛夫斯基),工人出版社,1988年。
8. 《苏联当代青年女诗人诗6首》,《当代苏联文学》1988年第4期。
9. 《断片》(哈尔姆斯),《苏联文学》1988年第4期。
10. 《苏联当代青年诗人诗一束》,《诗刊》1988年第6期。
11. 《远亲》(叶夫图申科),载《叶夫图申科诗选》,漓江出版社,1988年。
12. 《致但丁》(沃兹涅先斯基),《诗刊》1989年第8期。
13. 《诺贝尔文学奖得主布罗茨基的受奖演说》(布罗茨基),《外国文学动态》1989年第6期。

14. 《世界青年抒情诗选》(合译)，中国青年出版社，1991年。

15. 《文学与革命》(托洛茨基，与王景生、季耶合译)，外国文学出版社，1992年。

16. 《三诗人书简》(里尔克、帕斯捷尔纳克、茨维塔耶娃)，《世界文学》1992年第1期。

17. 《伊·日丹诺夫诗八首》(伊·日丹诺夫)，《世界文学》1993年第1期。

18. 《论俄国知识分子》(利哈乔夫)，《外国文学动态》1993年第7期。

19. 《索尔仁尼琴散文选（十章）》(索尔仁尼琴)，《散文与人》第3集，花城出版社，1994年。

20. 《外国诗选译》(伊·日丹诺夫、布罗茨基)，《飞天》1994年第12期。

21. 《马尔娃》(高尔基)，漓江出版社，1995年。

22. 《布罗茨基作品小辑》(布罗茨基)，《世界文学》1996年第1期。

23. 《布罗茨基遗诗二首》(布罗茨基)，香港《大公报》1996年7月17日。

24. 《人道主义和当代》(曼德里施塔姆)，《自传随笔》(阿赫马托娃)，载《散文与人》，贵州人民出版社，1996年。

25. 《词与文化》(曼德里施塔姆)，《世界文论》(第8辑)，中国电影出版社，1997年。

26. 《俄罗斯作家曼德里施塔姆作品辑》(曼德里施塔姆)，《世界文学》1997年第5期。

27. 《普希金诗300首》(普希金)，云南人民出版社，1997年。

28. 《俄语短篇小说精品》(合译),漓江出版社,1997年。
29. 《我不能沉默》(合译),花城出版社,1998年。
30. 《普希金自传》(普希金,合译),江苏文艺出版社,1998年。
31. 《时代的喧嚣》(曼德里施塔姆),云南人民出版社,1998年。
32. 《银鸽》(别雷,与李政文、吴晓都合译),云南人民出版社,1998年。
33. 《文明的孩子》(布罗茨基),中央编译出版社,1998年。
34. 《三诗人书简》(里尔克、帕斯捷尔纳克、茨维塔耶娃),中央编译出版社,1998年。
35. 《时代的喧嚣》(曼德里施塔姆,与黄灿然合译),作家出版社,1998年。
36. 《茨维塔耶娃的〈山之诗〉、〈终结之诗〉和〈旧约〉、〈新约〉》(温茨洛瓦),《世界文学》1998年第4期。
37. 《自杀者》(埃德曼),《世界文学》1999年第4期。
38. 《小小说》(七篇,索尔仁尼琴),《世界文学》1999年第6期。
39. 《俄罗斯文化史》(泽奇娜等),上海译文出版社,1999年。
40. 《箴言集》(恰达耶夫),云南人民出版社,1999年。
41. 《哲学书简》(恰达耶夫),作家出版社,1999年。
42. 《普希金全集》(10卷,主编并翻译第一、二、三卷和第六卷),河北教育出版社,1999年。
43. 《午夜的孩子》(合译),贵州人民出版社,1999年。
44. 《"百事"一代》(佩列文),人民文学出版社,2001年。
45. 《沙拉莫夫诗选译》(沙拉莫夫),《世界文学》2001年第1期。

46. 《幻象》(拉斯普京),《散文》2002 年第 10 期。
47. 《萨宁》(阿尔志跋绥夫),译林出版社,2002 年。
48. 俄语布克奖十年获奖丛书(7 卷 10 种,主编并合译),漓江出版社,2002 年。
49. 《黑炸药先生》(普罗哈诺夫),人民文学出版社,2003 年。
50. 《海燕》(高尔基,主编并合译),漓江出版社,2003 年。
51. 《谢尼亚的故事》(拉斯普京),《世界文学》2003 年第 5 期。
52. 《"布罗茨基诗群"三诗人诗选》(莱茵、洛谢夫、温茨诺瓦),《世界文学》2004 年第 3 期。
53. 《幻象——拉斯普京新作选》(拉斯普京,与任光宣合译),人民文学出版社,2004 年。
54. 《俄罗斯侨民文学史》(阿格诺索夫,与陈方合译),人民文学出版社,2004 年。
55. 《海燕》(高尔基,主编并合译),漓江出版社,2004 年。
56. 《俄罗斯美女》(维克多·叶罗菲耶夫),译林出版社,2005 年。
57. 《普希金诗选》(普希金),中国戏剧出版社,2005 年。
58. 《普里什文文集》(5 卷,普里什文,主编并合译),长江文艺出版社,2005 年。
59. 《俄罗斯文化史》(泽奇娜等),上海译文出版社,2005 年。
60. 《上尉的女儿》(普希金),中国书籍出版社,2006 年。
61. 《战争与和甲》(托尔斯泰,缩译本),光明日报出版社,2007 年。
62. 《普希金诗选》(普希金),光明日报出版社,2007 年。
63. 《战争与和平》(托尔斯泰,缩译本),中国书店出版社,2007 年。

64. 《幽默汉语》(俄文版),北京语言大学出版社,2007年。
65. 《上尉的女儿》(普希金),华夏出版社,2007年。
66. 《普希金诗选》(普希金),华夏出版社,2007年。
67. 《文明的孩子》(布罗茨基),中央编译出版社,2007年。
68. 《三诗人书简》(里尔克、帕斯捷尔纳克、茨维塔耶娃),中央编译出版社,2007年。
69. 《三诗人书》(里尔克、帕斯捷尔纳克、茨维塔耶娃),台北倾向出版社,2007年。
70. 《中国人的性格》(明恩溥,与刘晓旸合译),上海三联书店,2007年。
71. 《亚洲铜——中国当代诗选》(俄文版,主编),圣彼得堡东方学出版社,2007年。
72. 《普希金集》(主编、合译),花城出版社,2008年。
73. 《普里什文散文》(普里什,合译),人民文学出版社,2008年。
74. 《布罗茨基谈话录》(与马海甸、陈方合译),东方出版社,2008年。
75. 《大师和他的世界》(布罗茨基特辑),《当代国际诗坛》第1辑,作家出版社,2008年。
76. 《普希金小说选》(普希金),中国文联出版社,2009年。
77. 《布罗茨基传》(洛谢夫),东方出版社,2009年。
78. 《图书管理员》(叶里扎罗夫,与刘彤、陈建硕合译),人民文学出版社,2010年。
79. 《大自然的日历》(普里什文,与潘安荣、杨怀玉合译),四川文艺出版社,2010年。

80. 《陀思妥耶夫斯基全集》(与陈燊、白春仁合编),河北教育出版社,2010年。
81. 《地下室手记》(陀思妥耶夫斯基),河北教育出版社,2010年。
82. 《普希金诗选》(普希金),华文出版社,2010年。
83. 《战争与和平》(托尔斯泰,缩译本),江苏教育出版社,2011年。
84. 《抒情诗的呼吸》(里尔克、帕斯捷尔纳克、茨维塔耶娃),上海译文出版社,2011年。
85. 《哲学书简》(恰达耶夫),译林出版社,2011年。
86. 《同义反复》(德拉戈莫申科),香港牛津大学出版社,2011年。
87. 《纸梦》(德拉戈莫申科),香港中文大学出版社,2011年。
88. 《托马斯·温茨洛瓦小辑》,《世界文学》2011年第4期。
89. 《西方的俄国观》(巴格诺),《外国文学评论》2012年第1期。
90. 《献给约翰·邓恩的大哀歌》,《名作欣赏》2012年第7期。
91. 《普希金抒情诗选》(普希金),漓江出版社,2012年。
92. 《普希金诗集》(普希金),译林出版社,2012年。
93. 《斯拉夫学》,《俄罗斯文艺》2012年第3期。
94. 《俄国文学史》(上、下卷,米尔斯基),人民出版社,2012年。
95. 《普希金小说选》(普希金),漓江出版社,2013年。
96. 《普希金诗选》(普希金),光明日报出版社,2013年。
97. 《刘文飞译文自选集》,漓江出版社,2013年。
98. 《鸟儿不惊的地方》(合译),四川文艺出版社,2013年。
99. 《曼德施塔姆夫人回忆录》(娜杰日达·曼德施塔姆),广西师范大学出版社,2013年。

100.《中国人的气质》(明恩溥,与刘晓旸合译),东方出版社,2014年。

101.《暴风雪——普希金中短篇小说选》(普希金),敦煌文艺出版社,2014年。

102.《时代的喧嚣》(曼德尔施塔姆),敦煌文艺出版社,2014年。

103.《普希金诗选》(普希金),中国宇航出版社,2014年。

104.《娜杰日达·曼德施塔姆——一篇悼词》(布罗茨基),载《大昆仑》2014年秋季卷。

105.《悲伤与理智》(布罗茨基),上海译文出版社,2015年;获深圳读书月年度十大好书奖和中国国家图书馆文津奖。

106.《大尉的女儿》(普希金),中国宇航出版社,2014年。

107.《九十年之后》(布罗茨基),载《世界文学》2015年第1期。

108.《库什涅尔诗选》(库什涅尔),青海人民出版社,2015年;获袁可嘉诗歌翻译奖。

109.《普希金诗选》(普希金),西安交通大学出版社,2015年。

110.《普希金诗选》(普希金),译林出版社,2015年。

111.《强制阐释》(张江,汉译俄),载俄国《十月》(Октябрь)2015年第1期;获俄国十月文学奖。

112.《第四届金藏羚羊国际诗歌奖得主库什涅尔专辑》,载《世界文学》2015年第5期。

113.《树木的影子》(库什涅尔),载《中华读书报》2016年3月2日第18版。

114.《中国人的气质》(明恩傅,与刘晓旸合译),译林出版社,2016年。

115.《上尉的女儿》(普希金),中国画报出版社,2016年。

116. 《黑桃皇后》(普希金)，中国画报出版社，2016 年。

117. 《巴别尔全集》(主编，合译)，漓江出版社，2016 年。

118. 《关于一场输掉的战争——诺贝尔奖演讲》(阿列克谢耶维奇)，载《世界文学》2016 年第 2 期；《新华文摘》2016 年第 12 期转载。

119. 《作为"阐释病"的经院派文艺学》(波隆斯基)，载《文艺研究》2016 年第 8 期，

120. 《同义反复》(德拉戈莫申科)，译林出版社，2017 年。

121. 《拥抱一切的诗歌》(叶夫图申科)，载《世界文学》2017 年第 3 期。

122. 《我不善于道别》(叶夫图申科)，载《世界文学》2017 年第 4 期。

123. 《当地时间》(德拉贡斯卡娅)；《莫斯科学校》(瓦列里·波波夫)，载《十月》2017 年第 5 期。

124. 《莫斯科主题诗作 100 首》，莫斯科 БСГ 出版社，2018 年。

125. 《纸梦》(德拉戈莫申科)，江苏凤凰文艺出版社，2018 年。

126. 《"百事"一代》(佩列文)，十月文艺出版社，2018 年。

127. 《陀思妥耶夫斯基文集》(第四卷，与刘逢祺、刘宗次、臧仲伦合译)，人民文学出版社，2018 年。

128. 《中国童话》(鲍里索夫)，新星出版社，2018 年。

129. 《交织的火焰：三诗人书简》(里尔克、茨维塔耶娃、帕斯捷尔纳克)，华东师范大学出版社，2018 年。

130. 《复活》(托尔斯泰)，浙江文艺出版社，2018 年。

131. 《未封圣的圣徒》(吉洪都主教)，中华书局(香港)有限公司，2018 年。

132. 《普希金的诗》(普希金)，商务印书馆，2019 年。

133. 《帕斯捷尔纳克的诗》(帕斯捷尔纳克)，商务印书馆，2019 年。

134.《致普希金》,商务印书馆,2019年。

135.《布罗茨基谈话录》(沃尔科夫,与马海甸、陈方合译),作家出版社,2019年。

136.《萨宁》(阿尔志跋绥夫),上海译文出版社,2019年。

137.《终结之诗》(茨维塔耶娃),载《世界文学》2019年第4期。

138.《大尉的女儿》(普希金),中国盲文出版社,2019年。

139.《我曾经爱过您》(普希金),中国盲文出版社,2019年。

140.《大理石像》(布罗茨基),上海译文出版社,2019年。

141.《茨维塔耶娃诗选》(茨维塔耶娃),人民文学出版社,2020年。

142.《叶夫图申科的诗》(叶夫图申科),商务印书馆,2020年。

143.《茨维塔耶娃的诗》(茨维塔耶娃),商务印书馆,2020年。

144.《俄国文学史》(米尔斯基),商务印书馆,2020年。

145.《最后的远握——帕斯捷尔纳克和茨维塔耶娃的最后十封书信》,载《花城》2020年第4期。

146.《复活》(托尔斯泰),台北时代出版社,2020年。

147.《普希金抒情诗选》(普希金,与高莽合译),中国青年出版社,2021年。

148.《普希金诗选》(普希金,合译),人民文学出版社,2021年。

149.《普希金诗选》(普希金),商务印书馆,2021年。

150.《地下室手记》(陀思妥耶夫斯基),人民文学出版社,2021年。

图书在版编目（CIP）数据

悲伤与理智 : 刘文飞译文自选集 / 刘文飞译著. --
北京 : 中译出版社, 2022.1（2022.12重印）
（我和我的翻译 / 罗选民主编）
ISBN 978-7-5001-6768-6

Ⅰ. ①悲… Ⅱ. ①刘… Ⅲ. ①世界文学—作品综合集
②刘文飞—译文—文集 Ⅳ. ①I11

中国版本图书馆CIP数据核字(2021)第209841号

出版发行	中译出版社
地　　址	北京市西城区新街口外大街28号普天德胜大厦主楼4层
电　　话	（010）68359827，68359303（发行部）；68359725（编辑部）
传　　真	（010）68357870
邮　　编	100044
电子邮箱	book@ctph.com.cn
网　　址	http://www.ctph.com.cn
策划编辑	范祥镇　钱屹芝
责任编辑	钱屹芝　李倩男
装帧设计	静　颐
排　　版	冯　兴
印　　刷	北京顶佳世纪印刷有限公司
经　　销	新华书店
规　　格	880毫米×1230毫米　1/32
印　　张	10.5
字　　数	217千字
版　　次	2022年1月第1版
印　　次	2022年12月第2次

ISBN 978-7-5001-6768-6　　定价：58.00元

版权所有　侵权必究

中 译 出 版 社